海外中国研究丛书

刘东 主编

[美] 苏源熙 著
盛珂 译

话语的长城

文化中国探险记

GREAT WALLS OF DISCOURSE
AND OTHER ADVENTURES IN CULTURAL CHINA

江苏人民出版社

图书在版编目(CIP)数据

话语的长城:文化中国探险记/(美)苏源熙著;
盛珂译.--南京:江苏人民出版社,2016.12
(海外中国研究丛书/刘东主编)
书名原文:Great Walls of Discourse and Other Adventures in Cultural China
ISBN 978-7-214-20006-8

Ⅰ.①话… Ⅱ.①苏…②盛… Ⅲ.①中华文化-研究 Ⅳ.①K203

中国版本图书馆 CIP 数据核字(2017)第 003406 号

Great Walls of Discourse and Other Adventures in Cultural China by Huan Saussy, was first published by the Harvard University Asia Center, Cambridge, Massachusetts, USA, in 2002. Copyright © 2002 by the President and Fellows of Harvard College. Translated and distributed by permission of the Harvard University Asia Center.
Simplified Chinese edition copyright © 2020 by Jiangsu People's Publishing House.
All rights reserved.
江苏省版权局著作权合同登记号:图字 10-2004-219 号

书　　　名	话语的长城:文化中国探险记	
著　　　者	[美]苏源熙	
译　　　者	盛　珂	
责 任 编 辑	周晓阳	
装 帧 设 计	陈　婕	
责 任 监 制	王　娟	
出 版 发 行	江苏人民出版社	
出版社地址	南京市湖南路 1 号 A 楼,邮编:210009	
出版社网址	http://www.jspph.com	
照　　　排	江苏凤凰制版有限公司	
印　　　刷	江苏凤凰扬州鑫华印刷有限公司	
开　　　本	652 毫米×960 毫米　1/16	
印　　　张	18.25　插页 4	
字　　　数	220 千字	
版　　　次	2019 年 2 月第 1 版　2020 年 5 月第 2 次印刷	
标 准 书 号	ISBN 978-7-214-20006-8	
定　　　价	58.00 元	

(江苏人民出版社图书凡印装错误可向承印厂调换)

出版说明

要支撑起一个强大的现代化国家,除了经济、政治、社会、制度等力量之外,还需要先进的、强有力的文化力量。凤凰文库的出版宗旨是:忠实记载当代国内外尤其是中国改革开放以来的学术、思想和理论成果,促进中外文化的交流,为推动我国先进文化建设和中国特色社会主义建设,提供丰富的实践总结、珍贵的价值理念、有益的学术参考和创新的思想理论资源。

凤凰文库将致力于人类文化的高端和前沿,放眼世界,具有全球胸怀和国际视野。经济全球化的背后是不同文化的冲撞与交融,是不同思想的激荡与扬弃,是不同文明的竞争和共存。从历史进化的角度来看,交融、扬弃、共存是大趋势,一个民族、一个国家总是在坚持自我特质的同时,向其他民族、其他国家吸取异质文化的养分,从而与时俱进,发展壮大。文库将积极采撷当今世界优秀文化成果,成为中外文化交流的桥梁。

凤凰文库将致力于中国特色社会主义和现代化的建设,面向全国,具有时代精神和中国气派。中国工业化、城市化、市场化、国际化的背后是国民素质的现代化,是现代文明的培育,是先进文化的发展。在建设中国特色社会主义的伟大进程中,中华民族必将展示新的实践,产生新的经验,形成新的学术、思想和理论成果。文库将展现中国现代化的新实践和新总结,成为中国学术界、思想界和理论界创新平台。

凤凰文库的基本特征是:围绕建设中国特色社会主义,实现社会主义现代化这个中心,立足传播新知识,介绍新思潮,树立新观念,建设新学科,着力出版当代国内外社会科学、人文学科的最新成果,同时也注重推出以新的形式、新的观念呈现我国传统思想文化和历史的优秀作品,从而把引进吸收和自主创新结合起来,并促进传统优秀文化的现代转型。

凤凰文库努力实现知识学术传播和思想理论创新的融合,以若干主题系列的形式呈现,并且是一个开放式的结构。它将围绕马克思主义研究及其中国化、政治学、哲学、宗教、人文与社会、海外中国研究、当代思想前沿、教育理论、艺术理论等领域设计规划主题系列,并不断在内容上加以充实;同时,文库还将围绕社会科学、人文学科、科学文化领域的新问题、新动向,分批设计规划出新的主题系列,增强文库思想的活力和学术的丰富性。

从中国由农业文明向工业文明转型、由传统社会走向现代社会这样一个大视角出发,从中国现代化在世界现代化浪潮中的独特性出发,中国已经并将更加鲜明地表现自己特有的实践、经验和路径,形成独特的学术和创新的思想、理论,这是我们出版凤凰文库的信心之所在。因此,我们相信,在全国学术界、思想界、理论界的支持和参与下,在广大读者的帮助和关心下,凤凰文库一定会成为深为社会各界欢迎的大型丛书,在中国经济建设、政治建设、文化建设、社会建设中,实现凤凰出版人的历史责任和使命。

"海外中国研究系列"总序

中国曾经遗忘过世界,但世界却并未因此而遗忘中国。令人嗟讶的是,20世纪60年代以后,就在中国越来越闭锁的同时,世界各国的中国研究却得到了越来越富于成果的发展。而到了中国门户重开的今天,这种发展就把国内学界逼到了如此的窘境:我们不仅必须放眼海外去认识世界,还必须放眼海外来重新认识中国;不仅必须向国内读者移译海外的西学,还必须向他们系统地介绍海外的中学。

这个系列不可避免地会加深我们150年以来一直怀有的危机感和失落感,因为单是它的学术水准也足以提醒我们,中国文明在现时代所面对的绝不再是某个粗蛮不文的、很快就将被自己同化的、马背上的战胜者,而是一个高度发展了的、必将对自己的根本价值取向大大触动的文明。可正因为这样,借别人的眼光去获得自知之明,又正是摆在我们面前的紧迫历史使命,因为只要不跳出自家的文化圈子去透过强烈的反差反观自身,中华文明就找不到进入其现代形态的入口。

当然,既是本着这样的目的,我们就不能只从各家学说中筛选那些我们可以或者乐于接受的东西,否则我们的"筛子"本身就可能使读者失去选择、挑剔和批判的广阔天地。我们的译介毕竟还只是初步的尝试,而我们所努力去做的,毕竟也只是和读者一起去反复思索这些奉献给大家的东西。

刘　东

献给 Paul 和 Didi Farmer

> 一次又一次,那艰难的一寸之上
> 矗立着巨大的空间之门
> 一次次,从令人信赖的思想中
> 迸发出不可靠的体系……
> ——华莱士·史蒂文斯(Wallace Stevens),《尤利西斯的航程》

> 心,是一片汪洋,万物各从其类,
> 在心海中辨出自身的模样
> ——安德鲁·马维尔(Andrew Marvell),《花园》

> 物相杂,故曰文
> ——《易经·系辞》

> 信息是我们在适应外部世界时与之交换的内容,
> 并且使得我们的调整能够感觉到其自身。
> ——诺伯特·维纳(Norbert Wiener),《人有人的用处》

目 录

致谢　1

1 导论:团队旅行以及各学派间游荡　1
2 等效的工作坊:耶稣会士对中国重构中的翻译、方法和中介　17
3 书写的威望:文、文字、图画、图像、表意文字　43
　　"文"的力量　44
　　"它在两者之间穿行"　47
　　力量之线　55
　　"观念的影像"——相似性的有与无　60
　　句法 VS 语义,抑或字母的典范　71
　　中文诗都是真实的　75
　　如何翻译《空山》　80
　　语义学中的句法　86
　　节奏,抑或语义之外的秩序　93
4 总是多重的翻译:或汉语如何失去了语法　97
　　互动　99
　　演变　107
　　颤动的支点　112

祖先与继承者　115
5　没有一个时刻如同当下：中国研究中的当代性范畴　118
　　　回想与勘察　123
　　　碎片的匹配　128
　　　松鼠笼　135
　　　修补世界　138
　　　建构当下：绝对对立的对立(Le contraire absolument contraire)　144
　　　交通的意义　152
6　后现代主义在中国——概述及若干疑问　158
7　括弧之外(那些人曾是一种解决办法)　192
8　结论　艰难的一寸　245
索　引　254
译后记　271

致 谢

68—69 页和 110—111 页中的插图来自耶鲁大学内的拜内克图书馆,梵蒂冈图书馆,印第安纳大学图书馆以及斯坦福大学图书馆。

第二章:我要感谢 Roland Greene, Hent de Vries, Sam Weber, Bill Rowe 和 Neil Hertz,他们给了我机会让本章的较早版本面对读者,并使我从中受益。这个较早的版本以"In the Workshop of Equivalences"为题收录于"Hent de Vries and Samuel Weber, eds., *Religion and Media*, Stanford: Stanford University Press, 2001"。

第三章:本章的较早版本于 1994 年 3 月在波士顿召开的"亚洲研究年会"上宣读,那个分会场的主题是:"文:中文语言和文字的本质",完整版发表在 *Sino-Platonic Papers* 第 75 卷(1997 年 2 月)。张隆溪是那个分会场的主要组织者,我与他就这个问题曾经有过多年的讨论,并且获益匪浅。我还要感谢 Pauline Yu(余宝琳), Justine Stillings, 余国藩, 欧阳祯, Thomas Hare, Stephen Owen(宇文所安), Lionel Jensen, Martin Svensson, James Marshall Unger, 以及其他几位匿名学者提出的评论和建议。特别要感谢 *Sino-Platonic Papers* 的编辑和出版人 Victor Mair, 允许我把本文引用在本书中。

第四章:本章的较早版本首次发表在"Lydia Liu(刘禾), ed. *Tokens*

of Exchange: The Problem of Translation in Global Circulations (Durham: Duke University Press, 1999), pp. 107-123"。我非常感谢 Lydia Liu, Ken Wissoker, Q. S. Tong 的评论和建议,也要感谢杜克大学出版社允许我出版修改后的版本。

第五章:Steven Shankman, Stephen Durrant, Hyong Rhew, Anand Yang 组织的论坛使我能够发表本文的一个较早的版本,并且面对严格的听众。本文的较早版本收录于"Steven Shankman and Stephen Durrant, eds., *Thinking Through Compariosns* (Albany: State University of New York Press, 2001)"。感谢 SUNY Press 允许我在此重印发表本文。

第六章:本文的大部分发表于"Wen-hsin Yeh, ed., *Cross-Cultural Reading of Chineseness* (Berkeley: Institute of East Asian Studies, 2000), pp. 128-158";其余部分是为多伦多大学和约克大学联合建立的东亚研究中心1999年6月举办的会议撰写的。感谢 Wen-hsin Yeh(叶文心)让我在小组讨论的基础上扩充成这篇文章,感谢 Tim Brook 邀请我赴加拿大讨论记忆和压制的问题;同样要感谢伯克利东亚研究中心允许我重印本文。

第七章:本文的一个较早版本见于"*Modern Language Notes* 115 (2000), pp. 849-891";感谢编辑 Richard Macksey 的鼓励,以及约翰·霍普金斯大学出版社允许本文重新发表。早先的版本在芝加哥大学举办的比较文学研讨会上报告过,感谢 Anthony Yu(余国藩)和 Michael Murrin;还在 Ivo Smits 和 Michel Hockx 于1999年在伦敦大学亚非学院组织的"文学/理论/中国/日本工作坊"中报告过;本文还曾在约翰·霍普金斯大学人文中心的研讨会中报告过,感谢 Neil Hertz 和 Michael Fried。其中的一部分还发表于刘东主编的《中国学术》,感谢他让我能够用另一种语言重新思考我的想法。我要感谢 Marilena Ruscica 对本文中引用的俄文所作的翻译。

本书修改于我在香港城市大学愉快的访问过程中,感谢郑锦全教授和张隆溪教授。本书的两位匿名评审给出了很好的建议;John Ziemer 是一位严格的批评者和忠实的编辑,是作者最渴望得到的那种合作者。Janet Russell 帮助我编辑了本书的索引。我的学生们对本书也做出了大量的贡献,而绝非只是问一些令人恼火和不相干的问题。感谢耶鲁大学拜内克图书馆、斯坦福大学东亚图书馆的馆员给我的帮助。Brown 与 Radway 家族给斯坦福大学的捐赠使我能够进行我的研究。我需要感谢的人还有很多,在此我想感谢以下诸位学者,在与他们的交谈中我获益匪浅,他们是 Bob Batchelor, E. Bruce Brooks, Taeko Brooks 和"战国经典研究小组";Chris Bush, John Cayley, Nahum Chandler, Charles Egan,张灏,郑培凯,Lothar von Falkenhausen, Paul Farmer, Tom Hare, Roger Hart, Eric Hayot, Tim Lenoir, Mao Liang, David Porter, David Quint, Boris L. Riftin, Teemu Ruskola, David Schaberg, Helen Tartar,汪晖,Steve Yao,赵毅衡。

1 导论:团队旅行以及各学派间游荡

单独去博物馆的游客们有各种理由讨厌那些旅游团。他们大声喧哗且行色匆匆,在每个房间里,他们只看那些最有名的画,他们总是挡在你和正在欣赏的作品之间。更重要的是,你很难忽略他们。一个严肃的参观者知道如何对这些人视而不见(在严格意义上的博物馆出现之前,莱布尼茨曾将这一状态描述为"就像整个世界中,除了上帝和我什么都没有")。你可以在人流之外耐心等待,然后回去继续欣赏。熟练的扒手能告诉我们一般而言哪种行为更能吸引人的注意力,是集中精力在一件艺术品上,还是尽力忽略一个熙熙攘攘的团队?

仅仅关心感知者和感知对象之间关系的认识论就像是那些成功地屏蔽了人群的参观者,而我则想请诸位设想一个更容易走神的感知者。为了能够跟上他的感知过程,我们既需要努力追随他作为一个单独的观察者所注目的艺术作品本身,与此同时,还要关注其他观察者的存在不断侵入他的意识的方式(这常常令人不快)。这样一来,其他主体的行为和他们的感知(无论是想象中的还是真实参与的)都将会被带入到对感知是什么的描述之中。同样的情形可以用在文学领域中,这样的论述可以用来考察翻译、阐释、运用以及文本的日常使用,这些行为都不仅仅拥有一个单一的观察者,而是牵扯到多个主体。

本书考察的是中国作为知识对象的历程。但是,这里对于所谓知识的论述,不是以对象为中心的(object-centered),而毋宁是边缘化的、相互影响的和中介化的。① 我们现在已经广泛接受了人文领域内的知识不是简单的和客观的看法。我们的阐释并不新鲜,而是分为不同层次。无数的例子表明,语境产生的压力、思想学派的影响、无意识的偏好、类比推论、社会偏见等都会使我们远离事情的真相。问题在于,接受了这一前提之后我们该做些什么。

在中国研究领域中,"主体性问题"(姑且这么说)表现为具体的、随历史变化的形式。像很多人一样,我之所以被吸引到中国研究的领域,是因为我不满于当时所接受的孱弱教育,并且在这领域中看到了充满希望的新兴知识学科。我不得不暂时搁置那些习惯的词语和固定的思维方式,并在一种新的语言中学着去理解——重新学习究竟何谓"理解"。这种抛开一切前提的举动,与宗教修行、荒野露营以及笛卡尔的哲学计划一样,皆属于否定性的思维模式。这不是要"成为中国人"的问题,而是如何克服本能的自我中心的问题,恰如孟德斯鸠之问:"想成为波斯人,这如何才是可能的?"② 这不是要等同,而是要试图区别;夸张一点说,这是改变语言和语义经验条件的实验。无论在何种意义上,我发现"搁置"的态度在成为(不管何种程度上的)文化双语者的过程中有着独特的内涵和意义。对于这些问题的追问也是必要的。

对于知识的中介性的意识,在中国研究领域中也已经为人熟知,但主要被看作是需要加以防范的危险。中介展现为各种先入之见和偏见,

---

① 关于边缘化的知识、共同体的互动以及相互作用,参见 Brown and Duguid, *The Social Life of Information*。
② Montesquieu, *Lettres persanes*, in *OEuvres complétes*, p. 78.

比如西方的、宗教的、形而上学的、共产主义的、帝国的、学究式的、现代性的等等。关注中介的目的是为了摆脱它,因为它总是被当作一种阻碍。一部优秀的学术著作,其论证或可采取以下形式:孔子不知道某事(X);因此一切默认孔子与此事(X)相关的解读,都是无法成立的非本真解释。当我们面对的是一份流传已久、层次繁多,并且经历过多次转手和挪用的文本时,这样的历史批评是必要的;然而,我想指出这种批评态度可能带来的副作用。在我看来,正是这种副作用确立了很多传统中国研究的基调。自我(常体现为不经意的年代错乱,譬如前文提到的"孔子与X有关"一类)是一大障碍,转换思维方式的实验,恰恰需要在某种意义上否定自我。这种凭中介化而获取知识的模式,亦非现代人独有的问题。中国历史的传统叙事者常常是些并不可靠的导游,他们就像参观中国大陆的旅行团被迫安排的领队一样,带领人们去参观那些精心挑选的纪念物以及在某种主题引导之下的注解。因此,读者们处境艰难,他们被预先警告要提防那些"自然而然做出的"阐释,而又要对那些按照旅游组织者的需要而设计出的"波将金村"保持怀疑态度。

对于中介的这种不信任因为两个因素而变得更加复杂,一方面是某些躲在幕后幽灵般的东方学家们宣称现代中国人跟他们过去的传统毫不相干,另一方面很多现代中国人无法设想非中国学者能够对于中国说出任何有价值的看法。(我怀疑一定有很多本书的读者,受到这些想法的影响,会觉得我的这本书也犯了那些外国的或者现代的中国观察者们因其是外国的和现代的必然会犯的错误。)这使得他们有理由采取一种带有攻击性的谦卑态度,只去关注某一个文本,并让自己成为它的代言人。因此大多数研究中国的学者认为最有说服力的学术范本就是将一个真实的文本忠实地翻译成现代汉语或者别的语言。

不管怎样，在本书中，我采取的观点是，我们总是处在中介之中，这一中介就是我们的本真性——无论"我们"是谁。（在我看来，研究中国的外国学者的困境仅仅说明了一个普遍的处境。）为了让这一观点更加可信，我要在各个地方找到中介。这并不那么困难，如果我们愿意将我们自己缩小到一定程度，在那里语言、文化和历史都将渐渐隐去它们巨大的身形，以前阐释中的种种琐碎细节将渐渐凸显。让我们将那些宏大的范畴放到被告席上，而用它们所（并不完美地）掩盖的差异来衡量真实性和同一性。对话是个人语言（idiolects）之间持续不断的翻译过程，而翻译则变成了语言的通常状况；正像每一个懂双语的人都知道的，翻译既是移置（transfer）也是易变（transformation）。我们都可以回想起最简单的翻译行为中的那种回环往复的状态。为了正确地翻译一个句子，你必须要唤起许多外围的知识：察觉它的言外之意，察觉这个文本的织体，察觉读者可能会被误导的诸多歧途。将两种语言拿到一起是相辅相成的，它们之间有一种力量的平衡："这个词有点重，我需要一个没那么过分的词，但是另一种可能性意味着完全不同的东西，既然这样，让我们重新回到原来的那个词，看看是否还有什么言外之意。"有时候即使一个词比较准确，我还是会因为它不是我常用的词而犹豫不决（在我译出的这个语言中，谁又是这个"我"呢？）。所有这些工作都是社会性的，如同我们在躲闪或者直面可以预见的他者，在各种可能的结果中踌躇推敲。外在的人群是种干扰，因为它始终与内在的人群进行着竞争。

这项工作在另一个意义上也是社会性的：在翻译中，我们援引并且创建起相互理解的网络。这些网络需要在某个时候建立起来，并且持续下去。一旦某个词有了一个恰当的翻译（让我们想一下相对较为确定的单词"space"和中文"空间"的对应关系），它们之间相互对应的合理性需要经过持续不断的微调，就像在原初的语言中，这个词的含义在也会因为出现在不同的组合、语境和区分之中而不断调整（space heater,"空间"加热器,personal space 个人"空间",spacewalk"太空"行走……)。如果语言间有着大量的交流,那么词语之间这种确定的对应性本身就可以成为调整的源头。试想一下"空间"(space)这个词过去三十年间在英语中变得越来越普通的比喻意义上的拓展,以及其中又有多少被当下的中文在特殊情境下接纳,例如:学术论文、电影专栏、房地产广告和现场连线的综艺节目。设想一下各种社会角色在使用"空间"这个词表达他们的想法时的方式,人们不仅用它来表达几何或物理上的含义,而且还用来表达主体的自主性和人际间的联系。任何两个在翻译中等效的词语都拥有一个能够容纳它们含义的小空间,一旦超出了这个焦点,它们的意义就会不确定地和独立地扩散开来。翻译是一种在关系网络的诸多节点之上建立起来的关系,因此即便是对于一个词来说,翻译也是充满偶然性的,我们要让它发生点什么。翻译绝不是简单的、永恒的和唯一的。但这也并不意味着翻译是任意的或主观的。它是复杂的,这恰恰是因为它总是中介性的、边缘的和相互影响的。

研究者们设计出来论证翻译的不确定性的某些情境,似乎将会导向任意性的结论。蒯因(W. V. Quine)设想了一个原始部落的土著人面对某种(嗯,谁能确定是什么)刺激喊出"Gavagai"的例子。在做田野调查的善于观察和反思的语言学家脑中会立刻闪过几个念头:他在说"兔子","这有一只兔子","现在我们看见一只兔子","瞧,兔性又出现了"。但是他意识到英语中等效的句子中的名词结构已经令他习惯性地将某种关于数量和同一性的概念归于被翻译语言的概念体系中。土著人真的是那么想的吗?正如蒯因所说:"障碍仅仅在于:任何词语、词组乃至理论间的跨文化关联,都只不过是诸多关联(只要经验上能说得通)中的一种,无论它是在历史演变中显示出来的关联,抑或仅仅是相似而已。对于这样的一种关联,不存在唯一正确的或错误的东西。"①即便有这个重要的限定语"唯一的",蒯因提出问题的方式也和绝大部分翻译发生的社会世界大不相同,因为人们总是关心翻译的产物,并且需要判断它们是对还是错。他们不断重复地斟酌、讨论,修正这些翻译。考虑到翻译可能的接受者,以及假若这个翻译问世后会带来什么结果,这些都纠正着我们认为翻译是随意的或无足轻重的简单想法。不过,如果将那些被命名的对象和一系列可能与之等效的名字看作唯一需要考虑的因素,这一切就都不会实现。翻译并非是不确定的,只不过是"由他者决定的"(other-determined),它不完全取决于狭窄的语言学或认识论对于翻译的定义。考虑到翻译社会性的一面并不意味着反对翻译在知识论上的合法性,以及它在沟通上的能力,而只是让我们更充分地理解我们在做的事情,因为我们所做的要比简单地把"Gavagai"和兔子的出现联系起来复杂得多。②

将翻译定义为不同语言之间等效词语的替换,对应着将知识描述为主体与客体之间的二元关系;将翻译理解为不同语言之间各种可能的意义行为之间的协商,则对应于描述认知本身带有的主体间性和中介性特征。这两种视角之间未必截然对立:对于翻译和认知的多元性理解可以将二元化的理解当作其自身的一个子集,或者某种片面的理解,或者是

---

① Quine, *Ontological Relativity*, pp. 2-3, 25;论"观察语句",参见 pp. 102-123。(中译本参见涂纪亮、陈波主编《蒯因著作集》,第二卷,《本体的相对性及其他论文》,347—348 页,366—367 页,以及 424—425 页。) 为了回应蒯因关于解释者的"概念图式"的问题,及其在解释对象中附加解释者思想的可能性问题,戴维森(Davidson)说,根本就没有一个所谓的概念图式。即使有,它们也只不过是一个广阔的意义分享领域中(如果是无限的话)局部的图形而已。我们像定义差异一样助于这一领域:"我们通过扩大共有的(可翻译的)语言或共有的意见这一基础来增进宣称图式上或意见上的差别时的清晰度。"("On the Very Idea of a Conceptual Scheme," in *Inquires into Truth and Interpretation*, p. 197.)这意味着,语言学上的差异基于同意之上,这一感觉使得戴维森设想一种宽容的解释原则:将他者大部分情况下看作是对的来进行理解。(参见"Thought and Talk,"同上书,pp. 168-169。)我也赞同戴维森关于意义的探究需要经由对于语言共同体的模式的探究来进行的计划。
② 由蒯因的视角对人种学的某种批评性审视,可以参见 Hallen and Sodipo, *Knowledge, Belief and Wtichcraft*。

某种必然产生的错觉。这正是我在不同的条件下和不同的语境中要做的事情。

◆

翻译是一件复杂的事情,可是我们常常因为忽视了那些边缘的维度而把它看得太过简单。当我们试图对某些久负盛名的文化对象,甚至对整个社会做出解释时,边缘的兴趣会变得更为凸出,更难忽视。跨文化境况下,曾产生过若干"实践的共同体",其知识常常被指责为太过边缘、太关注自我,是一种太过执着于自我确认的信念体系。想想那些肩负着复杂使命的中国通们,或者萨义德(Edward Said)在《东方学》中所描绘的那些学者和决策者:在侨民圈内部,"完整的经验……包括他们自己完整的历史、烹饪、方言、价值以及比喻的体系或多或少地将他们与拥挤的、充满矛盾的(环绕在他们周围的)现实区分开来……并且自我延续下去。"① 反对东方学的观点中,有一些认为它完全是把一些观点用重复的方式结合在一起,建构了一个如此紧密的共同体,以至于没有任何新知识可以渗透进去(这正是萨义德对它的指控)。② 如果这就是所谓的被环绕在它周围的环境所影响,如果这就是边缘的、中介化的知识,那么也就毫不奇怪,即便是谈论我们了解中国的非中国语境都会被看作非常不妥。事实上,首先出现的念头就是,这种探究只能是一种批判。这样一种历史给出的预设,看起来对任何预设都非常不利。

中国的生活永远充满魅力,吸引着我的目光,但是,我还是会去偷瞄一下那些中国的观察家们。本书要批判的并非是人们从属社会网络并被其所影响(这并不是什么过错,即便会影响客观性),而是我们习惯于无视这些社会网络的存在。因此,本书并不是要攻击任何东西,而是尝试用更加全面的视角来取代原来较为局限的视角。我反复强调的困难

---

① Said, *Culture and Imperialism*, p. 151; Said, *Orientalism*. 关于这一主题,萨义德后来发展出更具创造性的讨论,参见 Abdel-Malek, "Orientalism in Crisis"。
② 关于"同业工会传统",参见 Said, *Orientalism*, pp. 5, 43-46, 129-130, 208-209。

是,我们将自己的理解放错了地方:我们以为在面对事情自身,但实际上我们所面对的仅仅是事情向我们呈现出来的样子(那些我们与之对话的人也是一样),其中加入了很多源于我们自身的东西。当然思考的主观性并没什么错,问题恰恰在于我们常常自以为不是这样。(此时,倘若我为论证笛卡尔的主体论已无人相信,而写下一段哲学清谈,这解决不了丝毫问题;它顶多是像一纸法庭判决,只是剥夺了读者继续追索的权利,却根本没有解决问题。)在后面的章节中我们将会遇到另一个例子:当我们把休伦语(Huron)或中文中的句子翻译成拿腔作调的洋泾浜英文(Pidgin-English)时,我们并不是在呈现那个句子在休伦人或者中国人听来是什么感觉。相反,我们是在通过扭曲英语来展现休伦语或者中文在我们(说英语的人)听来有多扭曲。这个练习可能很有用,能够说明一些事情(比如英语的界限?),但是如果我们就此认为这就是休伦语或者中文本身,我们就给原本不受主体性影响的现实状态增加了翻译中所带来的交互主体性的影响。在我看来,在"中国"(且不说"中国学")名下散播的大量知识都被这种表象损害了,它错就错在脱离了语境。通过重申知识的这种相互的、中介性的重塑效果,我们可以对于那些相互关联的一系列事物有更充分的知识,而假如认为现有的诸多说法已经足够充分了,那么我们就只看到了其中很少的一部分。

迄今为止,中国学领域中,承认(也经常是哀叹)主体性影响的方式往往太过于简单僵化。文化差异的经验,以及文化相对主义的理论,让我们考虑到说明我们判断时的那些主观偏见,这些判断不仅是关于对和错的,而是关于到底有什么东西本身。然而,即使只是试着说出我们的偏见,也会让我们陷入一个扭曲的循环之中:我们用来表达自我认同和偏好的那些东西,不是源自真实的自我,而是源自我们的自我概念。而这又相应地依赖很多更为深层的偏好(其中也包括对于真诚的偏好)。说出我们的偏见和偏好,只不过是我们和世界沟通的更进一步的要素,远不是沟通本身。我们总是由他者那里,才能认识到自我的同一性和集体认同。那么为何我们会设想自己以某种特定的方式，而不是其他方式，作为主体呢？不同类型的集体自我性，无论是紧密的还是松散的，强制的还是自愿的，都只有经历长久的相互对话和说服才会出现。因此，集体认同只能通过重新回溯建构时期的一系列沟通，才能够被重新唤起，只要我们的首要兴趣不是为了结束对话，就要去研究这些沟通。"从属于"不意味着可以将人与交互主体性的反馈循环隔绝开来，它只是一种特殊形式的互动，为的是抑制这种反馈循环，而它是否成功则取决于其他的社会决定因素。解决的办法在于将各种事实看作是互动的结果，而不（仅仅）是知识的证据或假设。实际上对于互动最完整的再现已经包含了我们所谓的知识（不仅是关于自我的知识），这是一个更大领域的结果造成的影响之一。如果我们想要理解这些，需要的工具就是问号，而非句号或者感叹号。

正如历史学家们常说的："所有的历史都是当代史"，是那些在我们的记忆中持续发挥着作用的事物的历史。① 虽然这是老生常谈了，但是提醒一下仍然有其意义。无论研究什么对象，同时也是在研究我们对于它的看法。弗洛伊德（Freud）从他的病人身上学到的很重要的事情之一就是，无论他们的心理创伤多么根深蒂固，多么有力地压抑着他们对于记忆的描述，他们记忆中的过去仍然是当下的创造：无论他们关于这些过去感受到的真实性如何，它们或多或少都是当下心理分析情境建构的产物，并且在与弗洛伊德博士的沟通中呈现出某种意义。也就是说，它们必须被理解为"移情"的副产品，在精神分析的一个时间段中添加给貌似主体的关系；它们证明这些病人努力想成为一个"好"病人，尽力展现一个理想的自我，是他们试图拒绝对话或是控制对话的标志；它们都是给弗洛伊德博士，而非随便任何人的礼物。假如它们被看作来自过去的

---

① 这一说法源自克罗齐（Benedetto Croce）。参见 Collingwood, *The Idea of History*, pp. 201-204。

原始素材，拥有极大的解释价值，这一分析（以及整个精神分析的历史）都会变得非常不同。① 弗洛伊德在进行分析的过程中努力表现成一个科学家、一个专家，掌握了答案并且拥有超凡的发掘真相的能力的人，总之是一个合格的客观的认识者，这也许有用，但是弗洛伊德也不得不与自己的反移情斗争，也就是他自身的介入和对这种关系的扭曲。"潜意识中，每个人都有解释他人潜意识的表达的能力。"②

我对精神分析的了解不多，因此只能仅止于使用这个隐喻，但是，要将他人的过去当作实际发生的事件来重新理解，只能通过现在时的我们共同参与建构的互动才能实现，这一事实无疑是一个冲击，使我开始说明在翻译、阐释以及批判这些活动时究竟发生了什么。对于过去和他人，我并不持不可知论；相反，我希望能够把关注的目光先放在我们周围切近的事物之上，这样一来，遥远的事物将自会向我们呈现。接下来的一章将会涉及到另一个类似的问题：对于我们来说，确定中国和西方的"意义"这个概念的差异是什么并不重要，我们更关心这个问题是从何而来的，谁使得这成为一个问题，以及该去何处寻找答案。事物开始产生意义不是因为其本身，而是各种关系的符号，甚至是更深层的关系之间的关系（在另外一章，我会讨论耶稣会士翻译中文的策略，也就是他们研究中国的方法[*ratio studiorum Sinicorum*]，这些策略在他们结交的那些少数异端士人群体的影响之中表现得非常明显）。翻译（*Übersetzung*）

---

① 众所周知，这是现在弗洛伊德令很多读者无法信服的一点。马森（Masson）以及很多人都指责弗洛伊德通过这种自我意识的方法修改了患者对于自己童年的性虐经历的描述。另一方面，那些号称能够通过"记忆重建"来恢复被意识抑制的真相的治疗师们，也无法仅仅通过自我节制或者批判意识彻底避免他们对于结果的影响。他们的辩护毁掉了弗洛伊德提出的，移情作用的结果仅是一种限制的说法。除非人们满足于按照弗洛伊德的个体经验和性格来引导整个谈话，否则不管多丢脸，这样彻底放弃方法论的反省来处理这些独特的事件都有些不太明智。

② Freud, "The Disposition to Obsessional Neurosis," *Standard Edition*, 12: 320. 与此相关的主题，参见"Remembering, Repeating, and Working-Through" and "Observations on Transference-Love"(*Standard Edition*, 12: 147 – 156 and 159 – 171)。

是一种移情(Übertragung);在目标语言的语义学接受和重塑被翻译语言的意义上(也就是"洋泾浜效应"),它还产生了某种反向移情(Gegenübertragung)和反向翻译(Gegenüberzetzung)的作用。这种相互作用困扰着意义的稳定性:作为译者,耶稣会士在一段时间里让中文变得不再是中文,但是很快就影响了其他的中文表达,至少就当时与他们交流的小团体而言。考虑到精神分析对话中的内容和风险,我以之作为主体和客体共同构成的模型。

如果我们习惯将知识看作某种权力力量(作为我们支配一个对象的证据或者获取它的手段),这种知识常常会让人感到毫无用处。从战时就开始进行第一代电脑研究的诺伯特·维纳(Norbert Wiener)认为社会科学和人文科学中的知识是无法测量的:

> 一门精确科学的所有巨大成功都是在这样的一些领域里得到的,在那里,观察者与现象可以高度分离。……我们在社会科学中不得不考虑一些短期的统计游程,我们也没有把握断定我们见到的大部分东西是不是我们自己创造的产品。对股票市场的研究很可能把股票市场弄糟。我们不能成为好的研究者,因为我们同我们的研究对象太合拍了。①

研究的合拍和不由自主的人为因素就是弗洛伊德所说的"反移情"和"移情"。

乔治·德弗罗(Georges Devereux)提出专业研究中的隔离法来应对如此大量的相互影响和作用导致的焦虑。然而,这注定要以失败告终:主观性的介入只能被忽视,不能被彻底排除。排除干扰的理想,也就是那种描述异己之物的时候不带任何偏见的状态,也许是人们在接受萨义德的《东方学》的过程中产生的一个更出乎意料的结果,这也源自同样的

---

① Wiener, *Cybernetics*, pp. 189-191. 中译本参见郝季仁译《控制论》,北京:科学出版社,2014年2月。第123—124页。

焦虑。但是，羞愧远远不是处理焦虑的唯一办法，更不是最好的。（东方学作为一个学科中出现的改名换姓、抛弃旧友的方式，无疑源自某种程度的羞愧）。德弗罗在他的精神病人种学著作中这样评论道：

> 谴责我们在实验室或田野中出现对于观察对象产生干扰或者质疑行为观察的客观性都没什么用，我们应该用一种建设性的态度来处理这件事，并且从中发现有何积极的洞见是其他方式不能给予我们的，也就是我们从观察者（他和被观察者一样重要）的出现对于对象形成干扰而得到的东西。①

对于德弗罗来说，这意味着去观察他者，始终关注他的观察过程，并且努力揭示因他给观察对象带来的影响，以及它们对他产生的影响。"对于所有的行为科学来说，反移情比移情更关键，因为经由移情作用得到的信息同样也可以通过其他方式获得，但是反移情的分析能提供的东西则是独一无二的"。② 正像他令人难忘地说的："每一次用老鼠做的实验同时也是对实验者自身的实验。"③

不要忘了大量对于"非西方人"的研究都假定并且不断强化的诸多不平等的权威和控制（人当然不是老鼠，但是可以有各种分类方式把人置于同样的境地），我会重新考察很多并不令人信服的老鼠实验，但是它们被很多老鼠科学家当作成功的。我的方法会带来某种视角的转换：如果一种研究方法不能得出值得信赖的结论，我会希望同一个研究是否可以被重新提问，以提供另外一种类型的知识。"获得与事实相一致的研究结果最好的，也许是唯一的方式，就是直接面对研究的复杂性本身，把这个困难本身当作最基本的数据。不仅不回避，而且尽可能地利用它，

---

① Devereux, *From Anxiety to Method*, p. 270.
② 同前注：XVI.
③ "每一次老鼠试验都同时也是对观察者的实验，实验者的焦虑和规避措施，与他的实验计划一样重要，接收数据和做判断（解释数据）的过程能够比观察小老鼠，甚至是观察其他人所获得更多。"同上注，XVIII-XIX.

不是解释它本身,而是当作对于那些表面看来更加简单的数据的某种解释。"①

这是一种要求自我意识的反思性方法,但是这种反思方法难道不是加剧了在观察者与观察对象之间的差别,而这不正是早期研究中的问题吗?如果我们不研究中国,而去研究汉学,我们能获得什么呢?在如此狭窄的领域中展开研究,会把自我关注和自我意识混为一谈,但是,知识的关系模型应该让我们对于周围的世界了解得更多,而不是相反。

美国的中国研究理所当然地认为自己可以跟研究对象彻底分离,并且试图无视这一情况,而非关注实际上自我和他者之间(这里指的不是"物自身",而是作为互相作用和重新聚焦的反馈循环)总是有着的紧密接触。作为对这些预设的有意识的回应,本书中的每一个研究都由一个传统问题出发,并且尝试重新表述它。这些重新表述是主观性的或者反移情的,但是我希望这并不是意味着我首先关心自我。在我看来,一旦我们了解了如何在与第三方的互动中寻求移情的维度,这便会对于获得更全面的解释充满启发、有所助益。这种视角对我尝试重塑并且批判早前的研究者带入某些问题的智识态度帮助极大。

读者可能会发现,本书试图与中国研究中某些重复出现的主题相妥协——既接纳这些主题,也接受其重复性。这不应被看作是与"汉学"的对立;我充分意识到我所做的一切(无论多么不完美)都受到过去的汉学家的影响,无论是中国的还是外国的。"汉学"这个概念,若仅指努力通过作品、文献、人工制品和访谈等对博大的中华文明加以认知,则无可指摘;但若以汉学一词专指"外国人"的中国研究,而对国别或民族作出特别的限定,请恕我无法理解其中的意义。对于我来说,否定汉学即意味着否定跨文化的研究,当然这并不是说跨文化研究总是客观的和有

---

① "每一次老鼠试验都同时也是对观察者的实验,实验者的焦虑和规避措施,与他的实验计划一样重要,接收数据和做判断(解释数据)的过程能够比观察小老鼠,甚至是观察其他人所获得更多。"同上注,XVI。

效的。

本书亦不拒斥"理论"(以避免另一种可能存在的误解)。我必须老实承认自己并不知道"理论"意味着什么。基于一些在历史上彼此联系而又常常彼此冲突的研究、论证和实例,我就理解文学文本和其他人工制品的方式提出了若干问题。我并不是要草率地宣称,对于中国的对象来说理论是错误的或不适用的。我的目标是寻求一种更基本的概括。我时常追问,不同文化间进行相似类比的前提条件是什么?为此,我常对不同文化间或同一文化中各要素间相互接触的时刻予以经验层面的重构,但如果仅凭这种追问就断定"历史"战胜了"理论",就是过于自负了。历史性地看待问题能够打破理论研究中的平衡,就像理论的进路可以打破历史研究中的平衡一样。无一例外,我所经历过的诸多研究个案教给我这样的道理:在丰富的材料基础之上,展开包容性的思考,这是一件必须克服的难事。

◆

本书后面的章节中研究的观察者们是在中国这片山水中徜徉的漫游者们。这不仅是指空间意义上的中国,也是想象中的中国,这片被大海、群山、河流、围墙以及语言环绕的国土。在杜维明看来"文化中国"包含三个部分:历史上的国土本身(目前正经历不同的命运);海外华人社会(很多已经经历了几代人);第三个部分是最为无形的,包括那些进行有关中国的研究或写作,与中国有着贸易往来以及外交关系的群体。① 人数上的统计表明这三个部分之间的巨大差异:第一部分大致包括超过 12 亿的人口,第二部分大概有 3600 万人,至于第三部分如果不包括前面两个部分中已经被算进去的人的话,大概只有几十万人。

我的讨论与"文化中国"三个维度间的关系以及各维度的内部关系

---

① Tu Weiming, "Cultural China: The Periphery as the Center," in idem, *The Living Tree*, pp. 1-34.

相关。它们必然总是翻译的关系，以及与他者的关系，但是，这并不是因为它们将"中国"的人、文本或者传统与那些非中国的东西联系在一起。每当"中国"和它的各种反义词出现，总是指某些特殊的讨论，与某些文献、事件以及立场紧密联系在一起，这些讨论中总是有几种立场可供身处不同位置的观察者们用来研究所谓的"中国"。在我看来，成为中国人不是那么简单，甚至不是一件单一的事情，显然对于"非中国人"来说也是一样。当然成为中国人并不妨碍你做一个好学深思的中国观察者。

无论如何，读者们将会遇到大量的诸如"我们"这样的词，并且会从上下文中发现，如此表述的人正是由外部进入中国的人。之所以这样做，有两点原因需要解释一下（因为它们不是自明的）。首先是因为诚实的需要：这本书是一个特定的人在特定的时间写的，没必要隐瞒这一点。其次是为了采用一个角色，并且使得其前后不一致，以便日后可以将其颠覆。为了实现这一点，我需要首先进入它。我姑且采取"我们"/"他们"这种认识论上的区分，借此，如能成功地降低其说服力，则也是好事一桩。巧合的是，"中国"作为一个标签往往在多重意义上被理解。这些意义也是我要研究的一部分，而不是问题的答案。我的问题是"'中国的'在这一情形下如何具有独特的价值"而不是"在这种情形下，严格意义上的和典型的中国特征是什么？"。这种澄清也许是必要的，因为我偶尔会讨论一些复杂的问题，关于某些特定的人群、机构、推理或者事件。如果对于某些特定例子的比较研究所得出的结论只是强化了那些无比巨大的范畴，那就是最糟糕的比较研究。对那些希望了解是什么造成了西方与中国差别的人来，这本书没有什么帮助，但是对于那些已经准备好抛弃这一区分，重新出发的人来说，它则不失为一个鼓励。

◆

《话语的长城》由几篇原本独立的论文构成，在结集成书的时候，都在逐渐清晰的共同问题意识之下经过了重新思考和改写。第五章（"没有一个时刻如同当下"）对于我所理解的比较研究提供了一个历史的（以及历史写作的)导论;第三章和第四章("书写的威望","总是多重的翻译")用或多或少语言学和语义学的方式呈现它;第二、六、七章("等效的工作坊"、"后现代主义在中国"、"括弧之外")处理关于中介的人类学,讨论了(并不总是冷静地)文化上的双语者们如何影响他们厕身其间的社会。读者们会发现本书的第二部分越来越多涉及政治现象,这不是因为我觉得自己对于政治有什么独到的见解(尤其是对中国政治),也不意味着政治论证对于澄清文学或语文学问题是必要的,而是因为政治—社会领域是交互主体性最为活跃的地方,同样地也包括政治的话语,同文学的语言一样都值得更进一步的分析。

因为源自论文的形式,本书的各章也保留了一些论文的特点。它们并不完全、带有临时性、充满争论。它们尝试设定一些概念、参与一些问题,并且尝试对于它们讨论的问题提出一些思考的线索。本书不求面面俱到,亦不作笃定之论,但是我当然也很乐意看到其他人在本书所涉及的问题上做更为深入的研究(无论是赞同还是反对)。本书的各章的内容里面都留有了太多的空白。严格的汉学史研究、关于现代性的比较史学研究,以及人文学科的社会学研究都不会容忍这些空白的存在。然而,以论文的篇帙,作者固不能求全责备,只能寄望于读者在提纲挈领和描摹细节之间作出区分。所有这些问题都值得更加充分的讨论,本书所做的仅仅在于指出那些常常被孤立看待的研究对象之间的关系,并且寻求用来平等地看待这些关系的方法。

2 等效的工作坊：耶稣会士对中国重构中的翻译、方法和中介

关于全球主义和文化多元主义，近来可谓甚嚣尘上。尼克拉斯·卢曼(Niklas Luhmann)似对此两者皆持摒弃态度，并在1982年发表的文章中提出：现时代

> 社会变成了一个全球化的体系。因为某种结构上的原因，我们没有其他的选择……在现代的条件下……只有一种社会体系能得以生存。它的交流网络遍及全球……它为这一体系提供了一个单一的世界，同时它将这世界上的所有的视域都整合为一个交流体系的视域。（世界）在现象学与结构学两方面的意义逐渐合为一体。将不再有多元化的可能世界存在①。

如果一个人的主要学术训练（我们姑且不把它看作某个知识领域、意义背景或是某种自我叙述）来自一个名叫"比较文学"的学科，那么他面对以上这一番话的时候，一定会有些意兴阑珊。如果卢曼是对的（哪怕仅仅是一种预见），那比较究竟意味着什么？当"多元化的可能世界"收缩成一个，比较仍然是有意义的吗，它还能发现什么吗？那个世界内

---

① Luhmann, "World Society as a Social System," in idem, *Essays on Self-Reference*, p.178.

在的结构将会是什么样子？在一个广泛交流的世界里分辨结构上的区域性变化是否还有意义？交流的定义或标准是什么？继续找出那些论证"交流"发生与否的事例还有用吗？最初的条件都是些什么，它们还重要吗？比如相互交换的规模和建立一个共同基础的努力？卢曼当下研究的意义是什么，例如，它是否遮蔽了我们对于前现代时期的了解，或者那些旧的规则是否仍然有效？最后，我们该抱着何种心情进入这一全球化的境遇，是愉快、警惕，还是听之任之？借助于卢曼对于我们前景的判断，我将思考一个充满挑战的实例：17世纪中国在全球传媒史中所处的地位。

全球交流为那些曾经被认为截然不同的文化之间持续不断的人工制品和意义的互换提供了某种条件，至少是提供了某种可能性。但是，仅仅是提到文化这个范畴好像就回避了文化（和文化之间）的延续性存在或相关性的问题。即使我们置卢曼对于文化多元性的无情消解于不顾，我们也必须承认，与同样以全球化之名发生的广泛的资本和信息流通模式相比，文化并非那么重要。① 无论如何，大多数情形下，"文化"成了一个剩余性的概念——被用来指称那些到目前为止无法被经济的或是交流的行为模式归类的非理性剩余行为，或是指某种特定的休闲活动场所。至于那种有时会作为不断发展的全球文化模式提及的世界主义拼凑的产物——调和的多元主义，这种文化全球主义不仅在面对同样以此命名的经济或控制论意义上的全球主义要自惭形秽，而且也使我们对于其中牵扯到的利益和格局产生错误的印象。

当下对于全球化的忧虑通常会用一个戏剧化的概念描述成"普遍性"(*ubiquity*)和"管辖权"(*jurisdiction*)两种原则之间的争斗。通常意

---

① 关于这些关系的一个简要叙述，参见 Appadurai, "Disjuncture and Difference in the Global Cultural Economy"; Castells, *End of Millennium*; Albrow, *The Global Age*。关于以印刷（决定着国家语言，收集其经典，塑造其公众）为媒介的"文化"成为国家观念的历史核心的问题，参见 B. Anderson, *Imagined Communities*。

义上,人们习惯于将领土作为某种中介性范畴,规范着人和人的行为。然而,随着世界国家间的经济联系变得日益紧密,以至于任何一国都无法单独决定自己的命运,另外信息之间的共享变得如此迅速和普遍,对于领土的重视逐渐失去它的效力。① 当然,这从跨越边境的交流出现以来,已经存在了——在某种程度上并且对某些人来说,总是存在着偷渡和移民,没有任何一个社会是封闭的。但是,也许过去三百年的历史中不太能看到这种观点。在过去的这段时间里,人们以国家为主体,亲历历史,或彼此讲述历史。管辖权与领土相匹配是普遍和典型的状态,这一状态仅会被诸如某些不法行为、叛乱、异议或者其他的例外情形所打破。然而,如果我们去寻找管辖权空隙存在的迹象,那么 17 世纪时,少数几个耶稣会传教士在中国士人间发展教徒的努力将给我们提供一些极好的例子。② 这些传教士大部分是意大利人和葡萄牙人。在欧洲式的国家观念的原初活力之下,我们将看到两个历经几千年累积的庞大且复杂的文化主体之间的互动,这种互动仅仅通过极少的传教士和他们在中国的谈话对象之间的狭小管道进行。要知道任何时间居住在中国的传教士都不超过二十人。在我看来,这种互动构成探究信息网络的历史和价值的珍贵起点。它带给我们的不仅是一个文化间全球关系的可行性模式,同时也给出了关于社会互动的研究中常常出现的对于信息交换的必胜信念之外的另一种历史。

最后,这也是印刷媒介史上的一个插曲,颠倒了欧洲对于谷腾堡(Gutenberg)③时代的典型描述中出现的某些关系。

---

① 最近关于"空间"在人民和国家主权之间的消失的研究,可以参见:Guéhenno, *La Fin de la démocratie*。
② 关于全球化、末世论以及传教士的目标在早期现代时期的相互关系,可以参见 Kadir, *Columbus and the Ends of the Earth*。
③ 谷腾堡(Gutenberg,约 1394—1468),曾经长期被认为独立发明了金属活字印刷技术,近年来有学者研究表明,元代时期沿丝绸之路的旅行者将中国活字印刷技术带到了欧洲,辗转传到谷腾堡那里,对他的研究起到了重要作用。——译者注

下面的这段话是一位耶稣会传教士为他的朋友：一位晚明时期充满好奇的传统士大夫解释大约1620年代印刷术在西欧社会中所扮演的角色以及其时观念传播的情形。

曰：西国之法极重书教，以此系民之耳目，①观民之心智。一讹则无所不讹。故先圣特预防之。掌教事者必当代圣贤，聪明睿知高出人群。传世之书，必经掌教亲自鉴定，毫厘无差，然后发镌。镌法工精费钜，非大力不能。民间无此力量。且国禁甚严，私镌者罪至死。故从来无有？书，不特于法不容，亦于人不肯也。

曰：闻此益不能信矣。此间哆文辞广私镌，又不禁伪书，故载籍日新。②

这段引文源自皈依天主教的信徒杨廷筠（1557—1621）撰写的一部名为《代疑篇》的书，里面用问答的形式讨论了天主教的教义。虽然有很多偏差，在这段引文中，我们还是可以发现对于当代全球化过程中诸多主题的美好预期，这中间也包括人们对将网络作为其知识的来源的复杂情绪。这段文字的背后隐含的是技术不断融合的历史。

---

① 这一表述，参见下文第28页。"耳目"长久以来就是对于帝国的检察机关官员们的一种称呼。耳目官，天子耳目。参见 Morohashi, *Dai Kanwajiten*, 9:185。御史台、都察院所起到的作用，并不是如最初设计时那样是一个"检察机构"，而是对整个官僚系统的考察、批评和弹劾。关于这一机构的功能，参见 Hucker, *The Censorial System of Ming China*（贺凯：《明代中国的监察制度》）。

② 杨廷筠：《代疑篇》,2.20a-22b,载吴相湘编：《天主教东传文献》。第541—546页。杨廷筠，1592年进士，仕宦经历丰富。他于1611年皈依天主教，圣名："弥格尔（Michael）"，因此他的辩解之作有时也署名："杨弥格子"。杨廷筠传记可见 Standaert, *Yang Tingyun*（钟鸣旦著：《杨廷筠》）。另可参见 d'Elia, ed. *Fonti Ricciane*, 3:13;（德礼贤神父编纂：《利玛窦全集》）；Hummerl, *Eminent Chinese of the Ch'ing Period*, 2: 894-895（恒慕义主编：《清代名人传略》）；杨振锷著：《杨淇园先生年谱》。在他关于基督教的大量著作之外，杨廷筠还编纂了一系列关于《易经》的著作（《玩易微言摘抄》）；引自：《四库全书总目提要》，Ⅰ:189。关于晚明对于《易经》的兴趣，可以参见 Goodman and Grafton, "Ricci, the Chinese, and the Toolkits of Textualists", pp. 127-138。关于《代疑篇》所处的"礼仪之争"的背景，参见：李天纲：《中国礼仪之争》，第126—128页。

众所周知,印刷术是中国人发明的。中国人或者韩国人对之做了技术上更进一步的完善,发明了活字印刷术,这对于拼写语言来说更加经济实用。然而,这一技术因为某种操作上的原因,在中国19世纪以前都未取得进一步发展。11世纪至19世纪,占统治地位的还是雕版印刷术。这一技术如同中国的其他发明一样,将简单和灵活性结合在一起。① 准备印刷的文本的清样先是写在纸上,然后文字一面向下粘贴在一块硬木板上,文字中间和文字与文字之间的空隙都将被刻掉,留下一个文本浮雕的镜像。只要将雕版涂上墨,再将纸覆上,就可以印刷一页。一旦雕版完成,它就可以印制一份以至几千份。雕版所需要的技术非常简单,只要写好一页文字,即便是一个目不识丁的工匠也可以完成。

得益于这项技术,书在中国变得便宜且丰富。实际上,整个有明一代,随着偏远地区的剩余劳动力为都市市场提供了越来越多的低价产品,书籍变得越来越便宜。中国耶稣会的建立者利玛窦(Matteo Ricci)(1552—1610),就注意到"故此在中国才印了许多书,每人在家都可以印",这一描述略显夸张,但是确实指出了某种趋势。② 因为印刷术不需要雇用和训练特别的人工,也无需投资复杂的机械,并且不需要在分配和重新使用雕版之前就提前计算印刷的规模,因此,印刷在早期现代中国可以是种很小型的工业。它是如此分散,以至于除非通过惩罚或者没

---

① 关于印刷术的细节,参见 Twitchett, *Printing and Publishing in Medieval China*, pp. 68 - 86(杜希德:《中古时代中国的印刷与出版》);关于出版的经济问题,参见 Elvin, *The Pattern of the Chinese Past*, pp. 179 - 184(伊懋可:《中国历史的模式》);一项权威的总体性研究,参见 Tsien, *Paper and Printing*(钱存训:《纸与印刷》);关于区域性的实践的研究,参见 Brokaw, "Commercial Publishing in Late Imperial China"(包筠雅:《中国帝国晚期的商业出版》)。印刷在明代极其便宜,特别是在东南各省。参见 Tsien, *Paper and Printing*, pp. 372 - 373。
② "中国人的办法还有一个优点,即木板常是完整的,何时想印就印。……故此在中国才印了许多书,每人在家都可以印。从事刻版的人数极多。……就像西方刻过的几本书一样,想要多少,家仆就能印多少。"d'Elia, ed., *Fonti Ricciane*, Ⅰ; 31; 2; 314。中译本参见德礼贤神父编辑:《利玛窦全集》,刘俊余、王玉川译,光启出版社,1986年,第18页。

收那些已经出版的书籍之外,几乎无法加以控制。①

相比较而言,杨廷筠对于欧洲印刷术的了解,道出了某些实情。他说欧洲的"镌法工精费钜,非大力不能",这就是这位儒家士人在说下面这些话时,脑中浮现的想法:"此间哆文辞广私镌,又不禁伪书,故载籍日新。"因此,问题在于正是由于这种廉价的印刷无法控制,导致了异端思想的增多。当然,国家拥有自己的印刷机构,并且通过垄断教育所可能获得的回报控制着教育。然而,在国家看来,遵照信息流通领域劣币驱逐良币的格勒善法则(Gresham's Law),官方的出版物很容易就被驱逐出流通领域。书中的传教士构建了一个西方的乌托邦来回应他的中国朋友对于权威缺席的感觉,在这种描述中出版的权力牢牢控制在那些掌控着政府或道德权威的人士手中,"掌教事者必当代圣贤,聪明睿知高出人群。"那些没有资格的人胆敢私自出版将会被处死。

对话的双方通过呈现一幅广阔的全球性交换场景,互相给对方展现了他们本土的信息传播状况。我们也许会对这四百年间截然不同的历史感到有些茫然。如果这一段简短的对话成了东西方文化交流的基础,我们现在也许会习惯于拿中国的自由企业和信息自由来和西方的专制主义做对比。② 单看这段话,无疑会忽略很多因素。最起码,作为一个镜

---

① 对于中华帝国时期禁书的更为具体的研究,参见:安秋平、章培恒主编:《中国禁书大观》。大多数禁书的记录始于清代:这个时期的历史,参见 Brook, "Censorship in Eighteenth Century China"(卜正民:《中国18世纪的审查制度》); Goodrich, *The Literary Inquisition of Ch'ien-lung*, pp. 3–4, 19–29(傅路德:《乾隆朝的文字狱》); Twitchett, *Printing and Publishing in Medieval China*, pp. 60–64(崔瑞德:《中世纪中国的印刷与出版》); Guy, *The Emperor's Four Treasuries*(盖博坚:《四库全书》)。

② 正如下面将会指出的,中国的印刷术所带来的出版的自由仅是潜在的;事实上,出版触手可及并不意味着就不会贾祸。对于印刷的书不断的充公和镇压,是统治者、监管机构和被管理的民众之间持续不断斗争的一个方面。对此视而不见无疑有些草率。下文将会提到的张问达攻讦李贽案,就是通过焚毁李贽的著作来实现的。对于中国王朝专制统治理论的经典表述,可以参见 Montesquieu, *De l'Esprit des lois*, 8:21(孟德斯鸠:《论法的精神》)。孟德斯鸠关于中国的信息,主要来自中国返回的传教士傅圣泽(Fouquet)。德白落斯(Président de Brosses)在他的书中生动地记录了这一过程(*Lettres familières*, cited in Etiemble, *Les Jésuites en Chine*, pp. 179–189)。

像的映射,我们可以看出在这段被遗忘的对话中出现的专制主义的模式,后来的政治思想家正是在反对这一模式的过程中建立起西方式的自由。在此,专制主义被宣扬成西方在极权和效率方面取得的成就,而中国在这一方面则不免令人感到惋惜。也许这是第一次,欧洲的观念被有目的地用于影响中国文化政治,有趣的是我们无法确知这一跨文化策略的发明者究竟是"中国人"还是"欧洲人"。

这种知识集中控制的设想中,大学是一个极其重要的部分。教会和国家在这一描述中变得难以区分,合理性与国家审查机构的手段源自作为科学体系制度模式的大学的结构。对话中的中国学者对于欧洲图书馆的著录感到非常惊讶——特别是其中提到,耶稣会士用来阐释宗教理论的道德哲学著作竟然有上万部。[①] 为了回应他的惊讶,欧洲学者解释道:

> 盖缘西国学者以义理为养性之粮,穷理为升天之具。本国所习,无老少男女、贤愚贫贱,皆宗其说。故义理日开,书教日广。其最重者为天学,名陡琭日亚,此种学有《录略》一书。……解答人心疑窒,无不搜剔殆尽。即此一种有可想其卷帙之多。其次名人学,名斐琭所费,是皆格物穷理之事。其书之多,与天学仿佛。其次则宪典,其次则历法度数。其次则医理。其次则(缺文两字);大都非说理则纪事。取其有益民生,可资日用。其诗赋辞章,虽亦兼集。上不以此取士,士不以此自见也。
>
> 或曰:今之汗牛充栋,大抵诗赋辞章。又云非国所重,则种类亦不能多矣。或者非傅会即重复,并赝刻庞杂其中乎?

[①] 中文所谓的"义理"意味着"研究义之理的著作"。利玛窦给我们提供了一个更为准确的翻译"scientia morale"(d'Elia, ed., *Fonti Ricciane*, 1: 42)。但是,"道德科学"的概念是利玛窦那个时代的,我们现在已经不用了。比较一下佛教的《大藏经》大概有六千卷,讨论这个问题。

随后,他接着开始说明欧洲昂贵的出版业的优点,作为对上面疑问的回答。请注意观念间的联系。从关于书籍数量的疑问开始,对话者转入了书籍、写作和教学在制度中所处的位置。对于这里的对话者来说,关于制度的想法与科学本身的分类密不可分。这可以由中世纪大学的典型形态来加以分辨,其中神职人员占据着高级的位置,人文学科和实践学科的地位则很低。拥有最高权威的高级人员掌握着出版和批判的权力,国家(通过那些神职人员)成为"民之耳目"。没有任何迹象显示教会和国家的利益存在分歧,这其中当然也包括大学和宗教裁判所。政治审查官从各种不同的资源获得他们的权威。杨廷筠对于西方的乌托邦想象把这些都看作是一个单一的力量。在1621年的情境中,这种美好的惆怅所代表的东西是如此地复杂和充盈。

我们不应把杨廷筠在这个问题上的误解归结为他无法得到直接的信息,也许把这当成是他的传教士朋友有心编造出的假话会更好一点。其实,这里呈现出的是各种渴望和失败的结合的产物。杨廷筠梦想着一个从未发生过宗教改革的欧洲。宗教改革对于我们来说,意味着坚如磐石的大学、教会和国家遭遇了一系列的冲击,其中私人的出版扮演了一个明显和核心的角色。杨廷筠梦想这一切从未发生,世俗的权力仍然听命于某种精神权威。至1621为止,我怀疑即便是对反宗教改革最同情的支持者也不会期待着回到理想化的以前的状况(status quo ante)。当然,除非有什么奇迹使得这一切能在中国实现。①

也许,不需奇迹就可以实现。对于欧洲的书籍贸易和审查制度的美化描述,恰好对应了中国方面的某种渴望,并且相当于为以某种共同利益为基础的联盟提供了方案。晚明时期,未经许可的书籍数量激增,伴随着这些书籍的传播,异端思想的影响也不断增大,这都成为某些士人

---

① 参见 E. Eisenstein, *The Printing Press as an Agent of Change*。

群体独有的烦恼。《代疑篇》没有错过这一敏感话题,并借机迎合了这种集体性的不满。当杨廷筠对话中的人物恼火于那些"哆文辞广私镌"者时,1621年的读者们很容易确知他们指的是谁,经过简要的历史描述,我们同样也能了解。

首先,我们必须提及中国思想或哲学的传统分类。传统中国,思想家首先是文本的阐释者——对于大多数人来说最重要的文本是出现于公元前5至2世纪的儒家经典。它们是关于历史、伦理、礼法、治国之术和自然哲学的著作。对于这些经典的精通造就了统治王朝道德上的合法性以及士大夫阶层文化上的权威性:对于一系列段落的分析以及先例的引用成为士人获取官职的科考文章的基本部分。① 同样的标准被用于判断一个人在官员职位上的表现。当然,每一个特定的时代,经典或者经典传统都有保持着某种一致的阐释。科举考试主导和指引着这种一致性。各级主考官对于不同学派的爱好和同情常常被提及并加以讨论,更不用说那些渴望成功的士子的殷切期待了;实际上贡院是传统中国进行观念和政治上的公共辩论的主要场所,无论这一过程表现得多么典雅和温和。② 一个对传统经典形成了一整套强有力而又自洽的理解的创造性思想家也许会改变经由长期训练而来的士子们的共识。这些士人都接受了某种特定的阐释,进入官场并且将这些阐释继续传递给他们年轻的同事们。这个体系本身明显不是为了激励创新而设计的。

---

① 关于科举考试体系,参见 Elman, *A Cultural History of Civil Examinations in Late Imperial China*(艾尔曼:《晚期中华帝国科举文化史》)。另外一个关于士人文化与科举和社会流动之间的关系研究,参见 Elman, *From Philosophy to Philology*(艾尔曼:《从理学到朴学:中华帝国晚期的思想与社会变化面面观》); Elman, *Classicism, Politics, and Kinship*(《经学、政治和宗教:中华帝国晚期常州今文学派研究》)。
② 关于其中标准的展开、解释中的争论,甚至是整个科举考试体系权威的丧失,参见 Elman, *A Cultural History of Civil Examinations in Late Imperial China*, chaps. 3, 8, and 11。

杨廷筠的《代疑篇》出版之前的一百多年正发生着一场哲学上的争论,这场争论最终超出了科举制度和官员的职业生涯设定的狭窄范围。晚明的思想图景是由各种地方学派构成的。他们中的大多数围绕在一个充满个人魅力的人周围。学问的目的并不是为了传递那些经验的知识或智慧,而在于对圣人德性或天地造化予以某种彰明。王阳明(1472—1529)在1506年前后,弃"见闻之知"而提倡"良知"常常被看作是这一新倾向的历史性发端。① 王阳明的后学因此被称作"心学",以对应于官方推行的"理学"。在阳明看来,心是知的来源,而不是外在知识得以呈现的中介。当然,此处的"知"指的是道德及其在行为中的表现。

　　伴随着对于心的重新定义,人们开始重新评价由书本中寻求知识的理由,即便我们面对的是儒家的典籍。经典也许包含了它们的作者所获得的启迪,但是仅仅对于文本的研究却不是真正意义上的哲学活动。阳明的学生和后继者继续引用并且讲说儒家的经典,但是他们并不觉得在佛道两家的资源中借用概念和某些原则有什么问题。事实上,对于他们来说,这是对于儒家的道的必要拓展。② 在此,我们遇到了某种学问上的竞争,因为佛学或者道家的经典从未进入正统的书目之中。与此同时,考试权威对于佛道思想的认同无疑会对控制国家的那些价值观念带来彻底的改观,这当然非同小可。因此,当阳明的某些激进的后学如王畿(1498—1583)和王艮(1483—1541)被视为"狂禅"时,其中既有轻蔑,也包含着某种不安。③ 为了对于"禅"的涵义有一个正确的认识,我们必须想象这个词对于一位儒家学者来说意味着

---

① 王阳明的一个简要传记,可以参见:黄宗羲(1610—1695):《明儒学案》,第102—107页。
② 参见黄宗羲对于泰州学派的描述,《明儒学案》,第165—172页。把"弘道"看作是对于《论语》的一个回应,参见第107页。对于在科举考试中掺杂这些典籍的反映,参见 Elman, *A Cultural History of Civil Examinations in Late Imperial China*, pp. 411 – 415。
③ "狂禅"是佛教中新近较为流行的轻蔑说法。参见 Mote, *Imperial China*, p. 677(牟复礼:《中华帝国》)。

什么。禅意味着一些令人无法接受的假设：对于书本学习的拒绝，实际上它拒绝任何诉诸文字的知识；将善分成若干等级，并且认为觉悟远比学习或实践中的善行更重要；并且宣称即便从事最平凡的工作，任何人皆可成圣。"狂禅"的态度逐渐发展成为对于明代上层社会生活中精英统治的拒斥，这指的是那些科举制度、遵循儒家原则的司法系统，以及家族和学术世系的传承。

公元 1600 年前后，知识界精英阶层获取回报的能力开始衰退。文人士大夫这一传统统治阶级的力量逐渐衰弱，与此同时，明代的皇帝们弃其权威于不顾，朝政越来越多地被宦官和内侍掌控，旧有的权力分配模式废而不用。① 机会的丧失使得大量的文人感觉到两手空空、心情沮丧，而那些已经为官的士人则自视为"清流"，义不容辞地抗拒着他们的职位遇到的挑战。② 这些清流有太多的事情可以抱怨，特别对是宦官的种种特权，以及非正统的哲学学派试图攫取国家正统思想的地位这件事，这反映在科举评判标准中出现的各种观点的融合。这两个令人感到不满的原因构成了一贯的、持续不断的抗议。有一个著名的例子，1599年，神宗皇帝（1563—1620）派遣宦官至各地负责征税，"赋予他们极大的权威和独断专行的权力，而不必向各级政府官员负责。"③宦官们的贪婪伴随着因皇帝对于官僚系统的蔑视所带来的愤怒，导致出现了大量抗议奏章。杨廷筠就是其中之一，虽然他随后就撰写了《代疑篇》，但 1599 年

---

① 关于这段时期的描述，参见 R. Huang, *1587*（黄仁宇：《万历十五年》）。关于内侍和官僚系统的其他部分之间的斗争，参见 Hucker, *The Censorial System of Ming China*, pp. 152 - 234。关于明代参加科举的士子的地位问题，参见 Ho, *The Ladder of Success in Imperial China*, pp. 32 - 34，107 - 111，184。
② 贺凯的《明代中国的监察制度》第五章，集中讨论了宦官和士人官僚阶层之间在 1620—1627 年间的斗争。
③ 此处引自利玛窦对于这次派遣的描述，参见 d'Elia, ed., *Fonti Ricciane*, 2：81 - 82。骚乱发生在利玛窦由广东附近的韶州前往南京的途中。关于杨廷筠如何牵连其间，参见：杨振锷著：《杨淇园先生年谱》。第 17—18 页。

时,他任江西监察副使并且积极参与了一项旨在改良道德的佛教世俗运动。

1599年发生的政治危机给那些有着传统观念的官员们带来了某种危机感。很多1599年运动的参与者——在他们中间,杨廷筠同样很突出——同时也是1608—1625年间兴起的东林党人的支持者。作为一场政治和精神上的运动,东林党人的目标既是政治上的宫廷内斗,同时也是哲学上的某种调和运动。① 很少人注意到这一运动同时也是中国天主教发展历史上的一个重要事件。利玛窦身为中国耶稣会的建立者,在他的日记中记载了这一危机,并且在叙述中表现出强烈的支持官员的倾向。这一迹象表明,利玛窦是作为参与者进入斗争之中的,而不仅仅是作为一个采取旁观态度的外来者或者传教士。其结果则是重新定义了天主教在中国的意义,天主教的中文意义。

我们今天可以理解,中国早期的传教史如何得益于利玛窦超凡的文化适应能力。他接受了中国的服装、礼仪和语言,并且尝试获得当时士

---

① "东林党"始于1604年的一个地方学院,但是很快就聚集了一批向往保守主义政治活动的士人。随着它的成员逐渐取得高位,东林党人变得有能力罢免那些与之不合的官员,由他们的同盟者取而代之。1625—1626年间,魏忠贤清除了几百名东林党人,并且将他们的首领监禁或是处死。关于东林运动及其余续,参见:(清)陈鼎《东林列传》;Busch, "The Tung-lin Academy"; Mote, *Imperial China*, pp. 736-738, 778-780; Elman, *A Cultural History of Examinations in Late Imperial China*, pp. 208-211. 关于将东林党人和其他团体都包括在内的道德争论,参见 Brokaw, *The Ledgers of Merit and Demerit*(包筠雅:《功过格:明清社会的道德秩序》)。黄宗羲的描述(《明儒学案》,第223—253页),带着亲身经历的痕迹:他的父亲就是著名的东林人士。关于耶稣会士和东林之间的关系,参见 Gernet, *Chine et christianisme*(谢和耐:《中国与基督教》), pp. 36-38;以及 Gernet, "Politique et religion lors des premiers contacts entre Chinois et missionnaires jesuites,"("耶稣会士和中国人最初接触时的政治和宗教") in idem, *L'Intelligence de la Chine*(《中国人的智慧》), pp. 215-243. 杨廷筠与东林党人紧密相关(Busch, "The Tung-lin Academy," pp. 43, 156; Standaert, *Yang Tingyun*, pp. 34-37, 80-85.)。很多士大夫都对耶稣会士很友好。但是,宣称东林集团是在基督教的感召下兴起的(就像裴化行(Henri Bernard)依照丹尼尔·巴托里(Daniel Bartoli)的回忆所做的那样,参见"The Tung-lin Academy," pp. 156-163)肯定是有些夸大。我们至多能说,杨廷筠和其他人皈依天主教是希望能够建立起某种联盟。而裴化行和巴托里把它们当作已经成功的事实来加以描述。

人领袖的支持。① 利玛窦是一个非凡的人,他的灵活性迟至今日才获得了广泛的认可。在当时,他遭到了与他同时代的传教士们的质疑,他们质疑他为了获得更多的皈依者修改了教义的基本内容。但是,在他的中国相识面前他究竟呈现出一种什么面貌,他又是如何赢得了像杨廷筠一样的人的关注呢?

在利玛窦与儒家的文献和学者们对话的开头几年,如果说他所宣扬的教义在中国社会中有其位置的话,它也是被当成是某种融合的学说,仅仅是由少数教士讲授的寻求德性的方式,因此对社会并没什么危害。正如《明史》中记载的:"其所著书多华人所未道,故一时好异者咸尚之。"② 这里所提到的引起"好异者"关注的是利玛窦在1595年撰写的一本小书《交友论》。③ 这本书流传颇广,为利玛窦赢得了名声和大量好奇

---

① 关于利玛窦在中国的生活和工作情况,第一手的资料是德礼贤神父编纂的《利玛窦全集》(d'Elia, ed., *Fonti Ricciane*),以及英国学者加莱格尔(Gallagher)的英译本《16世纪的中国》(*China in the Sixteenth Century*)。译者按:中译本参见:德礼贤神父编辑:《利玛窦全集》。刘俊余、王玉川译。光启出版社,1986年。关于利玛窦的生平,参见 Goodrich and Fang, eds., *Dictionary of Ming Biography*(富路特和房兆楹主编:《明代名人传》);Spence, *The Memory Palace of Matteo Ricci*(史景迁:《利玛窦的记忆之宫》)。关于利玛窦的解释方法,参见 Goodman and Grafton, "Ricci, the Chinese, and the Toolkits of Textualists"(古德曼和拉夫顿著:《利玛窦,中国人,及文本主义的工具箱》)。利玛窦并不总是"来自西方的官员"。传教士们采用士人的打扮和举止之前,大概有二十年的时间他们把自己装扮成佛教的僧侣。关于耶稣会士"向文人士大夫的转化"以及其中的各种含义,参见 Jensen, *Manufacturing of Confucianism*(詹启华:《制作中的儒家》), chap. 2。
② 《明史》,卷326(《外国传·意达利亚》)。"好异者"中的"异"在这里意味着"差异,陌生",异端中同样也是这个词。参见前文第27页。至1617年,耶稣会士的存在看上去已经变成对于社会秩序的威胁:同年,有一篇上疏中要求驱逐利玛窦,在各种理由之外,上疏断言:"自玛窦入中国后,其徒来益众。有王丰肃者,居南京,专以天主教惑众,士大夫暨里巷小民,间为所诱。……一如白莲、无为诸教。"(《明史》卷326。)关于作为狂热信仰的"耶稣会经书的阐释共同体",参见 Jensen, *Manufacturing Confucianism*, chap. 3。
③ D'Elia, ed., *Fonti Ricciane*, 1:368-369. 参见:李之藻编:《天学初函》。Ⅰ:299-320. 文章内容译自西方古典和基督教作家。例如:"友之乐多于义,不可久友也。……友者古之尊名,今出之以售,比之于货,惜哉! ……友之益世也,大乎财/>。无人爱财为财,而有爱友特为友耳。"(第306页。)李贽喜爱《交友论》,他自行刻版印行了一版,以此向利玛窦示好(d'Elia, ed., *Fonti Ricciane*, 2:68.)。关于版本的变化:参见 Fang Hao, "Notes and Matteo Ricci's *De Amicitia*"。

的来访者。由此,中国晚明时期"友"变成了某种暗语,受心学影响者多喜好平等主义,且爱发豪言壮语,他们宣称按照等级划分构成的父子、君臣、长幼、夫妻等关系已然变得腐化,需要被友谊所取代。因为朋友关系意味着主体个体选择的平等关系。① 倡导友谊意味着以仁来看待社会而忽略其结构。利玛窦的来访者里面自然包括了一些在哲学上特立独行的人,他的日记中特别提到了其中两位:

> 这时(1599年上半年)在南京有一位状元,……他因失官返乡,极受地方人士尊重。② 他对中国的三教极有研究,这时致力于宣传三教归一之学说。当时有中国另一位名人李卓吾,在焦竑家中做客。他做过大官,曾任姚州或姚安知州,却弃了官职和家庭,削发为僧。因了他博学能文,……声望极高,有许多弟子信了他创立的宗派。……这两位大文人对利神父非常敬重。……利神父按中国习惯回拜时,有许多学术界的朋友在场,大家谈论的是宗教问题。李贽不愿与利神父争论,也不反驳他的主张,反而说天主教是真的。③

这是一副文化多元和谐共处的美好情景,这也许源自参与双方的边

---

① Busch,"The Tung-lin Academy," p. 81. 正如谢和耐(*Chine et christianisme*(《中国和基督教》), p. 160)所观察到的那样,士人阶层接受基督教的一个障碍在于他们对于社会层级的划分,这与心学遇到的问题一样。关于传统士人中友谊的研究,包括他们和家庭、非功利性、亲缘关系、宗教以及市民社会的关系,参见 McDermott, "Friendship and Its Friends in the Late Ming"(周绍明:《晚明时期的友谊和朋友》)。
② 这里指的是焦竑(1541—1620)。关于焦竑,可以参见 Ch'ien, *Chiao Hung and the Restructuring of Neo-Confucianism in the Late Ming*(钱新祖:《焦竑与晚明新儒思想的重构》)。
③ D'Elia, ed., *Fonti Ricciane*, 2:65 - 68. 中译本参见《利玛窦全集》,第307页。状元,是在每三年一次的会试中第一名的头衔,获得者将会终生荣耀。关于三教(儒、释、道)合一,及其由王阳明开启的"左派王学"的传统,参见 Busch, "The Tung-lin Academy," pp. 83 - 84; D'Elia, ed., *Fonti Ricciane*, Ⅰ:131 - 132, 2:187. 关于利玛窦其他朋友的传记,参见同上书,Ⅰ:371 - 372,2:42 - 43,46 - 47。李贽的生平,参见 Goodrich and Fang, eds., *Dictionary of Ming Biography*(富路特和房兆楹主编:《明代名人传》)Ⅰ:807 - 808。李贽对于利玛窦的印象,参见:李贽:《焚书》。第247页,《续焚书》,第1页。关于这次相遇,参见 Frank, "Li Tschi und Matteo Ricci"。了解李贽的思想,可以参见 Billeter, *Lizhi*。关于李贽还有一个常常被忽略的问题,他可能存在的穆斯林背景,参见:洪明水《明末文化烈士李卓吾》。

缘性身份。李贽能够对利玛窦的学说表示支持,是因为他作为一个思想上的局外人,没必要维护教条的权威;他并不需要放弃自己的主张,来接纳利玛窦的说法。相应地,利玛窦也小心翼翼将他们之间的讨论限制在伦理领域中。几年以后,当李贽的名字又一次出现在利玛窦的日记中时,他扮演了另外一种角色:

> 但是天主立刻保护了神父,使佛教徒大受打击。首先有李卓吾事件。他原是做官的,去职后,落发为僧。他一心想传播佛教,各处收徒,著书立论;为表显他才华出众,在书中他排斥中国一直受尊重的古代圣贤,而表扬大家公认的坏人。① 他住在离北京很近的一座城里,准备进京,因为北京有很多崇拜他的人。这时在北京有一位给事中,呈上奏章,控诉李卓吾的不轨行为,及其所传邪说;请皇帝加以惩治,焚毁其书。②
>
> 皇帝下令,立即押解入京,没收其著作之刻版。
>
> 李卓吾被押解入京后,非常害怕。他那时已七十多岁,看到在自己晚年,竟受如此之侮辱,未受任何处刑之前,在监狱举刀自刎,脱离了仇人的谋害。

---

① 利玛窦在这里采用了张问达的描述。张问达把李贽的仕宦生涯总结为:"李贽壮岁为官,晚年削发,近又刻《藏书》、《焚书》、《卓吾大德》等书,流行海内,惑乱人心。以吕不韦、李园为智谋,以李斯为才力,以冯道为吏隐,以卓文君为善择佳偶,以秦始皇为千古一帝,以孔子之是非为不足据。狂诞悖戾,不可不毁。(引自顾炎武:《李贽》《日知录》,18/28b)"。吕不韦,公元前 3 世纪秦王朝的奠基者,在司马迁的笔下被描绘成肆无忌惮的奸商。李园将自己的妹妹送入楚国的后宫以后,并且使得他的外甥成为下一任国君。李斯为秦国制定了"焚书坑儒"的政策,因此成为日后千百年间读书人憎恶的对象。冯道的行径众所周知,他历仕四朝十君,屹立不倒,完全无视"不事二主"的原则。卓文君处身名门,但是与不名一文的书生司马相如私奔。秦始皇是帝国体系的建立者,在汉代的史家司马迁和班固那里,他被看作是残暴的君主。通过表彰这些历史上的恶人,李贽试图震动他的读者并且对历史价值重新进行思考。这两个目的是李贽学者生涯中引起争议的观点的一体两面。
② 上疏出自张问达笔下,他的儿子后来皈依了天主教。(D'Elia, ed., *Fonti Ricciane*, 2: 183; Busch, "The Tung-lin Academy," p. 89.)文本参见顾炎武:"李贽",载氏著《日知录》,18/28b-29b。张问达和冯琦以及东林学派和耶稣会士的联系,参见 Gernet, *L'Intelligence de la Chine*, pp. 236-237(谢和耐:《中国的智慧》)。

乘此机会,当时的礼部尚书冯琦也上了一本,①反对那些废弃孔孟之学,而信佛老之道的官员。认为朝野上下之伤风败俗,皆由此而来……

有了皇帝的批示,礼部尚书立即通令全国学官,在考试时,文章中不得讲论佛教思想,除非是为批评佛教,违者不予录取。这样一来,朝廷面貌一新,好似进入了另一个世纪。②

这一份科举的禁令为何对利玛窦如此重要?1599至1602年之间,利玛窦在中国政治争论中明显站在儒家保守派一边。在我看来,与罗马的视角不同,如果由中国的观点来看,这种立场上的偏袒较之天主教信仰和儒家道德之间是否兼容的问题更为重要。我们可以由利玛窦对于当时政治形势的分析看出他的偏袒,他的说法表明他好像把自己看作是将会在科举考试范围的扩大中失去什么的士人中的一员。当然,他并非如此,我们应该把这看作是一种想象的自我投射。作为这种投入的结果,利玛窦在此将那些贪婪的宦官和异端的士人描述成"上帝和我们的敌人"。虽然这一指责有些粗暴,但是,我们不应忘记只有在东林党人的描述中,才把这两者联系在一起。宦官专制与"狂禅"当然不是一回事,但是,由一个传统主义者的角度来看他们是一体之两面,根源都在于儒家的士人集团失去了支配地位。③ 宦官专制剥夺了士人集团阐释皇帝意志的权力,异端学派又无视他们阐释圣人之言的权威。利玛窦此时表现出他自己的应对之计。因为这些特殊的政治原因,他与如李贽一样的自

---

① 在利玛窦的祭文中提及,正是与他的讨论使得冯琦开始谴责异端(D'Elia, ed., *Fonti Ricciane*, 3: 11)。
② D'Elia, ed., *Fonti Ricciane*, 2: 182 – 186;冯琦上疏和皇帝下诏的译本载于184—187页。原文参见顾炎武,"科场禁约",载氏著:《日知录》,18/21b – 23a。顾炎武对冯琦上疏的评论体现在他对于1603年之前那些被主考官容忍的异端诠释的例子中。
③ 包筠雅(Brokaw): (*Ledgers of Merit and Demerit*, p. 24.《功过格:明清社会的道德秩序》)的表述是:"他们的敌人是那些威胁到……传统结构和价值的人。是像魏忠贤、温体仁这样荒淫无能的掌权者,或是野蛮不堪,又不负责任的泰州学派。前者自私地把持朝政,破坏了政治秩序,而后者则通过拒斥经典,扰乱了道德标准。"

由思想家的美好关系就此告终了。他的目标也发生了变化,也许他觉得自己应该抛开他自己的教义和晚明的新宗教之间可能产生的混淆,朝向更大的目标。他不再尝试着让天主教仅作为被容忍的少数教派存身其间,而是渴望将天主教与声名卓著的主流思想结合在一起。①

杨廷筠的皈依本身就代表利玛窦把造成文人不满的原因(很快就具体化为东林党人的不满)当成是他自己的不满的结果。杨廷筠给出的全球化的另一种解释如何理解则取决于我们把它当作是天主教的神学还是儒家的经世学说:

> 人知中国之内有释道异端,不知九州四海如此教甚多,名目个别。或一时所尊,或一方所贵,或依附名理,或徇人私意。故有此之所立,不能通彼,前之所说,不能信后,不得为公教,唯主一而已。万国之共戴一天,共仰一主。予之形躯为人,复予之万物以养其形躯,赋之灵性,为形躯主,兼赋之义理,以美其灵性。万国无异同焉,有生之伦,皆知为天主恩,则皆感之而不忍二,敬之而不敢亵。

上文的类比与中国关于君主的言论相似,即我们头顶只有一片天,天上只有一个太阳,如同躯体只能有一个头脑,因此世界只应有一个统治者,那就是中国的皇帝。② 请同时注意宗教的普遍传播与客观崇拜的普遍本质之间逻辑上的关联,二者互为保障。然而,作为一个相反的例证,他们

---

① 1644 年之后,清朝政府试图重建儒家的权威地位,将利玛窦的计划判定为邪说,认为受东林党影响下的基督教无法解决问题。清朝政府把科举又重新建立在理学的基础之上,并且不再鼓励耶稣会发展教徒。一部分耶稣会士的成员继续在宫廷中服务,引介数学和科学。
② 《曾子问》,《礼记》卷十八:"曾子问:'丧有二孤,庙有二主,礼与?'孔子曰:'天无二日,土无二王。尝、禘、郊、社、尊无二上。'"孔颖达疏曰:"天有二日,则草木枯萎;土有二主,则征伐不息,老子云:'天得一以清,地得一以宁'是也。"不仅是这一段,《曾子问》整章都是对于礼中的优先权的问讯:当两种礼仪的要求相互冲突时,何者优先。经由这一典故,杨廷筠认为,在基督教的礼和儒家的祭祀奠仪之间可能发生冲突时,应该尊崇儒家的礼仪。(参见 1700 年—1704 年间的"礼仪之争")。关于这一争论,参见李天纲:《中国礼仪之争》;Minamiki, *The Chinese Rites Controversy*(南喜:《中国礼仪之争》),以及 Etiemble, *Les Jésuites en Chine*(艾田浦:《耶稣会士在中国》)。

也谈到了佛教的历史:

> 西洋本会同志,为传教远游,多有至其地者。则熟习彼国之教,遍阅彼国之书,义理粗浅,人物鄙俚。直是一方私教。附近诸邦,通不尊之。各国另有所奉。名目甚多,各不相袭。岂知一入中国,而薄海同尊,诚彼国所未信也。

杨廷筠接下来继续他的批评:中国佛教虽然颇具盛名,但其威望都是缺乏监管的文学活动的结果。当佛经在公元 300 年左右第一次进入中国时:

> 虚恢诘诈,百端伪妄,已潜伏不可究诘矣。后此途径渐熟,智术渐工,又袭老列清谈之余。五胡云扰,六朝偏安,无明王圣主,担持世教。处士横议,邪说浸淫……是以智愚贤不肖并入其中。①

佛教文献的出版是因为中国缺乏政治秩序,从而热情地接纳了其一知半解的理论。在缺乏开明君主的情形下,亦没有充满活力的学派和一贯的教义。换句话说,最接近普遍性的权威将会产生最为普遍性的宗教。一个崩溃的帝国相应地则会产生诸多支离破碎的教派。当儒家学说的整体性即便是在科举考试这一大本营中也遭到颇为混乱的融合主义的冲击时,中国早期政治和知识上的诸多漏洞(像杨廷筠描述的那样)就被拿来与当下的危机做一类比。很明显,对于杨廷筠来说,作为公教的天主教是与李贽捏造出的特立独行的私教完全不同的东西。

杨廷筠对于欧洲昂贵出版的称赞不足为奇,因为它直接关系到耶稣会士能够为当时的中国提供的某种尚未被关注的核心观念,即针对交流本身的不受任何限制的管辖权(在此科举考试也可以被看作是某种交流方式)。这将会确保正统学者们在政治上的至高权力,这其中包括那些

---

① 杨廷筠拒斥佛学的语言和论点都是对朱熹的回应。朱熹是 12 世纪儒家道统的捍卫者。参见:"释氏",《朱子语类》126. 1a-8b。

学者、教士、教授们。杨廷筠将内部坚不可摧同时拥有无上权威的天主教看作是儒家的榜样。与此相关,在杨廷筠的想象中,欧洲教会通过控制书写、教育、大学和神职人员进行统治。他们直接拥有那些中国的士大夫们只有在皇帝特殊支持之下才可能拥有的权力。

在制度上,东林党人的态度常常通过御史台的审查工作得以表现,这些监察官员的任务就是充当皇帝的耳目。当东林党人于1621年好像攀升到了行政机构的核心位置时,那些经由御史台变得声名卓著的官员再一次掌握了主动权。① 在这一极不稳定,事实上是某种危机的时刻,杨廷筠关于司法秩序方面所设想的模型几乎是直接响应东林党人以及他们的追随者、那些御史台官员的要求。一神教及其在地球上的现实化,即普世性教会,在此被用来修补晚明时期儒家道统被破坏的局面。

总结一下我前面冗长的重构情境化的工作:杨廷筠对于欧洲宗教权威的描述在几种意义上说明了一种以中介为中心的全球主义,其中某些意义注定会以某种不稳定的方式对另外一些发生影响。他的描述用具体例证说明了一种全球文化,因为,首先并且最明显的是:它要求集中来自世界各地的信息,并且在人类对于历史进程的各种不同经验的比较中结合在一起。② 其次,它还要求一种全球性的权威,因为它试图将天主教教士和儒者这两个不同的集团连接在一起,它们都认为自己将会由中心出发从而重塑整个世界。最后,杨廷筠整个比较计划有一个"真理之域",即一种已经全球化了的无所不在的管辖权。它不断地调整各种文化组成元素并且成就斐然,而两种文化都希望通过这些元素来实现它们的权威,这些元素包括:皇帝、圣人、教堂、宗教裁判所、科举制度,儒者阶层和全能的上帝。

---

① 东林党人在这一时期政治上的领袖是杨涟,他在御史台内部策动了许多监察和弹劾。参见 Hucker, *The Ming Censorial System*,关于杨涟,参见 pp. 63 - 64;关于东林党在 1620—1623 年间的崛起,参见第 165—171 页。
② 关于另外一个全球化的信息交流导向普遍权威的例子,参见 Saussy, "China Illustrata"。

由政治的角度来看,杨廷筠的对话实际上是希望能够按照天主教的模式改造儒家的等级制度。然而,这一想法的说服力难道不是建立在某种含混之上吗?将欧洲模式作为一种理想或者类比提供给中国是一回事。但是,如果杨廷筠的读者们认为他本意是希望将教皇的普世管辖权拓展到中国,那么他将无法获得东林党人的支持:儒者们对于在他们已经拥有的帝国体系之上再增加另外一个地处偏远的皇帝没什么兴趣。教皇的权威如果仅仅是设想或者梦想一下,甚至在某些方面加以仿效都不错,但是,也仅此而已了。(同样的情形我们也可以在欧洲对于中国的皇帝或者大汗的想象中看到)。① 也就是说,外国的权力模式可以作为象征、比喻、模型、类比或者范式被接受,但是一旦它们要作为实际行动的基础时就会失掉魅力。文化全球主义的这种特定形式就在上述两种选择之间或存或亡。②

与此相似的,即便是在1620年代的欧洲语境中,杨廷筠的描述也可以看作某种理想化的简化。在南特敕令(1598)和詹姆斯一世通过的《最高权力法案》(1603)中,对于红衣主教罗伯特·贝拉明(Cardinal Robert Bellarmine)的权力作出了最有力的维护。然而,其中仍然没有提出超过梵蒂冈的权力去发展"间接权力"的要求。欧洲的君主们都无法渴望中国皇帝那种统一掌控精神与世俗世界的权力。③ 霍布斯(Hobbes)固然曾经说过:"正典《圣经》的审定者和解释者,只有世俗主权者才能指派,

---

① 参见 Spence, *The Chan's Great Continent*; Billings, "Visible Cities"; Etiemble, *L'Europe chinoise*; Pinot, *La Chine et la formation de l'esprit philosophique*; Batchelor, "The European Aristocratic Imaginary"。
② 例如:艾田浦(Etiemble)在他大部头的《中国之欧洲》(*L'Europechinoise*)中描绘的亲华人士,或是孟德斯鸠(Montesquieu)《波斯人信札》(*Lettres persanes*)中充满讽刺的东方主义。
③ 载 *De Poetstate summiponteficis*,1610。"间接"权力意味着将那些不服从的统治者驱逐出教会的权力,他们的主因此可以正当地舍弃他们。耶稣会士通过在一个世俗的国度中宣扬教皇的权威而让自己处境艰难。通常在这样的国家中,信仰是否得到许可取决于国王。关于皇帝的管辖权和教皇之间的冲突,以及反教会的作家如何利用这一冲突,参见 Gernet, *Chine et christianisme*, pp. 143 – 189。

因为使《圣经》各篇成为法律的正是他。……总体来说,他对于宗教和世俗两方面与言论及行动有关的一切案件都具有最高权力。"①但是,他只不过是在致力于加强已然分裂的权力和忠诚之间的一致性(而这在英国内战之前就已经破裂了)罢了。杨廷筠对于欧洲德性统治(reign of virtue)的描述恰好在中、欧两种关于政体的理论都无法解决的地方联系在一起。权力概念中存在多重歧义,也正是这些多重歧义给杨廷筠思想中儒家思想和天主教思想的杂糅提供了得以存在的媒介。其中包括权威的理论和其有效实践之间的永恒矛盾,以及我们用来描述权力的实例究竟该看作是某种类比还是延续。关于全球文化,这些极其有限的条件能告诉我们些什么呢?

近来有几本专著都以中国早期传教史为主题,目的在于通过这一显著的例子,澄清不同文化之间相互理解的历史和可能性,我们可以将其看作是一种混合的全球文化。②谢和耐(Jacques Gernet)的《中国与基督教》(*Chine et christianisme*)对反基督的争论和那些困惑的旁观者提供的各种注释加以精心挑选,为此提供了最为丰富的文献支持。谢和耐的结论充满怀疑论的论调,很符合我们这个时代的胃口。他说,利玛窦的事业之所以失败,是因为中国和早期现代欧洲道德和哲学的架构,即二者固有的本体论相差甚远以至于完全不能匹配。谢和耐详细描述了18世纪富有同情心的中国人接受某些基督教实践的过程。他发现"多亏那

---

① Thomas Hobbes, *Leviathan*, p. 428. 中译本参见:黎思复、黎廷弼译:《利维坦》,北京:商务印书馆,1986年。第442页。霍布斯为英国教会规定的第37条提供了哲学基础,同时回答了贝拉明的问题。可以参见 Philippe de Mornay, *The Mysterie of Iniquitie… Where is also defended the right of emperors, kings, and Christian princes against the assertinons of the Cardinals Bellarmine and Baronius*(London, 1612).
② 如 Etiemble, *Les Jésuites en Chine*(艾田浦:《耶稣会士在中国》); *L'Europe chinoise*; Mungello, *Leibniz and Neo-Confucianism*(孟德为:《莱布尼兹和儒学》); idem, *Curious Land*; Gernet, *Chine et christianisme*(谢和耐:《中国与基督教》); Spence, *The Memory Palace of Matteo Ricci*(史景迁:《利玛窦的记忆之宫》); Küng and Ching, *Christianity and Chinese Religions*(秦家懿和汉斯昆主编:《中国宗教与基督教》); Cook and Rosemont, *Leibniz, Writings on China*; Jensen, *Manufacturing Confucianism*。

些纯粹形式上的修正,新旧之间的变化得以在传统的思考方式原封不动的情况下发生。传教士们也许相信他们的皈依者们变成了基督徒,但是我们也许可以怀疑那些真正的皈依所要求的心灵上的剧烈变化是否真的存在"①。

谢和耐用来描述表象和现实的语言透露出他的立场。他用与罗马教廷同样的方式构想了天主教传教士和他们的中国听众之间的接触。其中主要是翻译的问题,并且是单方面的翻译问题。②"真正的皈依"对于谢和耐来说包含着接受一整套信念;信念植根于语言,既然翻译会导致含混不清,那么通过翻译完成的皈依就不值得信任。其中隐含的标准是本土人士和外国人在语义学意义上的某种等效,任何谨慎的语义学家立刻就会否认存在这种等效。因此现在留给我们的是一种寻求哲学证明的语言决定论,这就是谢和耐最终要说的:"我们的理性并不比我们语言的文法更具有普遍性。"③

这一等效模型看上去并不能为思考此处出现的翻译问题提供牢固的基础。因为即便是简单的词汇之间的等效都需要某种建构,而不仅仅是发现。这些情况难道不会使我们从另一个角度理解"普世性",某种更类似于杨廷筠把宗教看作是制度的方式,而不是令谢和耐失望的泛基督教主义?例如,"圣"对于儒家和那些古代的圣贤来说是一个常见的词汇,并且是对于皇帝最常用的修饰语。当利玛窦用"圣"这个词来翻译

---

① Gernet, *Chine et chiristianisme*, p. 127; pp. 31, 49, 68 - 70, 123, 124, 134, 333.
② 教皇于 1704 年发布的命令,谴责耶稣会士令基督教教义适应儒家的实践,就将这看作是一个翻译的定义。参见 Etiemble, *Les Jésuites en Chine*, pp. 109 - 111。
③ Gernet, *Chine et chiristianisme*, p. 332. 中译本参见:第 225 页。关于由社会角度对于理性宣称在语言、话语和理论之间寻找到不可通约性的解释,可以参见, Biagioli; *Galileo, Courtier*, pp. 211 - 244。翻译中的等效理论理论上是与符合论或是表象论的真理理论相关的。我发现奇怪的是,谢和耐对于相对主义结论的偏好应该建立在同样的标准之上。除非这些标准无法引起相对主义。类似的讨论可以参见 Rorty, *Philosophy and the Mirror of Nature*, esp. pp. 349 - 350。罗蒂接受了谢和耐毫不犹豫地拒绝的结论:当再现性的等效无法建立的时候,我们应该将实践中的一致(可接受性)作为我们的标准。

"sanctus"时,他当然不认为这两个词意味着相同的东西,因为它们很明显不是。与此相反,他更渴望在新的环境下利用这个中文词中的能量,使得他能够从此以后就如此用它。

也就是说,译者的工作不是在新的社会环境中对已经存在的意义进行重新制造或者重新发现,而是解释性和应用性的工作。他们的任务在于让某些东西对于某些人来说产生某种意义。① 这一状态在政治上的对应物不是管辖权而是结盟。如今,结盟在政治理论中的名誉并不太好,也许原因在于结盟本质就是在管辖权终结的地方才会出现。"无原则的"这个词也许可以表达出结盟在道德和认知方面的某种不安。但是,也正是因为这个原因,结盟在文化间接触的诸多模式和隐喻之中理应被特别重视。因为外来的使者们正是通过选边站才成为他们进入的文明的参与者。这种参与者和翻译者的活动之间有着紧密的关系,他们都不仅仅是在发现而已。如果翻译不应被当成是在不同的单词之间寻找一致性,而是应看作使得一个语言共同体中的某个事物对于另一个共同体来说有意义的过程,那么我们首先就应该关注那些为意义的交换准备好通路的各种实用性的介入和干涉——简单说来,就是一个等效性的工作坊。全球文化——如果真有这么一个东西的话——之所以有趣,如果真有一个所谓的全球文化,那它首先一定不是作为通往文化产品的无故障网络而存在,而是一个细致的解决各个特殊问题的整体图景。

例如,即使是最全能的语言也会因为微小的特殊旨趣而加以调整。当我们看到杨廷筠这样做的时候,我们应该忘记儒家和天主教之间是否存在着同一性或者相容性的想法,而是代之以双关语的模式——那种模糊的瞬间,由此两种意义在同一个能指中被同时悬置起来,两种言说的共同体得以在它们的语言中而非在它们的参照系中重合。一系列这样

---

① 关于译成中文或是由中文译出及其实际的结果,参见 Roger Hart, "Translating the Incommensurable: From Copula to Incommensurable Worlds," in Lydia Liu, ed., *Takens of Exchange*, pp. 45 – 73。

相关的双关语构成了寄寓(allegory)。① 杨廷筠试图借助于普遍司法权，给他的读者提供一个将中国和欧洲关于权力的诸种想象连接在一起的比喻。只要他的读者没有意识到他们自己是被迫在它们相对应的意义之间进行选择，那比喻就是有效的。关于自由的比喻同样如此，其中充满了不稳定和紧张感，与事实之间联系松散，潜伏着各种矛盾——因此，在我看来，它作为一个全球媒介文化的模型，每时每刻都对每个人言说，但从未停下来整合别人对它的回应。

我们很容易得出结论，宗教间的历史是媒介的历史。对于偶像的禁令，基督教内部反传统主义的周期性发作，伊斯兰经书三种版本之间的相互认同，新教教义和印刷术，广播、电视以及其他"传播"②("broadcasting"这个词的灵感来自《新约》中的"播种者"寓言，同样也是媒介言说的原初寓言)之间的共存关系：从一种传播媒介到另外一种，它们之间的断裂足以说明宗教的历史并非仅仅是教义的历史，而是教义与其物质或技术基础之间关系的历史。由更为广阔的视角来看，同样的情形在欧洲之外，发生于书籍、图像、印刷术以及现在电视与其他宗教传统不断传播的关系之中，其中最引人注目的是东亚佛教的传播。这也许是"世界的拉丁化"，但是我们也应该记得拉丁文也是一套文字系统，也需要经过特殊的技巧方式才能传播。③

也许情形会有所不同，但是我怀疑通过媒介讲述的宗教故事必定伴

---

① 关于作为比喻核心的双关语的研究，参见 Quilligan, *The Language of Allegory*.
② 我按照《牛津英语辞典》重建这个词的历史。"BROADCAST, a., adv., sb, : ⋯ 1. 播种，等：散播在表面到处都是，而不是排列成行⋯⋯ v. 1. 用手散播(播种)⋯⋯ 2. 比喻义，广泛的散布和传播。1829, Taylor *Enthùs*. Iv. 270：传教士的教义⋯⋯传播到了基督教世界之外。1880 Ruskin *Lett. To Clergy* 369 通过广泛传播(broadcasting)免费的布道表达了他对于到处兜售特赦的厌恶"(OED, is ted., original publication 1888)；"1921 *Discovery* Apr 92/1 波尔都(Poldhu)的无线广播站部分地用来向来往的船只广播(broadcasting)出版和其他消息，也就是说在不需要得到回应的前提下广播消息"(Supplement, 1987)。
③ 关于"拉丁化"作为全球化的一个维度，参见 Derrida, "Foi et savoir"(in Derrida and Vattimo, eds., La relision, pp. 9 - 86), pp. 41 - 43.

随着不断重复的、持续非物质化的宗教故事类型。所谓媒介的非物质化是指：它们将实践活动和它的参与者由关于某地，某个偶像，某种神圣话语和遗迹之间的直接性中剥离出来，将其带到不断复制和逐渐普遍化的方向上，"直到世界尽头"。越是精致的媒介，越能够有效地把教义中的重要真理（那些被当作是重要真理的东西）传递给新的载体，新的皈依者；宗教关系就是经由这一次次成功得到重塑。这种传递的巨链，不仅在许多宗教共同的非物质化的逻辑形式中得以再现，同时也决定了教义赖以传播的媒介所起到的作用。然而与此同时，无论媒介的变化被描绘得多么重要，教义与传播方式之间的关系多么重要，教义仍然是在任何关于交流技术的安排发生之前就已经存在的东西。

  这是对宗教信息及其媒介之间关系的一种具体的理解——本文希望指出的，正是这种具体性的程度。好像为了扰乱这一秩序，这些试图应对中国印刷术的耶稣会士为我们提供了一个绝佳的例子，其中正在扩张中的某个宗教遭遇到了对它来说太过先进的技术。为了实现他们想象中的欧洲权威所拥有的那种对于媒介的控制力，耶稣会士的盟友们不得不占据科举考试、皇家图书馆和官位的授予这样一些杠杆环节——即士人机制的运转结果，而不是其供应环节。康熙（1654—1722）和乾隆（1711—1799）这两位强大且不知疲倦的清代皇帝尽职尽责地完成了这一使命，然而即便是他们也无法彻底禁止所有的"不健康的教义"（乾隆的禁令是范围最广的，它同时查禁了李贽和他的对手东林党人的著作，前者是因为异端，后者是因为结党。）① 实际上，当时的技术已经先进到令人不能控制，这就能够解释为什么审查制度这一反应机制对于中国的读者和官员来说已经成为习惯了。在杨廷筠之后的几百年间，这大概是为了维持社会秩序必须付出的代价。

---

① 参见 Goodrich, *The Literary Inquisition of Ch'ien-lung*, pp. 50, 52-53, 57, 59。乾隆朝的审查活动（随着《四库全书》的编纂同时展开）一直由1772年持续到1788年。

作为一种交往理论,全球化期待着它的彻底实现,它的天启时刻——无论信息流通还是商品流通,所有流通领域的障碍都将消失不见,我们将迎来一个纯粹的无边无界的信息世界。然而,利玛窦和他的后继者们对于全球交流美好时刻的预期却颇为谨慎:在他们看来,拓展交流领域的努力自身将会催生出种种限制以及不再纯粹的信息世界。较之那些想象中的恒定不变的内容,这些才构成真正的交流。全球信息网络与无处不在的审查制度之间的关系一直是中国和欧洲在 17 世纪时对话的焦点,它也将成为多种吊诡中的一个具体例证,而此类吊诡普遍存在于传播社会学中。

3 书写的威望:文、文字、图画、图像、表意文字

> 毫无半点头绪;未曾研习过任何章法、符号、对应关系;眼见的一切,亦不作任何卜测——这难道不是说,让显象归结于显象——形式及其运动呢?——我想,还有什么比这更契合笛卡尔思想的吗?
>
> ——保罗·瓦雷里,《荷兰归来》
>
> ……他们说,一切"实是"只因韵律、接触与趋向三者之异遂成千差万别;韵律即形状,接触即秩序,趋向即位置;例如 A 与 N 形状相异,AN 与 NA 秩序相异,Z 与 N 位置相异。
>
> ——亚里士多德,《形而上学》985 b18

对于文字的轻视几乎是每一个拥有文字的文化传统的母题。① 一般认为文字不能充分表达语言或思想。对于文字的这种不充分性的一种回应是人们会提升某些其他文字的地位——有时它是某个语言改革家宠爱的设想,但是更多的情况下则指那些来自仙界的,来自某些乌有之

---

① 关于这一问题的比较研究,参见 Zhang Longxi, "The Debasement of Writing," in idem, *The Tao and the Logos*, pp. 3-33. 中译本参见张隆溪著,冯川译,《道与逻各斯》,成都:四川人民出版社,1997 年 2 月,第 35—84 页。文字价值的问题通过德里达(Derrida)的《论文字学》(*De la grammatologie*)在当前的批判理论中变得重要起来。对于中国文字艺术(包括文学和书法)史中的主要问题的出色研究,参见 Nylan, "Calligraphy"。

乡的居民,遥远国度的学者,或者是自然的力量所造就的文字。这种想象中的文字,将批评者和他们一厢情愿的补偿心理结合在一起。他们将神奇(praestigia)归之于一种正是因其不断衰退才引起关注的媒介之上。

自从欧洲人知晓汉字的存在以来,常常把它当作这种完美文字的典范。① 这种对汉字的追捧对于那些以汉字为书写上的"母语"的人来说有些古怪。② 但是,这种看法的差异并不足以表明那些土生土长的中国人和外国人对于中文的不同看法之间的矛盾,甚至无法证明关于汉字经受不起语言学检验的传说:在所有跨文化的解释中,有一种别出心裁的元素,这是对于语言的感性观察和其拥护者的理性需求之间的某种契合,而这种契合往往是专家对语言进行鉴定时所摒弃的。对我来说,分析这种理性混乱的正确方法不是用某个专业的单一标准来衡量它,而是以民族志的方式将它置于那些它为之呼应和应答的概念之间。也许这样一来,我们就有可能将那些仍然在召唤我们的乌托邦元素从思想史家已然当作素材看待的东西中区分出来。

"文"的力量

公元 6 世纪的文学批评家刘勰当然不会关心到底是什么让 20 世纪的欧洲人和美国人爱上中国文学,可是,《文心雕龙·原道》篇无疑准确

---

① 利玛窦(Matteo Ricci)在 1597 年—1609 年间写作的文字中,评论中文说"(它的)文字和埃及人的象形文字一样",并且他在西方人中最早注意到了日后关于文字系统的讨论中出现的重要主题:单音节性,缺乏语调的变化,同音异义,口语音节与书写形式之间的不一致性,说不同方言和语言的人使用同一套文字系统等等。参见 d'Elia, *Fonti Ricciane*, 1: 36 - 38。关于"埃及人的象形文字"对于利玛窦和他的同时代人来说意味着什么,参见 Iversen, *The Myth of Egypt*; Wittkower, "Hieroglyphics in the Early Renaissance," in idem, *Allegory and the Migration of Symbols*, pp. 113 - 128。
② 使用引号的原因是对于使用指言说中"母语"(native)的这个词来表达书写文字的"母语"的意思不太有把握。中文书写中的人为因素是比较文字学中常见的题目;参见 Vandermeersch, "Écriture et langue graphique en Chine,"其中文字被定义成"用文字表示的语言",是识字的中国人第二步要学习的内容,并且不仅仅是中文言说语言经由可见媒介的再现。

地指出了这个问题。"文之为德也大矣,与天地并生者何哉!……心生而言立,言立而文明,自然之道也。"①这段文字和它的前身以及在中国传统中出现的各种不同的版本激发了各种文采斐然、敏锐精妙的有关词源的热情和富于共鸣的想象。② 刘勰当然不是一个诋毁文字的人——如果他曾经将人类的文字与自然的伟大文字加以对比,其目的也是为了进一步扩充前者。文,这个词本身为刘勰的看法铺平了道路,我颇有些犹豫是否要翻译这个词。这个词在其多种涵义中将中国文学的吸引力集于一身。文是(同时引用几种字典的说法):标记;图案;条纹、纹路、线路、脉络;螺纹;带子;文字、图表、词汇、写作;礼节、文化、优雅、教育、装饰、典雅、礼貌;与武力相对的文明;文学(特别是指区别于诗的纯文学化的散文)。这些不同含义的并存提醒我们,也许说"文者,文也"从来都不仅仅是同义反复。③ 事实上大量关于中国语言和中国文学的作品(大部分但是并非仅指那些非母语人士)通过引用文本的证据和作品的精读提到这一点并且进一步确证了这一说法:例如:"文在义项16中的意思实际上或是根本上就和义项7别无二致。"另一种最常见的说法是说文学写作意义上的文在与其他意义的类比中得到最大的启发:作为固有范式的文学写作,作为文明的文字,以及,作为汉文字系统的自然产物的文学。

　　研究文学文化的民族志学者所汲汲以求的,正是最后的这种可能性——伴随着种种源自其他可能性的暗示。除去那些关于中文书写语

---

① 刘勰:《文心雕龙》,第1页。自然当然也可以翻译成"自发性"(spontaneity)或是"自然发生"(that which is self-generation);我采用"自然"(nature)翻译这个词,是考虑到后来中国诗歌史中的某些段落。"立言"是《左传》中提到的"三不朽"之一:意味着说出的语言为下一代人确立了先例或是标准。关于这段话的不同翻译,参见,施友忠(Shih)《文心雕龙》英译本,*The Literary Mind and the Carving of Dragons*;以及 Owen, *Readings in Chinese Literary Thought*, pp. 183 - 298。相关的注释参见 Owen, *Traditional Chinese Poetry*, pp. 18 - 62。
② 关于这一点,完整的书目卷帙浩繁,这里两本英文参考书就足够了:Chow Tse-tsung, "Ancient Chinese Views"; Owen, *Tranditional Chinese Poetry*。
③ 宇文所安(Stephen Owen)(*Readings in Chinese Literary Thought*, p. 606)说:"这是在对于《文心雕龙》的注释中建立起来的对于'文'的参考范围的解释。"

言独特性过分简单化的幻想的衰落,值得注意的是,字母文字和表意文字之间的对比逐渐成为一种模式被保留下来,并且指引着大量关于"中国"文学和"西方"文学之间差异的描述。(不幸的是,这一层次上的概括伴随着某种地域上的划分;也许再经过几十年的相互研究,这一地理意义上的壁垒将会消失)。这就像我们对于文字系统的最初误解已经转移到了对于写作风格、类型、意识形态和哲学思想等问题的思考之中,这种误解现在已然变得不足为信。因此,我认为这里所说的各种对象之间并不存在某种谱系学上的联系,也许仅仅是一系列相关联的同族关系;虽然我或许对于前面提到的那种作为对照的例子有些怀疑,但毕竟不是所有的例子都同样有害或是没根据的。

我们首先来看中文文字和字母文字的对比。大多数关于"文"的文章都认同中文文字本质上是直接性的表意的和象征性的,这一点与单词的字母拼写不同。字母拼写把字母切分出来,而这些字母本身没有内在的意义。叶姆斯列夫(Louis Hjelmslev)称之为:"表达符号"(cenemes 或形符)。而中文的单字在那些我称之为表意符号语法学家们看来,已经是有意义的并且总是能够被分开或者追溯到简单的"内容符号"(pleremes 或义符),或者是某个具有内在意义的语言单位。① 在将中文的内容符号仅仅拆分成笔划的层次上,我们没办法联系"文"这个概念讨论文字和语言理论。此时文字呈现为纯粹的句法,作为某种图像出现,我们只能问它们是如何被置于一个文字中,而不是问它们代表什么意义。对文字的"句法"式分析带来的麻烦跟它的好处一样大。(读者也许会猜测我是在最宽泛的意义上使用"句法"这个词的。在希腊文中,这个词表示"把部分构成一个整体";现代的一些语言学家用它来指词序之间

---

① Hjelmslev, "Sur les rapports entre la phonetique et la linguistique"(1938), in idem, *Nouveaux essais*, pp. 149–163.

的关系是一种狭窄的用法,掩盖了这个词在思想史上的位置。)①我将首先讨论巴洛克形式中的内容符号文字理论,进而指出由对于内容符号的关注转化到纯粹的对于表达符号结构的关注并不意味着"文"或是文明的终结。也就是说,我将尽可能把笔画作为笔画来讨论,而不是首先作为关于某物的符号,我将尽量使用一些权威的经典文本来支持我的观点。

"它在两者之间穿行"②

警告:下面这一部分内容引用了欧内斯特·费诺罗萨(Ernest Fenollosa)的著作,也许会令某些读者产生反感。再次提到这些内容并不意味着作者、出版社、哈佛大学本科生院的校长和同仁们对于这些内容的认同或者肯定。我们谢绝对阅读这些文字所可能带来的直接或偶发的后果所造成的伤害负责。③

我的第一个例子来自费诺罗萨(Ernest Fenollosa)的《作为诗歌手段的中国文字》(*The Chinese Written Character as a Medium for Poetry*)④(费诺罗萨[1858—1908]任教于东京帝国大学。本文是1904—

---

① 关于宽泛意义上"句法"这个词的技术性使用的问题,参见 Morris, "Foundations," pp. 84 - 85, 88 - 94。
② 译者注:引自费诺罗萨(Fenollosa),与传统语言学对于"句子"的定义不同,费诺罗萨认为句子的形式是自然界强加给人的,是因果关系中时间次序的反映。因此他把自然界中的句子看作是力量的转移,看作是自然界中的闪电,称为是在云和地两者之间穿行。
③ 看过本章较早版本的汉学家们的反应,使我意识到需要发表这样一个免责声明。
④ 下文引用自这本著作的文字,仅在括号内标出页码。关于费诺罗萨在日本作为美学教授和文化政策建议者的经历,参见 Sullivan, *The Meeting of Eastern and Western*; W. Cohen, *East Asian Art in American Collections*。关于象形文字方法的研究参见 Davie, *Articulate Energy*; Yip, *Ezra Pound's "Cathay"*; Kenner, *The Pound Era*; Welsh, *Roots of Lyric*; Qian, *Orientalism and Modernism*; Kern, *Orientalism, Modernism and the American Poem*。对于费诺罗萨、庞德和意象派的出色解读,参见 Riddel, "Decentering the Image"(本文写到最后的时候,我发现自己是在很多角度回应瑞德尔[Riddle]的文章)。

1905年间他在美国发表的系列讲座,后来由庞德[Ezra Pound]修改后在1919年第一次发表于《小评论》[The Little Review]杂志),这是一本任何一个对美国人如何理解中国感兴趣的人都无法忽视的书。作为一个研究中国文学的专业人士来说,我知道仅仅是提到费诺罗萨的名字就已经会给自己带来许多麻烦。在我们接受专业训练的最初阶段,就知道费诺罗萨是一个狂热分子:因其对中文充满惊叹,他过分夸大了这一文字系统中最初的象形文字的数量,并因此在更为清醒的古文字学家只看到语音学线索的地方,他声称自己发现了大量的图像和隐喻。同行们从未忘记他的错误。① 他们在这一点上是对的。但是,既然同行们总是用经验主义的方式回应费诺罗萨的随意猜想——总是以例子为佐证或是在以对例子的解读为前提的层面上展开回应——那么我们也许应该重新描述一下费诺罗萨的整个思想体系,至少这可以激起一些原则性的而非仅仅是片段式的回应。从另一个角度来说,德里达(Jacques Derrida)引用费诺罗萨/庞德以作为非语音语法学的,非语音中心原则的文字学的一个例证,这也许并不是一个明智的选择。② 因为费诺罗萨对于语音文字的拒斥用清晰的概念重建了基于直觉的认识论,而这正是德里达希望通过对语音文字系统的批评加以去除的东西。费诺罗萨在1904—1905年的讲演因此得以重生,因其大量文化上的错误广受批评,同时又作为对于诗歌发展的预言而被人所接纳。费诺罗萨本人也许都对此始料未及,而且如果有机会的话,大有可能会表示抗议。③

---

① 参见 Kennedy, "Fenollosa, Pound and the Chinese Character." De Francis, *The Chinese Language*,认为,用"表意神话"和"普遍性神话"来理解中文是不对的。蔡宗齐("Poundian and Chinese Aesthetics")对此表示反对,认为图像性质对于费诺罗萨关于中国诗的观点来说并不重要,重要的是他提出的那种作为自然力量表现的符号系统。下面我将尽力证明这两者之间并没有多少不同。
② Derrida, *De la grammatologie*, pp. 139 - 140.
③ 对于费诺罗萨文章的双重阅读,即既是"东方主义"的又是"不可或缺的象形诗的",参见 Riddel, "Decentering the Image," pp. 139 - 140。

3 书写的威望:文、文字、图画、图像、表意文字

费诺罗萨尽其所能地称赞中文文字,对于他来说这些文字"绝不仅仅是随意的符号。而是对于自然过程的一幅生动的素描……中国诗……的言说伴随着绘画的生动和语言的流动性……在读中文的时候,我们看上去并不是被精神的对立面所欺骗,而是看到'事物'直接表达它们的命运"(8—9)①。通过解释中文的这种神奇是如何产生的,费诺罗萨以他超凡的机敏和预见改变了传统对于"象形文字"的定义,这一定义仅仅把这些文字看作是事物的图像。

图像在中国文字学中长久以来都占据着重要地位。伟大的语源学家许慎(A.D. 30—124),在他的《说文解字》的序言中,将"象形"——文字所指的事物的"象和形"——置于他建立的文字构成法的前列。②象形在这一列表中仅仅排在"指事"后面。许慎生活在经典文本的阅读充满争议的时代:汉朝对秦朝的小篆进行了改良和继承,并依此创建了汉隶,使之成为当时的标准书体。因此,在早期的或是那些来自偏远地区的手抄本被抄写成汉隶的过程中,种种分歧有可能得以存在并且确实发生了。于是,许慎仔细地区分了汉字的各种构成方式,也

---

① 这种将"读"融进"看"的方式会让我们忽视费诺罗萨驾轻就熟的对于言说和书写的定义。当然,他的定义仍然广受质疑,甚至是(或者正是)受到语音文字系统的质疑。另一个试图通过电影把"绘画的生动和语言的流动性"连接起来的尝试,其中包含了中国的文字、绘画、戏剧表演等等在内,可以参见 S. Eisenstein, "The Music of Landscape and the Fate of Montage," in idem, *Nonindifferent Nature*, pp. 216-383. 关于庞德和爱森斯坦对于表意文字看法上的一致性,参见 Kenner, *The Pound Era*, pp. 161-162.
② 《易经》中,变化的过程被描述为"在天成象,在地成形"("系辞")。因此有所谓象+形。这一章的后面将文字的创造说成是自然给予形象和形状。这一过程和《易经》的创造过程是一样的,《易经》也被解释成为展现世界的运转。在关于中文文字结构的讨论中,许慎好像把他们按照理解上由易而难的方式排出了一个序列:
　　六书,一曰指事。指事者,视而可识,察而见意,上下是也;二曰象形,象形者画成其物,随体诘诎,日月是也;三曰形声,形声者,以事为名,取譬相成,江河是也;四曰会意,会意者,比类合谊……五曰转注,转注者,建类一首,同意相受……六曰假借,假借者,本无其字,依声托事。(许慎《说文解字》十五卷上)
对于许慎的类型学和文字学的权威解释,参见裘锡圭:《中文》。将许慎的汉字构成方法看作是"模块生产"的模型,在中国文化各领域中的运用,参见 Ledderose, Ten Thousand Things, pp. 9-23, 139-161.

许这也使得他的词源学方法能够深深地扎根于无可置疑的经典资源之中。"象形"即是一例。它来自《易经·系辞传》。在《系辞传》的语境中,"象形"的意义很容易就超出其词源学意义成为一种宇宙生成论,就像汉代以来重要的儒家经典《大戴礼记》中所记载的那样:"化于阴阳,象形而发,谓之生"。①

后来的文字学家追随许慎,寻找出或者通过比较的证据,设想了一个早期的图像文字系统作为现在已经变得极其规范化的文字的原型。②文字必定源自绘画——这一观念同样被字母文字传统所接受。但是在象形文字大量保留下来的地方,逐步脱离它们的过程为我们提供了解释文字历史的原则。因此黑格尔才能在他的《百科全书》中轻易地将汉语作为一种思想的落后媒介排除出去。因为他曾明确指出,大部分值得思考的东西都无法通过图像来表现。③

然而,正如多纳德·戴维(Donald Davie)指出的那样,费诺罗萨将这一讨论导向了新的方向。④ 他认为每一个中文字的字根意义都是动词(这也是这一文字系统精心建构的根本动力)。费诺罗萨在这一方向上迈出了重要的一步,因为他比别人具备更杰出的语言学素养,也比别人更坚决地主张文字的这种无可替代的优点。总是跟费诺罗萨的名字联系在一起的图像文字系统并不能像他在汉语中看到的那样,传递对于力量的直观。对于费诺罗萨来说,整个自然世界就是大量动词的相互作用,而非名词;名词或者事物仅仅是"动作的终点,或是交汇点"(10)⑤。今天的欧洲语言是如此地"干枯和冰冷",已经失掉了它们的

---

① 《本命》,《大戴礼记》,第十三卷;亦可见"要略",《淮南子》二十一卷。
② 对于这一进化过程的典型论述参见,谢云飞:《中国文字学通论》。
③ Hegel, *Enzyklopàdie der philosophischen Wissenschaften*, in idem, *Werke*, 10: 273-276.
④ Davie, *Articulate Energy*, p. 34.
⑤ 也可参见 Fenollosa, *The Chinese Written Character*, p. 19:"在所有的语言中,包括中文,名词原本都是'去做什么',表现为某种动词行为。"

"原初活力";它们被"剪切并且干瘪成了一根拐棍"(24)。① 他说,回归到印欧语系(Aryan)原始语言的词根,我们能重新获得原初动词生机勃勃的能量,在那些词根中我们可以看到费诺罗萨所认为的最完美的语言状况:表达是"自然自身强加给原初的人的"②。但是印欧语系这些零散的记录仅仅提高了中文表意文字研究作为"阐明已经被我们忘怀的心灵过程的"(21)途径的重要性。

通过将他关于表意文字的理论聚焦于动词之上,费诺罗萨重新提及了"句法"。自从我们把中文文字看作是图像以来,关于句法的讨论已经很少见了。当然,图像是"放在一起的",但是这里所谓的"句法"并不是像莱辛(Lessing)很久以前在他的影响广泛的《拉奥孔》中所发现的那样,

---

① "活力"(sap)这个词,很奇怪的在费诺罗萨出版的文章中不断出现(第12,17,19,24,32页),但是,在他自己的手稿中却看不到。手稿毫无疑问地表明,这种坚持来自庞德。当时他正在翻译 Rémy de Gourmont 的 *Physique de l'amour*,并为其撰写后记。比如,让我们比较一下"拐棍"这一段分别出现的两个版本,其一是题为"E. F. F. The Chinese Written Language as Medium for Poetry. Oct 1909"的笔记(Yale University, Beinecke Library, Pound Archive, catalogue number 3400, p. 39; copyright © 1997 by Mary de Rachewiltz and Omar Pound, used by permission of New Directions Publishing Corporation),以及其早期的题为"Synopsis of Lectures on Chinese and Japanese Poetry"和"Chinese and Japanese Poetry, Draft of Lecture I"(Pound Archive, catalogue number 3375), pp. 14,24。事实上,讲座草稿中有三个意象比较接近于"活力"的意象("充满原初汁液的词语","我们诺曼人语言的汁液","自然将它的语言变成一个单独的有机体,其中,伴随着诗歌,平常的活力流遍每一条脉络",都被费诺罗萨自己删除了。)关于印欧语系对"活力"这个词以及它在人类生活中类似的对应物,精子,大脑等等的偏见,参见 Nagy, *Comparative Studies*, pp. 244 - 256; La Barre, *Muelos*。
② 雅利安(Aryan)这个词现在变得不太体面,在费诺罗萨那个时代,它大致等同于印欧语系。当时它还没有被用来唤起某种假想的原始种族和语言共同体。(几乎与费诺罗萨同时的《不列颠百科全书》第11版(1911)可以为我们澄清这一问题)。当然,费诺罗萨也不必对庞德将《作为诗歌手段的中国文字》用来当作政治的预备教育负任何责任。

18世纪早期的传教士白晋(Joachim Bouvet)曾经说,中文中的象形的和符号的文字是伊甸园中的亚当为动物命名的残余。参见 Collani, Eine wissenschaftliche Akademie, pp. 50 - 51。

将部分连成一串或一句话的某种规则。① 对于费诺罗萨来说,语句是中文和自然共有的范畴。"自然中语句的类型就是一道闪电,它在两者之间穿行,云和大地"。② 因此,与之一样的是,中文的句子构成是主词—谓词—宾词。费诺罗萨严格对照象形文字的原则将中文句法看作是自然的表象:中文句法完全是语义学的或者是有意义的,这也是它为何如此卓越的原因。③ 表意文字的特质,不仅存在于单独的中文字中,同样也存在于中文的句子中,费诺罗萨把这些句子看作是对于在因果关系中表达出的自然行为和关系系列的某种图像化描绘。

费诺罗萨的原始主义可能会让我们觉得有些幼稚、误导,甚至某种暗藏的粗暴,但是公平地说,我们必须承认它是在为语言学批判的目标服务,某种旨在去除积淀的目标。费诺罗萨的文章与尼采(Nietzsche)的那篇在文学理论史上影响很大的文章,《真理与谎言之非道德论》讨论的是同样的问题。④ 尼采问道:"何谓真理?"他回答他自己提出的这个本丢·彼拉多(Pontius Pilate)式的问题时说:"(真理)是一支由隐喻、转

---

① 参见 Lessing, *Laokoön*(1766)。后来的符号学家(例如,莫里斯[Morris]的符号理论)将会修订这一区分。句法可以在空间中产生:如,聋人的符号语言,方程式中各部分之间编码位置,或者是复杂的中文字各个部分之间的位置(虽然有各种不同的分类标准,但是,通常表音的部分在右边,表示类型的部分在左边。)
② 关于 13 世纪的中国对于闪电的痕迹的记录,参见,周密:"雷书",载氏著:《齐东野语》。第 218—219 页。
③ 18 世纪欧洲的美学家和语言学家都在争论一个问题,是否存在着某种语言,其中它的词语的顺序比其他语言的更加自然(或更好)。虽然现在看来,所有的结论都没什么根据。但是,这些讨论确实使语言学家们能够想象各种独立的语言之间也许存在内在一致的规则。并且,这些讨论也使得洪堡(Humboldts)和索绪尔(Saussure)对于句法的保守主义理论得以出现。(我请求能允许我不再讨论乔姆斯基[Chomsky]提出的问题。在他看来,句法能力的核心部分是内在于种族的。)关于这一问题的权威表述,参见 Scaglione, *The Classical Theory of Composition*, esp. pp. 222 - 282;关于当代争论中常常被提到的狄德罗(Diderot)和索绪尔的地位的更加深入的研究,参见,Genette, "Blanc bonnet versus bonnet blanc," in idem, *Mimologiques*, pp. 183 - 226。
④ 对这段文字两次有影响力的引用分别参见 Derrida, "La mythologie blanche," in idem, *Marges*, p. 258; de Man, "Rhetoric of Tropes (Nietzsche)," in idem, *Allegories of Reading*, pp. 103 - 118。

喻、拟人论组成的移动大军,总而言之是一系列经由诗意语言、巧妙修辞而提升、翻译和装点的人类关系,经过长期的使用对人们来说变得好像是权威和必要的;真理是那些人们已然忘记了它们是谎言的谎言。"①一二十年以后,费诺罗萨问了他自己同样的问题,并且回答道:"(大自然中句子的形式有如)闪电,它在两者之间穿行:云和大地。"经由这突然的一击,句子的形式由自然强加给原始人。"所有的真理都必须用句子来表达,因为所有的真理都是力的转移",费诺罗萨继续说道,他将自己掩藏在一种醒目的尼采式语言下面。② 表意文字(相应的句子是表意文字的一种拓展,一系列按照表意文字的秩序排列的表意文字)对于费诺罗萨来说是真实的,因为它们在真实地描绘;也就是说,伴随着某种力量的转移,它们在描绘那总是作为力量转移的自然的运行过程。

重新用现在文学批评中所谓的雷声和闪电去攻击这种幼稚认识论中的现实主义没什么意义。它当然是肤浅的,他自己也这么宣称;对于费诺罗萨来说,正如对于爱默生和有时沉浸在反唯名论情绪中的史蒂文斯(Wallace Stevens)来说一样,原始人是知觉准确性的标准,因为他是如此质朴地观看,撇开了文化、宗教和各种欺骗带来的迷雾而直面事物

---

① Nietzsche,"über Wahrheit und Lüge im aussermoralischen Sinne," pt. Ⅰ, in idem, *Sämtliche Werke*,Ⅰ:880-881.
② 费诺罗萨不必经由第一手材料了解尼采。(尼采关于真理和谎言的论文,写作于1873年,在1903年才第一次作为附录发表于《不合时宜的思想》。参见 *Nietzsches Werke*, pp. 189-207.)他和尼采共同继承了爱默生(Emerson)。爱默生文章的影响在费诺罗萨充满想像力的文字中清晰可见。"一首诗不需要多长,每个词都曾经是一首诗。每一个新的关系就是一首新诗……语言是僵化的诗……诗人命名那些他看到的东西,比起其他人,他距离它们更近。表达、命名并非艺术,而是次一级的自然,它在自然中生长,就像树叶在大树上生长一样。""词语是自然的符号……同样的符号构成了所有语言的原初部分……一个人将他的思想和正确的符号连接起来,并且说出来的能力,以他性格的单纯为根基。那就是,他对于真理的爱和与真理沟通的渴望。人的腐败必然伴随着语言的腐败。"("The Poet","Nature", in Emerson, *Essays and Lectures*, pp. 455-457, 20-22.)通过森鸥外(Mori Ogai)和井上哲次郎(Inoue Tetsujirō),明治时期的思想界知道了尼采,但是,主要是把他看作是反基督教的道德哲学家来看待,常常和达尔文一起被用来反对托尔斯泰。参见 Becker, *Nietzsche-Rezeption in Japan*。

本身。① 对于这些原始主义者来说，在他们充满怀旧情绪的重构中，那些同样质朴的中文文字的创作者们为我们指出了回归那不加掩饰的表象本身的真理之路。这没什么可批评的，但是那些喜欢将他们的敌人展示在同一战线中的人们还是会站出来批评费诺罗萨。在他们看来，费诺罗萨的认知标准与基于人种差异（或殖民）的异国情调的坏习惯没多大区别。中国人——跟他们的书写语言一样——是（1）陌生人，因其尚未开化，因此是（2）值得称赞的；如果他们与我们之间的不同没那么多，那么那些原始主义者们就不会将他们作为诗歌知识的典范。

在费诺罗萨对于中文词序的巨大热情之中，我们可以发现双重的异国情趣，一种掺杂了日本立场在内的欧洲人的怀旧情绪。他曾经通过日本教师来了解汉语。对于说日文的人来说词语之间的顺序是他们在读中文的时候会特别训练自己重新学习的东西（与此形成对照的是日文的文字中充满了汉字元素）。费诺罗萨好像认为日文的词序是对于事物的自然秩序的某种强加的或者重新安排的结果，而他相信中文则是更加直接的反映。因此，他对于中文诗歌的学习过程中，作为中介的日文好像在这里消失不见了。实际上，是语言本身消失不见了：当一个句子的句法与自然的句法相同，它对于那些不是句子的东西没有做过的事情也一

---

① "开始吧，青年，通过感觉
这个发明，这被发明的世界的观念，
不可思议的太阳之观念。

你必须再次成为一个无知的人
用一道无知的眼光再次看太阳
清晰地看见它在它的观念里。

绝不要假设一个发明的头脑是
这观念的源头……"
Stevens, "Notes Toward a Supreme Fiction,"I, in Collected Poems, p. 380. 中译本参见：陈东东、张枣编，陈东飚、张枣译：《最高虚构笔记：史蒂文斯诗文集》，上海：华东师范大学出版社，2009年。第165页。"老实说，几乎没有成年人能够看到自然。大部分根本看不到阳光。"(Emerson, "Nature," in idem, Essays and lectures, p. 10.)

无所为;"句子"成为自然象征主义的一个例子而已,并且作为一种清晰的事件类别而消失不见。据说,这不会发生在日语身上,因为在日语中语音文字和语标书写系统同时并存,并且词序更加复杂也更劳人心力(至少对说英文的人来说)。

力量之线

费诺罗萨和庞德把中文看作是表意文字的集合——由影像构成的隐喻。谢尔盖·爱森斯坦(Sergei Eisenstein)同样如此,他把表意文字看作是电影蒙太奇手法的先驱。幸而,表意文字(ideogram)这个词现在已经不在我们的词汇表里面:大部分语言学家现在更喜欢用"语素文字"(logogram)或者是那些发音更容易的区域性术语,例如"汉字"(Kanji)。① 事实上,关

---

① "表意文字这个词在语言学圈里已经成为一种耻辱。"(Gelb, *A Study of Writing*, p. 35.)对于这一观点的有力抨击,参见 Boodberg, *Selected Works*, pp. 363-429; Boltz, *Origin and Early Development of the Chinese Writing System*; Unger, "The Very Idea"。将其作为文化结构研究其影响,可以参见 Porter, *Ideographia*。近来希望通过给象形文字一个独特的理论基础恢复其声誉的尝试,参见 Hansen, "Chinese Ideographs and Western Ideas"。陈汉生(Hansen)认为,通常对于表意文字的看法建立在一个常见的误解之上:对于一个从未接受过柏拉图主义观念论的文化来说,"关于观念的文字"将是不可能存在的。因为,观念论的存在才使得理性的形式能够在具体的客体之上保持存在。因此,在中国将不会有由表意文字表达的"观念"。陈汉生把中文看作是笔划,即是对于命名行为的没有超越性的历史性再现。撇开其他的观点不谈,这篇文章的解释力十分薄弱:它清除了印欧语系和中文关于语言理论和招致怀疑论的知识的普遍化倾向。与此同时陈汉生准备将他的理论建立在已经历史证明为错误的假设之上,并且其采用的事例大部分已经被推翻。我们还可以看到,这篇文章摇摆于两个目标之间的机会主义倾向。一面是希望能清理"普通语言"的潜在观念,一面是用语言学的相对主义来克服"常识"。其中好的地方是,他观察到了文字理论对于句法的忽视。另外一个值得一提的观点是,他指出,无论是表意文字的符号还是言说的符号,都不是通过直接的关系与它们的所指关联的,而是通过历史和习俗。最重要的观点是,他提出不仅是"表意文字"本身,而是在表意文字的标题之下包括的所有文字,都被看作是字母文字系统的非同寻常的例外而被置之不理。但是,这三个观点启示已经在众所周知的传统中,由更为系统化,更有说服力的方式表达过了。只不过陈汉生没有引用而已。(参见 Saussure, *Cours*, pp. 24, 32, 34, 104-105, 110-111; Derrida, *De la grammatologie*, pp. 12-13, 20, 110, 132, 161.)陈汉生对于柏拉图的批判同样无视这些现代的分析。它们已经在驱散关于"观念世界"的模糊不清的神话,通过现世的方式重建了柏拉图的所作所为。参见 Natorp, *Platos Ideenlehre*; Gadamer, *Plato's Dialectical Ethics*。关于对陈汉生的批评,还可参见 Unger, "Rejoinder"。

于中文书写的讨论仍然有很多有待澄清的地方,特别是在文学研究者中间。我尝试去区分几个通常被看作是同义的词。"图画文字"(pictogram)意味着一种常常是高度图式化的,约定俗成的绘画元素,它的解释建立在宣称图像和它的所指之间具有某种视觉上的相似性上。① "语素文字"(logograms)将词语,或者——承认"词语"这个词的含混不清——语言中能够区分开来的"意义承载"(meaning-bearing)单位通过能够加以区分的符号构成的对应的词汇表表达出来。(目前,学术界一致认同中文是主要的语素文字系统。)② 在拼写英文单词的时候,我们将单独的字母符号与独特的发音相匹配,至少我们认为如此。但是人们早就发现,我们读的时候,其实常常将词或者简单的句子当作是一个不可分割的整体,这也就是"语素意义"(logogrammatically)。检验语素文字特性的一个方法就是抛开各种各样区域性或功能性的发音,看是否能够保留有一个核心的所指(对于中文来说,就是词的意思不会因为不同地区,诸如普通话、广东话或者其他发音而改变;或者意味着在日文中使用的某个中文字,会因为使用它的性质的不同,例如作为名词,动词,成语,或者是文学语言中的引文而有大为不同的读音,等等)。这一情形甚至还可以包括文字在经由欧洲各种不同的语言之间的地区和时间的差异,保持词源学意义上的延续性时所起到的作用:用"泛时性"(panchronic)的观

---

① 关于语言学家不习惯"象形文字"这个词,以及对于一种"关于文字的全面定义"的渴望,参见 Boone, "Introduction," in Boone and Mignolo, *Writing Without Words*.
② 第一个对用表意文字作为中文的本质开始质疑的是美国律师和法理学家杜彭书(Peter Du Ponceau)(*Dissertation on the Nature and Character of the Chinese System of Writing*, 1838.)关于中文文字起源于对于"词语"的记录,可以参见 De Francis, *The Chinese Language*; Boltz, *Origin and Early Development of the Chinese Writing System*。以上的学者们都认为词语首先应该表现为语音,其次才在文字中呈现。杜彭书有一段有趣的经历,他曾经做过法国收藏家古德·杰伯林(Antoine Court de Gebelin)的私人秘书。而杰伯林在他的巨著《早期社会》(*Monde primitif*)中曾经试图证明所有的字母文字和其他文字都源自一些有限的原初象形文字。杜彭书的传记,参见 "Peter S. Du Ponceau, LL. D", *Journal of the American Oriental Society* Ⅰ(1849):161 - 170. 关于杰伯林,参见 Genette, *Mimologiques*, pp. 119 - 148.

点来看,说拉丁文中的 Caesar[kaiːsar], Kaiser, Czar, Cesar, 以及英文中的 Caesar[siːzər]等等在历史上就是同一个词,实际是用一个词源学词根(在各种难以预料的书写和读音的掩盖之下)作为一种跨语言的语素和解释项(interpretant),维持着各种不同状态之下的同一性。①

"表意文字"(ideogram)这个词给人留下的坏印象,部分源于我们在用这个词的时候,常常随意地把它同时看作视觉上和语义学意义上的文字类型,二者混在一起使人倾向于认为所有真正的表意文字或语素文字都是真正的图画文字(pictograms)——费诺罗萨的文章差不多就是这个意思。纠正这种倾向的一种方式是将数学的或者逻辑的符号标记方法作为表意文字研究的范式。我们认为 p 和 q 不是类似的命题,特别是因为我们可以在没有确定的 p 和 q 的命题的情况下,在头脑中进行有关这两者的推理。然而,p 和 q 作为逻辑上的符号所起到的作用正是和表意文字一样的:它们标示出观念的位置。②(另外,相对于标示位置的符号"o"来说——它与任何特殊的语言学或语音学的实现没有任何必然的联

---

① 关于"解释项"(interpretant)和"三级存在"(Thirdness)的问题,参见 Peirce, *Values in a Universe of Chance*, pp. 387 - 390。专注于研究机器识别和语言转录的史伯乐(Richard Sproat)认为,"语音"文字的观念其实与"表意文字"的观念一样模糊:"无论是通俗还是专业的,许多关于文字的文章都在研究是否像中文这样的表现性文字是建立在与以语音为基础的西方文字系统截然不同的基础之上的。这种争论会让我们忘掉文字产生的原初目的是为了表达词语和语素,而不是语音的转换。纯粹的以音系学为基础的文字系统不太能有效地实现这一目标"。(Sproat, review of Daniels and Bright, *The World's Writing Systems*, p. 81.)
② 本尼迪克特·安德森(Benedict Anderson)(*Imagined Communities*, p. 13.)说:"假如玛昆达纳人(Maguindanao)和伯伯尔人(Berbers)在麦加相遇,他们虽然彼此都不懂对方的语言,无法口头沟通,却可以理解彼此的文字,因为他们所共有的神圣经典全都是以古典阿拉伯文书写的。就此意义而言,阿拉伯文正如同中国文字一样,创造了一个符号——而非声音——的共同体。"(中译本参见:吴叡人译《想象的共同体》,第 12 页。)这一设想难免会让语言学家蹙额,但是,其中还是包含有用的洞见。显然,阿拉伯文字是一种声音符号,但是,在恰当的情况下,它同样也可以作为表现意义的符号,而在某种程度上忽视字母的语音意义;"表意文字"是特殊的社会性的用法,而不仅是技术性的描述。安德森举的例子可以和我们对于旗语的认识相比较。旗语"表达"的东西很少(旗语几乎都不是图像性质的,并且,它们自身的文化背景在国际间的语境中变得非常有限),但是,它们所涵盖的意义则非常丰富。甲骨文中有一部分文字非常突出,它们由有着亲缘关系的符号构成,它们如今无法阅读是因为它们的社会环境已经不复存在了。

系,但是又很难被看作是它的所指对象的某种视觉表象——在文字类型的分类方面,更加具有挑战性的例子也许是对于虚无的表象的表象?)单纯靠图像性质很难充分说明表意文字所具有的意义。与此相应的,文字的历史典型地区分了这两个阶段,将图像阶段看作是字母形成的前兆,而代数则被看作是字母的某种特殊技术的结果。

作为表意文字概念的历史发展的某种参考,狄德罗(Diderot)和达朗贝尔(d'Alembert)的《百科全书》(*Encyclopédie*)将中文描绘成一种已经意识不到(或不再关心)自身图像性根源的圣书体(hieroglyphic,俗译为"象形")文字,并且习惯于将字符看作是约定俗成的"记号"。他们赞赏这种抽象化的进步,而这正是费诺罗萨不满的地方,他们说:"中文已经超越了[圣书体文字](hieroglyphic)。它抛开了'图像'(image),仅仅保留了它们简化了的记号(marks),很快这些符号就数量激增。"① 因此,表意文字研究不必是图像化的:至少到了18世纪,人们已经能够区分"图像"和"记号"。另外一个例子是洛德威克(Lodwick),贝克(Beck),达尔加诺(Dalgarno),珂雪(Kircher),威尔金斯(Wilkins)等人在17世纪设计的那种既是表意同时也是字母化的语言。② 这些语言给字母表上的每个字母都分配了一个范畴表上的位置:当一个词被分解成构成它的字母时,这个词就成为一组确定其自身意义的说明。这种没有图像的描绘观念(idea-writing)的例子,我们身边随处可见:标点符号,大写字母,某些特殊的拼写习惯,引号,插入语等等,这是一种在言说中也许找不到语法或韵律上的等值性的改变词语或句子意义的方式。

---

① Jaucourt, "Écriture chinoise," in Diderot and d'Alembert, *Encyclopédie*, 5: 360;谢瓦利埃·德·若古(Chevalier de Jaucourt)的文字史得益于沃伯顿(William Warburton)的《被证实的摩西的神的使命》(*The Divine Legation of Moses*)。1744 年,沃伯顿的著作再版,并且附有译者关于中文文字的译注,参见 Warburton, *Essai sur les hieroglyphes*.
② 关于这一设想,参见 Knowlson, *Universal Language Schemes*; M. Cohen, *Sensible Words*; Salmon, *The Study of Language*; Slaughter, *Universal Language and Scientific Taxonomy*; Stillman, *The New Philosophy and Universal Languages*; Eco, *The Search for the Perfect Language*。

根据这一模式,表意文字不同于象形文字:相似性并不是它们意义的唯一线索,一个表意字也不一定能让人立刻明白它的意思。与中国学者常常反对的那些原因相比较,费诺罗萨对于"图像"(句子同样也是一种图像)的过分投入加深了他对于中文文字特性的误解。这是关乎图像—表意文字本质的问题,而不仅是它们在出现频率和词源学上的重要性。事实上正是中文字看上去代表的是一种"含义"或者"物"而不是声音的性质,使得像费诺罗萨这样的研究者们相信它直接表达物,而不是通过某种中介物来表达,例如"概念"。对于语言学家来说概念惟有经由语言或者文字形式表达出来才会被接受。表意文字系统很方便地剥离了历史,并且将我们带回到了原始人面对闪电时产生敬畏的那种理智上的纯洁性之中。

麻烦在于,为了能够充分地赞赏中文象形文字的性质,我们必须变成一个原始人。在我看来,这代价未免有点太大了。因此我打算提出一种新的方法,使我们能够重新考虑那些被费诺罗萨在他对生动的图像和生命力热情感染之下忽视的东西。如果"表意文字"——假定有这种文字并且能够指向某种相应的观念——这一表述有其存在的意义的话,那么语言中应该到处都有这一现象,无论是对于音素、字母,还是词汇,这种想法太过理想化了,并且仅存在于理想之中。① 当然"观念"并非作为观念,而是通过其物质的(口头的或者图像的)形式而被认知。既然我们的语言学怀疑论倾向对于那些沉默的概念和自我定义的语素变得越发没有好感,"表意文字"这一范畴所包含的范围将会增大到能够符合大部分可行的定义。也许一个更加勇敢的语法学家有一天会设想一个能够将字母文字也作为子集(无疑是一个不受关注的远房亲戚)囊括在内的"表意文字"的定义。不管怎样,这一举动将会消除普通常用的"表意文

---

① Saussure, *Cours*, pp. 150 - 152; Derrida, *De la grammatologie*, p. 45. 它们仅在它们的物质实现无法充分延续它们的意义上是理想化的;认识使得它们成为自身。

字"概念与"语音文字"之间的对立。所有的文字类型，实际上所有语言的发音形式，都会成为观念的图像或者是固定的书写形式。这就是《百科全书》里面所谓的"记号"。如此一来，我们会失去什么有价值的东西吗？

"观念的影像"——相似性的有与无

45　　由此，"表意文字"这一看上去曾经好像很有用的类型学分类概念现在需要重新加以解释。现在的问题不再是什么文字可算是表意文字，而是表意文字这个词是如何流行起来的？拼音文字（phonetic writing）和写意文字（conceptual writing）的区分现在已经成为语言学的常识，但是究竟如何区别这两者？其中又包含了哪些语言学思想？

　　"表意文字"这个词是随着商博良（Champollion）对于古埃及文字解读的传播进入到现代欧洲语言中的，商博良的工作首先在1822年的"给达西先生的信"（lettre à Monsieur Dacier）中提出，然后在《古埃及文法》（Grammaire ègyptienne）中更为完整地表达出来。商博良提及："表意文字就是描画观念而不是语言发音的文字"，并且附加说："中国人也使用表意文字。"① 商博良将古埃及文字按功能分为三类：表意符号（caractères mimiques），描画或者模仿它所指向的对象；限定符号（caractères tropiques ou symboliques），描绘对象，并且与单字所指的对象或观念具有某种意义关系；和表音符号（caractères phonétiques），用来仅仅表达或者提示读音。前面两个类别是商博良在古代对于古埃及文字的思索传统中继承下来的。几个世纪以来，古埃及文字系统都被习惯性地看作是彻底的象形文字或象征性的。破译文字变成展示文字所包

---

① Champollion, Lettre, pp. 1 – 3. 关于文字的三种分类，参见 Champollion, Grammaire ègyptienne, p. 22.《牛津英语词典》最早关于"表意文字"及相关单词的引用，就是对商博良发现的评论。

含的图像的意义:如一只眼睛表达的是上帝的知识,而咬着自己尾部的蛇则象征整个宇宙,诸如此类。模仿和象征性文字之间的差异被看作是言说中字面意义和隐喻之间的差异:前者是直接表达,后者则是通过表达某物来表达另外的含义。但是,模仿和象征性字符都被限制在意义的空间中解释:举一个极端的例子,"赫拉波罗(Horapollo)"为希腊人和罗马人注释了古埃及文字,却几乎没有提及古埃及语言。① 当利玛窦在1580年代开始学习中文的时候,在他面前展现出的文字系统正是在这种方式下构成的:像纹章学、画谜或者象征性的结构一样的互相参照的象征性体系(这一范围很容易让人联想起16世纪罗马人视觉世界中的古埃及圣书体文字)。但是,商博良在翻译古埃及文的过程中引入语音文字,也就是那些并非总是表达有意义内容的字,从而打乱了这一纯粹的语义学解释方法。而这正是表意文字在其各种特质中变得可理解的关键所在。

对于当代观察者来说,利玛窦将中文描述为"古埃及圣书文字类型的文字",意味着一种将书写混合在绘画之中的可视语言;当然有人可以在艺术史的基础上争论说这种以"圣书体文字"为代表的视觉表现实际上已经将绘画压缩成为某种文字形式。② 当百科全书派和沃伯顿(Warburton)将中文描绘成为一种因为某种智力原因脱离了起源的图像主义的语言时,他们同样将中文字置于某种由感觉的直接性差异决定的等级之中。(白晋[Bouvet]强调文字的视觉分析,他的"圣书体文字"试图在最早的中国文本中发现基督教的预言能力,这一点与当时传教士的所作所为截然相反,后者试图将文字看作是"字母")。商博良对于古埃及象形文字语音价值的发现不仅对埃及学家有意义,而且改变了整个文字学

---

① 参见 Horapollo, *Hieroglyphics*。文艺复兴时期的新柏拉图主义运动给这部著作以其"过分的声望"。参见 Gombrich, *Symbolic Images*, pp. 145 – 160。关于中文文字被作为人工创造的对象,并且在超出中国文化圈的范围内传播的命运,参见 Falkenhausen, "Inconsequential Incomprehensions"。
② Giehlow, *Die Hieroglyphenkunde des Humanismus*; Baudelaire, "L'Art philosophique," *OEuvres completes*, 2: 598 – 605.

的面貌。现在,古埃及文字的译者,面对每一个字时,需要在三种可能性之间作出选择(前两者建立在意义的基础上,另一个则建立在声音之上:"模仿的"、"限制的"和"语音的")。对于像古埃及圣书体文字这种如此明显的混合文字系统来说,这三者中任何一个都不能单独从整体上加以概括;所有的解读必须把它们全都囊括在内。但是,作为附加的说明("中文同样使用一种表意文字"),当商博良改造他自己关于三种象征价值的分类以便来描述东亚文字时,其间的取舍成为整个文字系统(精神?)的标识。"语音的"或是"表意的"不再表示书写者或是读者为了在一个准图像化的符号系统中进行交流所采取的策略;而是作为对于文字系统本质的某种相互排斥的标识而起作用。商博良在古埃及学上的伟大成就将中文的研究带回到了亚里士多德,他的记号学为欧洲人初次解释中文提供了某种方法。

19 世纪的语法学家重述了培根(Francis Bacon)将中文看作是"实物符号"的观点(Characters Real),将中文归类为"表意文字",这意味着,他们在重复亚里士多德的看法。培根在 1605 年研究中文时说道:

> 传授的工具或是言词或是文字。亚里士多德说得好:"语言是观念的影像,文字是语言的影像。"不过,人的思想不一定非要用语言做媒介来传达……另外我们还知道中国和东方一些国家使用实物符号来直接表示事物或概念,而不是大略地表示字母和词语。因为这些符号比语言通行的范围还要广大,因此各个国家和省份虽然互相语言不通,但是可以互相阅读对方的文字。①

---

① Bacon, *Advancement of Learning*, pp. 399 - 400. (中译本参见,刘运同译,孙宜学校:《学术的进展》,上海:上海世纪出版集团,2007 年 8 月。第 121 页。)可以与威尔金斯(Wilkins):*Essay Towards a Real Character*, p. 13 相比较。威尔金斯在文中说:"真实符号,意味着那些不是指向词语,而是指向事物和概念的符号,也因此它们对于说同一种语言的人来说是清晰可见的。这种真实的符号是可能的,并且除了中国人常常认为的那样,也被'渴求之物'中博学的人所期待。这种普遍的符号,它们已经使用多年,并且在帝国的不同习俗,不同口音之间使用着,真实地交流着。人们可以认识他们共享的符号,即使他们在自己的语言中发音各不相同。"

3 书写的威望:文、文字、图画、图像、表意文字

培根关于"语言是观念的影像"的说法引自一篇被归为亚里士多德所作的短论《解释篇》。这篇文章认为文字必然是对于声音的摹写。《解释篇》在灵魂中为语词和事物之间建立了某种不对称的双重对应关系:"口语是心灵的情感的符号,而文字则是口语的符号。正如所有的人的书法并不是相同的,同样的,所有的人也并不是有相同的说话的声音。但这些声音所直接标志的心灵的情感,则对于一切人都是一样的,正如我们的情感所反映的那些东西,对于一切人也是一样的。"①

对培根来说,中文提供了一种可能性,它的存在可以取消亚里士多德在《解释篇》中建构的心灵、语言和世界的整体图像中某个中介的存在。如果事实上文字象征了心灵中的情感(约定俗成的),语音文字象征了词,那么,象征心灵中情感的文字就象征了事物本身,因为事物和情感"对一切人也是一样的"。这样一种文字将不再因为事物属于一种与表达完全不同的秩序,因而间接地(通过一种符号)指向"事物";而是与头脑中的图像连接在一起,进而直接(作为相似性)与事物联结在一起。(更进一步的证据是亚里士多德使用"相似性"来表示一种比"符号"更加有力的表达形式,参见 *Politics* 1340 a 33。)假定这种直接连接的可能性时,我们并没有考虑到它是如何获得的。培根把"观念的符号"区分为两类:"一类是符号和表达的对象之间具有某些外观上的一致性,另一类则是习惯性的(*ad placitum*),完全出于约定或认同。"他把中文归结为第二类——实际上,费诺罗萨之前大部分描写中国的欧洲作家都这么认为。至少对培根来说,表意文字并不意味着相似。

培根所推荐的"中国式"文字——通过约定俗成的文字,对于现实的直接表达,没有任何口语方面的干扰——在罗西(Rossi)、德里达(Derri-

---

① Aristotle, *De interpretatione*, 16 a 2-3. (中译本参见:方书春译:《范畴篇 解释篇》,北京:商务印书馆,2003 年 7 月,第 55 页。)

da)、斯洛特(Slaughter)和艾柯(Eco)那里展开了进一步的研究。① 虽然这一形式仍然借用了商博良在1830年对于表意文字和语音文字所做的区分,它毕竟还是有着新的和不同的含义。早期的尝试试图模仿中文文字达到的超乎语言的状态,以便能够确保所有人之间无障碍的交流;"实物符号"被看作是通向"普遍文字"的必要前提。但是,当商博良将中文归类为"表意文字"的时候,看上去他提供了一种限制性的定义,这种定义标识出中文独有的特点。随后而来的关于中文是不是由"表意符号"组成的争论严格预设了一种意义景象:"表意性的"意味着整套文字系统都是按照这一原则构成的,或者与之相反。这一概念设计出来是为了指出是什么原因使得中文变得如此与众不同,而不是为了服务于某种可能的普遍性文字。

在商博良的描述中,古埃及文字保留了多重基础:语音线索、图像、指示三者同时发生作用。如果我们回顾一下亚里士多德的传统,其中中文是在严格的"非语音"的意义上被定义为"表意文字"。毫无疑问,19世纪早期,世界历史的政治化格局部分促成了商博良简化的类型学理论的流行。无论在何种意义上,这种类型学理论比语言学(对于语言学来说,中文最显著的特征是其"单音节性":参见第4章。)影响更大。培根的同时代人还没有觉得他们自己在通向科学和政治完美性方面走在远东地区的前面,也不认为亚洲文明是幼稚和僵化不变的。只有到了19世纪,当这些思想已经成为欧洲文化中老生常谈的内容时,"表意文字"才能够被毫不犹豫地附加上这一层含义。

培根在亚里士多德基础上,开创了一种非语音的潜在的常规文字模式,而中文在手势和数字的支持之下被看作其最主要的种族意义上的例

---

① Rossi, *Clavis Universalis*; Derrida, *De la grammatologie*, pp. 109 – 142; idem, *Marges*, pp. 113 – 134; Slaughter, *Universal Languages and Scientific Taxonomy*; Eco, *The Search for the Perfect Language*. 一般的对于普遍语言的讨论,参见 Albani and Buonarroti, *Dictionnaire des langues imaginaires*。

子。培根认为普遍性的文字应该能够表达出与其所指事物之间的"比喻或是一致性",当然并非一定如此。对于培根同时期或稍晚时候的另一种对于普遍性概念化文字的理解来说,仅有习俗或者惯例是不够的,因为任何约定俗成的符号都无法达到奠基于能指和所指之间的先天联系的语言所具有的力量。杜埃(Claude Duret)在1613年写道,词源学就是完全依赖于"将语词分解为音节和字母,在这里构成了那些人们希望能够给予它们正确名称的事物的本质的表达",他的词源学模型是对于喀巴拉神秘主义(Kabbalah)的一种粗略理解。① 通过在现代语言中寻找语词的起源,人们不仅能够回到原初言说者的完整表达方式,同时还能够回到原始语言自身,那种自然强加给人的,因此对于所有的民族来说都是一样的语言。词源学(类似于费诺罗萨的"符号")是一种前巴别塔或是反巴别塔的语言模型。② 内特斯海姆的阿格里帕(Agrippa of Nettesheim)引用"柏拉图主义"(指新柏拉图主义)作为权威来论证他的观点"当一个名词或者动词形成的时候,[它所指]的那个事物的强力就留在了它的发音之中,就像是某种生命隐藏在形式上所指的事物下面"③。我们使用的日常语言是"崇高的、神圣的字母,在每一个国家和语言中都是自我定义和永恒的"④语言的简化版。文艺复兴时期的文本中提到这些字母的地方,总是回到《赫尔墨斯文集》(*Corpus Hermeticum*),

---

① Duret,*Thrésor*, pp. 158 - 159. 关于这段文字的翻译和卡巴拉在非犹太文化圈的运用,参见 Secret,*Les Kabbalistes chrétiens*。
② 庞德对费诺罗萨的注释中突出了这种倾向:(*ABC of Reading*, pp. 30 - 31.) 庞德提到了一位雕刻家朋友,他能够随心所欲地"阅读"中文,虽然他从未学习过这种语言。特里特米乌斯(Trithemius)的思想启发了卢梭写作《论语言的起源》(*Essai sur l'origine des langues*),他将这种文字系统看作地球上第一个人的发明:"据说,字母是与现在的样子完全不同的东西;它源自对于树木、植物和动物的外表和相似,当然随着时间的变迁,它们也改变了很多;*Polygraphia*, 未标页码。"
③ Agrippa,*De occulta philosophia*, p. 140. 阿格里帕的理论大概是对于希腊文中"力量"(dynamis)一词用法的误解,把声音赋予字母而不是单词。参见 Liddell, Scott, and Jones, *A Greek-English Lexicon*, s. v. δύναμις, par, iiib。
④ Agrippa,*De occulta philosophia*, p. 160.

这是一组近代古典希腊文入门文集,传说是古埃及的神透特(Thoth)或是"三呼大哉赫尔墨斯"(Hermes Trismegistus)神所作。它假定古埃及的象形文字是这些"崇高、神圣的字母"的雏形,是传达某种神秘智慧的媒介。透特在一篇归诸他名下的名为《定义篇》的文章中预言道,他的书注定变得"含糊不清,如果希腊人继续试着把它翻译成希腊文的话。这种翻译将会造成极大的扭曲和含糊……",另一方面,古埃及文字在言说和声音方面的特质"在其自身内部拥有它们所言说的对象所拥有的能量"(εν εαυτη εχει την ενεργειαν των λεγομενων)。① 按照赫尔墨斯的想法,在古埃及,人们有真的表意文字——能量文字(?);一旦把它们翻译成希腊文,相对于它们原初的丰富而言,它们就变成贫乏无力的符号——费诺罗萨、庞德将会称之为"枯萎的"。无论如何,这让人意识到希腊人即使是在探究新鲜事物的时候仍然是感觉迟钝的。古埃及文字让我们叹为观止的象形性和图像性特质,在赫尔墨斯对于奇怪"力量"的描述中,消失不见了。能量对于赫尔墨斯来说,存在于言说中,而不是书写的符号中。

　　赫尔墨斯主义对于圣书体文字的赞赏,在那位身为耶稣会士的前科学家和神秘事物的探求者阿塔纳斯·珂雪(Athanasius Kircher)身上留下了明显的印记。他很早就写了一本描述汉字系统的书并被广泛引用。

---

① Nock, *Corpus Hermeticum*, 2: 231 - 232;译自 Copenhaver, *Hermetica*, p. 58。关于"声音"(sound ηχω 诺克猜测为这个词),弗兰兹·卡蒙特(Franz Cumont)认为是"语调"(声调 intonation ιονωσιξ),而尼斯波罗斯·贵格列(Nicephorus *Gregoras*)在 14 世纪早期引用这段话时,则翻译成"力量"(power δμναμιξ)。《赫尔墨斯文集》对于象形文字的图像性质毫无兴趣。希腊文和古埃及文字之间的冲突更加复杂一点:"希腊文里有一些空的表述,唯一功效是为了证明,这就是希腊人的哲学,某些无用的语言。我们埃及人从来没有不着边际的语言,我们的语言总是和行动紧密联系在一起的。"(作者的翻译)这是对于《克拉底鲁篇》中的语音符号的回归。当然,这种对于希腊文的讽刺是面对希腊文的读者提出的,这就像费诺罗萨对于中文图像文字的赞赏,几乎没有考虑现实存在的说中文的人一样。关于古代希腊对于象形文字较少神秘色彩的看法,参见 Diodorus Siculus, *Bibliotheca historica* 3.4.1:"埃塞俄比亚人和埃及人的文字艺术不是通过音节的组合来传递隐含的观念,而是通过对于事物表象的再现以及记忆帮助下的隐喻来实现。"

珂雪将汉字追溯到古埃及的透特和赫尔墨斯的原始手迹,以珂雪的类型学年表来看,它就如同中国的伏羲。① 伏羲留给他的后人一部"蛇形书",其中,文字被结构成"奇妙的纠缠在一起的蛇,通过构成不同的形状来表达所指的各种不同事物"。② 但是,严格地说就像是"定义"中所说的那样,它们离开埃及之后,就变得毫无生气了。举例来说,古埃及文字中太阳的符号,表示:

> 隐藏的力量不仅仅源自感觉世界里面物质性的太阳,同样也来自理念世界中太阳的原型……所有这些在建构成中文时都消失不见了,因为后者准确地说就是为了指示语言和名称的简单概念而制定的,没有其他神秘东西潜藏其中。③

对于珂雪来说,汉字模仿自然,然而并没有揭示自然的奥秘。当然,珂雪对于中文的了解仅仅来自于词典,并且完全被古埃及象形文字的意义所误导了。④ 他相信汉字的原初形式是对于自然形式的回应,这些形式依然留在现代简化的文字之中,这使得珂雪用一本进入了罗马图书馆的中文书作为证据。珂雪将中文从自然中不断演化的时间表展示在图3.1;他的中文资源,见图3.2;某些相关的书法作品,见图3.3和3.4。⑤

---

① Kircher, *China illustrata*, p. 226. 紧接着第十章"起源",珂雪认为东方是诺亚(Noah)的儿子含(Ham)的后裔,后来含两个儿子麦西(Mizraim)和埃古普托斯(Aegyptus)中的一个成为埃及人的祖先。而埃及的神透特和赫尔墨斯是麦西的儿子。
② 同上书,P. 278。
③ 同上注,P. 234。
④ 关于珂雪对埃及文字的翻译,参见 V. David, *Le Débat sur les écritures*, p. 48;以及 Iversen, *The Myth of Egypt*, pp. 89-99。珂雪希望将古埃及文字作为研究埃及语言的手段,研究这种后起成果的一条线索。受篇幅所限,我无法追索这条将中文与埃及文字相比较的理论发展的线索。其中的主要人物是培根、珂雪(参见他的 *Polygraphia nova et universalis* 1663)、威尔金斯(*An Essay Towards a Real Character*, 1668),以及莱布尼兹。
⑤ 珂雪:《中国图说》,第 226—230 页。龙伯格(Knud Lundbaek)把流传甚广的一部书《天下便用文林妙锦万宝全书》看作是珂雪"原始文字"的来源,这本书现存梵蒂冈图书馆。当然,并不是珂雪所有的例子都可以在这本书中找到。与之类似的原始文字形式来自非常著名的明版《金刚经》。其中,经文由三十二种不同的篆体书写而成。(鸠摩罗什:《三十二种篆体金刚经》)。参见图片 3.1—3.4。

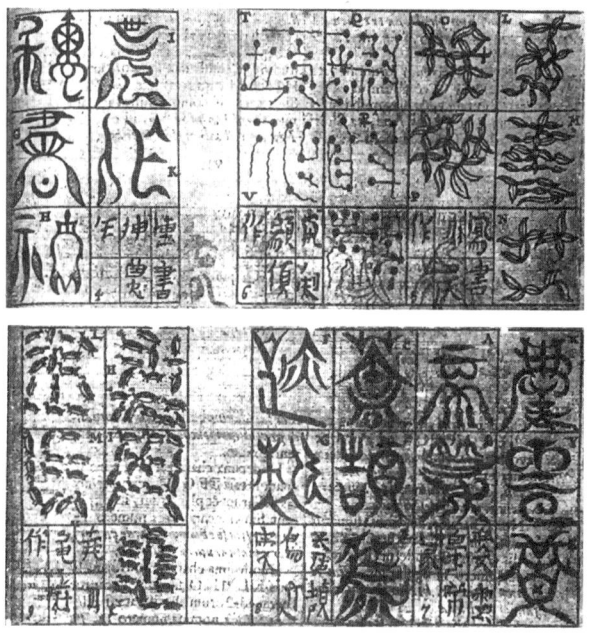

图 3.1 中文中的"原始文字"。源自 Athanasius Kircher，*China illustrata*（1667），p. 229。

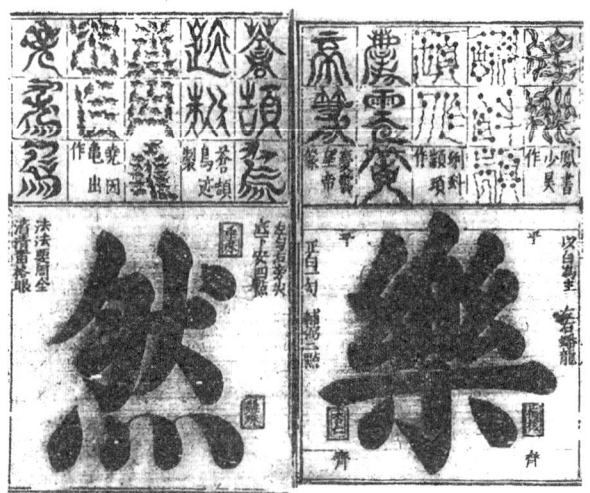

图 3.2 珂雪的"原始文字"原初排列的样子，选自晚明的历书:《天下便用文林妙锦万宝全书》。Vatican Library，Barb. Orient，139. © Biblioteca Apostolica Vaticana

3 书写的威望:文、文字、图画、图像、表意文字

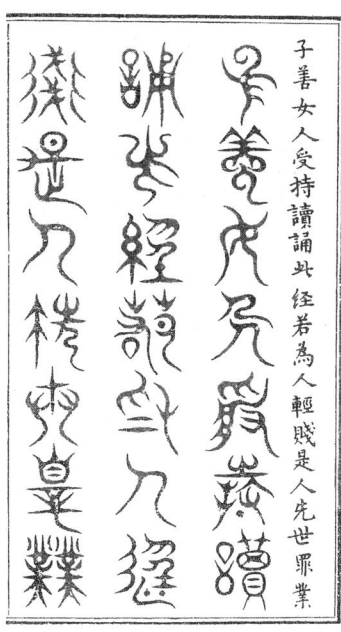

图3.3 鸟迹篆。选自《三十二篆体金刚经》。

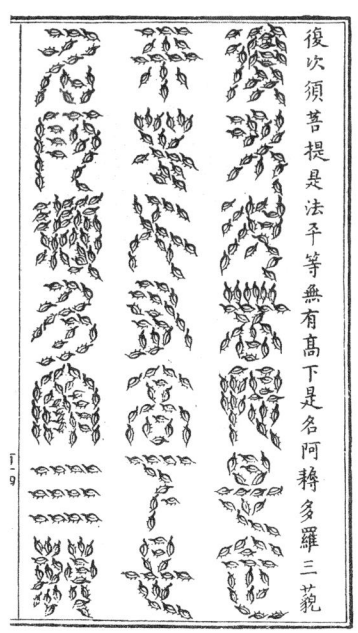

图3.4 龟体篆。选自《三十二篆体金刚经》。

69

自然和习俗标示出两种不同的设想普遍语言道路之间的差异。其中,对于现代早期的欧洲人来说,中文是古代人为了实现这一点做出的某种尝试。(杜埃[Duret]1613年写作的《珍宝》[Thrésor]是欧洲最早收入了一页日本文字的著作之一。)虽然培根应该对将某种共同认可的符号作为一种新的表意文字语言的"实物符号"感到满意,其他人则将满足于符号对于它所象征的对象的(通过"强力")参与。仅仅用模仿这个词并不足以描绘他们希望在符号和对象之间建立起来的关系。与这两种文字构想的差异相关的(源自对于它们的历史性感受)是浪漫主义批评中常见的对于符号和象征或者比喻和象征之间的区分。"比喻仅仅是意味着一个普遍的概念或是与它截然不同的某个观念,而象征则是意味着感知中的观念本身,某种物质的形式。"①费诺罗萨将这一套平淡无奇的说法由神学和艺术史的领域转移到地理学的领域中:在他的笔下,欧洲的语言是冰冷和干枯的,以及随之而来的一系列标签:欧洲语言的字母表没有任何意义,中世纪的逻辑和部落中根深蒂固的图腾,动词"to be",欧洲人思想中的沉重负担。② 中文文字被看作不仅仅是作为诗歌的"媒介",同时可以为整个西方的干枯的语言注入新的生机。

欧洲17世纪的例子能够帮助我们澄清很多事情。从而使得我们更有理由确信20世纪对于6世纪的刘勰关于"文"的表述的那种解释是合理的:即,"自然"是可变的,而不是永恒不变的。我们很难想象培根和杜

---

① Creuzer, *Symbolik und Mythologie der altern Völker*, p. 26. 关于欧洲浪漫主义思潮中比喻和象征之间的区别,参见 de Man, "The Rhetoric of Temporality," in idem, *Blindness and Insight*, pp. 187-228.
② 用火热还是冰冷、干燥还是潮湿来评价语言,在1750年前后才通过卢梭和孟德斯鸠进入到欧洲人的思想之中(Rousseau, *Essai sur l'origine des langues*, pp. 118-143; Montesquieu, *Oeuvres*, pp. 613-615)。费诺罗萨对于动词"to be"的拒斥是他主要的目的,这也与葛瑞汉的做法协调一致。葛瑞汉试图通过重提密尔(John Stuart Mill)的例子澄清"to be"的模糊含义。因为"to be"集系动词和对于存在的表示一身。在葛瑞汉看来,to be"在逻辑的领域中散播神秘主义,将它的推断堕落为文字游戏"。(Mill, *A System of Logic*, Ⅰ:85; Graham, "Being' in Classical Chinese".)

埃能够在"表达"或者"事物的正确名称"的定义上取得一致,因为他们生活在不同的宇宙之中。对于培根来说,文字是用来命名事物的;而对于继承了赫尔墨斯传统的杜埃来说,就像其他文艺复兴时期迷人的思想家一样,文字被看作是"能量"包,由蕴含在事物中的源头传递至某个恰当的被授权的新人,它自身就能够在语言中释放这些能量。费诺罗萨出现的时机,正是"能量"重又作为自然哲学的基础范畴出现在观念史中的时刻。但是,能量这一概念此时又还尚未成为关于事物、时间和变化的有说服力的图景;因此他对于诸如"力量"、"能量"这些概念的使用,就像新世纪的本体论一样,回溯到为了建立起与近来的热力学之间的关系而奋斗的认知启蒙传统①。费诺罗萨基本的语义学态度——他对于大自然中意义闪现的渴望——是新新柏拉图主义的;他对于人类将各种俗语拼凑在一起的不满也是属于新新柏拉图主义的。他们对于趋势、流动、关系和磁性力量的普通意象表达了他们对于一种"不仅是任意性符号"的语言的渴望。但是,这种对于语言参与自然并且自然赋予其内在的意义指引的文字观念的双重想象,和在文字典范中实现自身的刘勰的宇宙是一样的吗?

句法 VS 语义,抑或字母的典范

赋予费诺罗萨灵感的自然力的看法(或者这是我的某种调和结论),在欧洲有着悠久的历史,并且与刘勰表达的思想或多或少有些相似。关于表意式文字优越性的争论常常引用一种图画的,有时甚至是神秘的逻辑;相应的,那些将字母当作是语言学典范的人分享某些务实的,技术性的概念,并且将精力集中在精神的特定功能之上。如果在费诺罗萨看来完美的文字是那些将所有的资源都用来表达意义的文字,那么那些反费

---

① 关于热力学如何成为文学中隐喻的来源和焦虑的问题,参见 Donato, "The Museum's Furnace"。

诺罗萨主义者则将文字看作一套由部分和规则共同构成的整体。

表意—语素文字和字母文字之间常常在它们的结构方面进行对照，区分的中心点在于（对于任何清晰的语言来说）语法和句法之间的差别。这方面，字母文字系统具有特殊的结构性关系。中文文字是表达意义的手段；字母文字，因其自身是无意义的，所以需要通过构成某种复杂的形式（词）来表达意义。句法在哲学语言学中被看作是在一组预先给予的元素和规则之上建构新事物的能力，并且常常被用来在各个层面进行类比。例如，这样理解的句法可以被看作是生命的特征（相对于手稿中死去的文字来说，参见 Plato's *Phaedrus*{264 b 3—e I 275 d 6}），或者是人类的特征（相对于动物来说，参见 Descartes' *Discourse on Method*）①，或者是自由意志相对于生物意义上或者是政治意义上的决定论（正如乔姆斯基[Chomsky]在《笛卡尔语言学》[*Cartesian Linguistics*]中指出的）。字母文字把句法的原则由句子的层面应用到独立的词。② 在另一个方向上，表意文字理论将语义学的能力发挥到了极致。表意—图像文字被认为能够使得它所指的概念成为可见的，不需要任何声音的媒介，并且将其中的语法作用减到最低。因此中文表意文字的理论与中文是"没有语法"的这一推论相关联。（至于这是因为表意文字被看作是对于语法缺乏的补偿，还是表意文字的理论建立在对于中文语法的有意漠视之上，将是第 4 章要处理的问题。）

---

① "动物永远不会使用词语或是其他的符号，将它们连接在一起回应它们表达中所涉及的任何对象的意义。"Descartes, *Discours de la méthode*, part V, in *Oeuvres philosophiques*, p. 629.

② 在字母和音素的层面，马尔德（Mulder）和赫维（Hervey）（*The Strategy of Linguistics*, p. 83）将这一原则称为"cenotactics"。为了强调有秩序的结合体的普遍特征，我更愿意称其为句法。"神奇的"语言学理论将会如同在语意属性中获得力量一样，在句法中获得其力量。Vigenère（*Traicté des Chiffres*, p. 83）把希伯来语看作是一种典型，因为它字母之间的构成规则和句子中词与词之间的构成规则一样，都是源自意义的产物。"如果一段文字中的字母（在希伯来文中，不包括元音）被调换了位置，改变它们先前的次序、位置和安排，那么它们的意义也会随之改变。"Vigenère 称赞希伯来文是彻底意义生成的文字，不像其他字母文字一样，字母之间的无序状态使得它们几乎是没意义的。

3 书写的威望：文、文字、图画、图像、表意文字

一种图像—表意语言是（至少会是）专业化过度发展的例子——通过对于孩子们学习数以千计的不同字符所花费时间的各种描述，以及黑格尔那个著名的论断"字母文字本身就最具智慧"的理由的探究，这一主题得以充分彰显。① 考虑到句法的安排和理解力与关于字母文字系统节省体力的想象之间的长期互动关系，大概黑格尔只能得出这样的结论。贝克（Cave Beck）试图设计一种既是字母同时也是表意的普遍语言，他巧妙地将几乎所有表意文字的缺陷集中体现在他强有力的批判中：图像文字无法直观精确地表达对象，它太依赖于各种自以为能够取代的地方语言手段（双关语、隐喻、字词之间的联想），并且，在记忆力方面需要格外努力：

> 古埃及文字，拥有一种运用象征和图像的象征性书写方式，能够被外国人在理智的指引下阅读理解，但是，学习起来太困难，实际使用中也太冗长复杂，以至于字母很快就把它们挤出了人类的世界。除此之外，大部分的象形文字是如此不恰当（图像表现出来的是一种东西，但是往往附加上差异极大的内容），以至于面对字版上画出的奇形怪状的公鸡，他们会在下面写上"这是一头牛"。
>
> 中国人有一种普遍的文字，虽然他们和他们的邻国之间使用不同的语言，但是，文字却是通用的。这被那些曾经去过这些国家的人所证实，并且他们带回来一些由那些形式模仿而来的文字。以至于欧洲人在看到这些文字的外观时，会主动视而不见：在这些文字的形式中看不到任何比例或是方法，这使得他们为了学习这些文字，必须从儿童时代起就要花费好多年的时间，这也许就是为什么我们的那些旅行者们都无法真正学习到那种文字出众的特点的原因。②

---

① Hegel，*Enzyklopädie*，par. 459 *Zusatz*(Hegel，*Werke*，10：274)，德里达以此作为《论文字学》第三部分开始的题词。
② Beck，*The Universal Character*，"To the Reader."

强意义上（费诺罗萨意义上）表意文字的存在，将要面对不识字者的挑战，因为事实上人们无法理解这个文字系统。当一个文字系统或艺术形式提供了"观念自身置身于感官以及身体形式之中"时，上述情形是不应该发生的，然而，它确实是存在的。你说"鸟"（或者甚至是这个字的古代写法，如右图）㐱这个字是一幅鸟的图像，我会说这只是约定俗成的一个符号，读者经过训练把它看作是表达了鸟这个意思的字。这两种描述都说出了一些事实，但是，第一种情况更难证实，因为它需要与大量语言学的和模糊的经验问题达成一致。（什么可以构成一幅鸟的图案？什么又不能被描绘为鸟的图案？"关于某物的图像"是如何定义的？将符号看作是某种图像难道不是约定俗成的训练的结果吗——等等类似的问题。）我们需要一种方式来证明某一个表述在内容上是真正的"相似"，并且对于所有人都是同样有效的（无论是约定俗成的还是源自自然的）。这样一种证明只能是对于语言意义和它的所指之间关系的决定性描述。这种描述越是无法实现，就会有越多语言学之外的对象被牵扯进来。（数学中的情景可能会没那么令人绝望，因为数学并不要求它的对象的存在）。很明显中文中有很多字并没有把本身具有意义看作是其自身的要素（就像"表意文字"这个词所表述的那样）。面对它们，我们需要尝试询问意义和所指之间是如何在一种图像系统中结合在一起的。

表意文字这个词如同许多其他概念一样是在语义学的网络中获得其意义的，不能脱离那些固有的与之相伴的概念来理解——如"拼音文字"，"图像"，"习俗"、"符号"等等。并且，这些概念系统是在一个相当长时期内概念间关系持续不断的运动中出现的：其中包括相关概念集合的扩大或者缩小，概念定义的变化，以及出乎意料附加上的各种含义。概念对于做好准备的理解来说才是有意义的。像"表意文字"这样的概念能够作为某种事物的名称发挥作用，更多地意味着我们已经准备好由某种特定的方式去思考事物。历史语义学中这种练习的目的正是为了揭示并且区分那些准备性的元素。

中文诗都是真实的

表意文字与拼音文字之间的对立是非常简单化的,并且这种对立关系在事实面前十分脆弱。如今《作为诗歌的媒介的汉字》往往被当作是一篇奇怪的文字:每一个大学里面的初学者都会怀疑直接自然意义的观念,即使对于中文仅仅一知半解的人,也足以指出很多费诺罗萨式的词源学解释都是源自他的想象。而这实际上是他整个工作的趋向。但是,费诺罗萨对于中文的很多看法,常常改头换面,以某种更加柔软的或是有点距离的形式不断再现,特别是我们将中文的诗的语言描述为"不仅是随意的符号"时。某种程度上,这必定与费诺罗萨(经由庞德)对于现代英文诗的影响有关,这种影响也许不完全是坏事(好的艺术总是能够包容有些荒唐的语文学)。另外,对于表意文字这一主题的延续,对于那些逐渐熟悉中国传统的欧洲人和美国人来说,也许是表达感激之情的恰当方式:能够直接指出刘勰在关于天、地、人的"文"的那种平行模式中究竟说出了什么,无疑是一种很好的方式。在文字最伟大的表现方面,关于文字伴随着自然权威的观念,不仅仅启发着受到中国传统影响的人们,同时也给置身其外的人们留下了深刻的印象。无论如何,我们都应该持续不断地跨越种种的文化差异去尝试把握这里所谓的"自然"。但是,当一种想法的模式——即使是关于自然的思想——进入到新的语境中的时候会发生什么?"文"这个概念所指向的下一个阶段是某种思想的澄清,这种思想被自然、文化以及历史所验证,并且这些思想以具有代表性的中文诗歌中的文字表现出来。

费诺罗萨指责古典逻辑,认为当它应该作为自然形式现身的时候(25—29),它却仅仅成为语言的形式。因此,他计划消除模仿这种形式,将它看作是人为的和阻碍性的,取而代之以据称是自然的和显而易见的形式。虽然中国古代的诗人和批评家们从未遇到希腊模仿理论的刺激和挑战,他们的现代注释者们却通过"拒斥"那种文学(如同一般而言的技巧一样)总是模仿某种先在现实的观念,来展开这一讨论。① 这是对于亚里士多德理论的反驳,宇文所安(Stephen Owen)在此做出了决定性的贡献。中国的诗歌并不模仿或是伪装成现实,而是跟从现实;然而"比喻是虚构的并且包含真实的替代物",人们在中文诗中寻找到的那种明确的对应关系是"'完全真实的',建立在世界的秩序之上","古代中国的读者们相信诗歌是历史经验的真实再现",因为诗歌写作是一种"本体的实际的转化"的构想,从经验到文字,从文字到读者,是"表现的一种有机过程"。②

交流是一种"有机的过程"?符号学家马上会对此提出质疑。宇文所安已经预料到这种怀疑论的反应,他将"有机的表现"观念置于"传统读者"的"信念"之中,并且用文化限定了某种特定的自然(传统中国意义上的自然)。"在此我们指的是读者们的倾向和诗人们对于这种倾向的期待:诗歌事实上的真或假,是真实的表现还是为了某种奇怪目的而进行的篡改都不在我们的讨论之中,这些实际上经常超出原本的样子"。③

其他作家理所当然地认为我们对于自然的看法会受到文化的影响,因此都未言及这一问题。余宝琳(Pauline Yu)将中国的文学世界表述成"对真实存在和具体现实不加区分,同样对具体现实和文学作品之间也不加区分"。中国诗通常被看作是"诗人对于他置身其中,环绕在他周围的世界作出的文字回应",而不是对于现实世界的表现。④ 对于麦克·傅

---

① 关于这一争论否定结构的重要性,参见 Saussy, *Problem*, pp. 34 - 35。另一个领域中的例子参见 Sivin, "Why the Scientific Revolution Didn't Take Place in China-Or Didn't It?"。
② Owen, *Tranditional Chinese Poetry*, pp. 15, 61, 57 - 59; Jullien, *La Valeur allusive*, pp. 46 - 47.
③ Owen, *Tranditional Chinese Poetry*, p. 7.
④ Yu, *The Reading of Imagery*, p. 35. 这一论断(不仅是余宝琳,还包括宇文所安,朱利安以及其他我们曾提及的作者)的前提是认为中国的宇宙论中没有所谓的"创世"或是绝对的开端。关于"开端"对于大多数影响深远的早期中国思想家来说是作为理智和社会问题而存在的研究,参见 Puett, "Nature and Artifice"。

勒(Michael Fuller)来说,西方人对于主体与客体两分的问题意识(通过与此相应的真理与意见的区分,这一问题意识与模仿理论紧密联系在一起),①在中国读者那里并不存在。他们可以说:"在特定的时间、地点,诗人因某种特定的情境写了这首诗……在中国的古典传统中,所有的诗因其特殊的存在,都是真实的。问题仅仅在于,它们是怎样真实存在的以及这一真实意味着什么?"②对于研究古典传统的现代理论家来说,中国文学的特质在于它的超现实性:就像我们看到的那样,他们认为,中文的表现不同于希腊式的模仿,总是真实的。(或者是有效的,如果"真实"这个词被看作附带着太多希腊式的对于文字和对象之间对应关系的理解的话)。更进一步地说,表现的真实性源自表现的方式。约瑟夫·艾伦(Joseph Roe Allen)将这种指代式的诗彻底描述为:"我们甚至可以说,'文'自身即是整个宇宙,它不是代替其他存在的符号,而就是它本身所指的那个东西。"③这种"并非……而是……"的结构,使得那些欧洲训练出的中国文学研究者们必须做出选择:要么是亚里士多德的隐喻和索绪尔的符号,要么是中文的象征符号,这是一种通过揭示它真实所指的一部分内容来表示对象的象征符号。

每一次当"符号"及与之相伴的各种谓语如"任意","区别"以及"建构"在人文学科的其他分支中变得越来越时髦时,那些研究中文诗的学者们,因其与亚里士多德一脉相承的系谱来源总是对符号学充满警惕,

---

① 傅勒的讨论直接引用的是 M. H. Abrams 的 *The Mirror and the Lamp*。我将补充其与亚里士多德主义的联系:傅勒对此没有责任。感觉的符合理论,参见 Aristotle, *On the Soul* 424 a 20 - 424 b 18。"'感觉'是抛开可感觉物的'物质(材料)'而接受其'形式',恰如蜡块接受指环图章的印文,而除外其物身之为铁或金。"(trans. J. A. Smith, in *The Complete Works of Aristotle*, p. 674.)符合论的真理理论,参见 *On Interpretation* 19 a 33; *Metaphysics* 1051 b 1 - 1052 a 3。我认为,这一理论,包括与其紧密相连的感知,模仿,三段论,以及学习等等将这些主题联系起来的理论成为《诗学》中"诗的起源"的部分,并非是偶然的。(*Poetics* 1448 b 5 - 23.)关于亚里士多德认识理论在诗学方面的阐发,参见 Dante, *Purgatorio*, 18: 19 - 45。
② Fuller, "Pursuing the Complete Bamboo," p. 21.
③ Allen, *In the Voice of Others*, p. 19.

并且用与之相对立的特质来描述中国诗时总是慎之又慎。他们坚持认为,问题的关键在于,西方理论在事物之间没有分裂之处制造了分裂。对于隐喻的注释性语言让位于语言的字面意义描绘经验所指的语言。诗,因其与生俱来的热诚、偶发的创作以及对于情感的释放,在中国文学的诸类型中占据着首要位置,"主宰"着中国的文学,一般而言主导着我们对于文学的理解。① 我们不应忘记当中国文学第一次进入到比较诗学的视野中时(大约在1975年)也是如此理解的。这意味着,在这一点上,我们是用明确的类型学观点而非是历史性的观点来看待中国诗的。② 回到这种历史性的事实能够解释产生认识上的冲突的原因,因为这不是类型学研究得以展开需要的那种基础。唯一能够确定的是,它使我们成功地摆脱了那些我们仅仅在一个单一的文学传统中所能够提出和解决的问题。

在这些学者的研究中出现了一种由费诺罗萨和庞德的普遍性的"自然"(自然的符号对于所有人来说都是相同的,并且会立刻被认出)到限定性的自然(古代中国自然与文化之间的关系与我们不同:自然是文化的一个方面,并且因其本身即为文化而要求其合理性)之间的转换。但是,这一转换常常含混不清。通常情况下批评家们应该并且总是有能力讨论那些被认为是真的看法,而不必事前确定自己的立场。学术话语体系中,像"文学表达自然的'道'"这样的表述,本身的真值相对于句子句法的真实性来说,应该是次要的。后者例如:"刘勰相信文学应该表达自

---

① 蒂尼亚诺夫(Jurij Tynjanov)的"主导"观念,比起讨论文学的产生过程,在文学史的讨论中可能更有用。关于这一点,参见 Ehrlich, *Russian Formalism*, p. 171。当然,诗相对于其他人工的、不够严肃的、充满习惯的文学类型的主导地位,以及不断地提高那些情感真挚,文体自然的诗歌的地位是几百年来中国批评家们努力的结果。我提及的那些学者也意识到了这一文化遗产。在此,我想指出中国文学中,当我们区分不同的诗歌类型时(诗,相对于词、乐府、曲等等)发生了某种价值的转移,而这种转移就是我们在区分中国和欧洲不同的诗歌时假设的基础。
② 关于这一问题历史性的研究,参见 Yingjin Zhang(张英进), "Engaging Chinese Comparative Literature and Comparative Studies," in idem, ed., *China in a Polycentric World*, pp. 1–17。

然的'道'"。目标语言的内容仅仅在它被元语言的引用和改述悬隔起来或者过滤之后,对于学者来说才是有意义的。

然而,在中国诗歌的研究中,我们发现了被引用语言的语义学和它在引用它的句法中的位置之间的矛盾。目标语言必须至少能够威胁到元语言原有的句子结构。这种文化比较的一个任务就在于唤起对于某些假定的怀疑,这些假定认为我们的元语言(类型学上的"西方"、"现代的")是高级的,理论依据充分,并且有资格决定何谓"真实"。"建构"以及与之相联系的那些概念(构造、虚构、隐喻、扮演、设想)对于我们提及的那些批评家来说,意味着当代西方的这一套东西不能解释整个世界。比较文化研究者们也许应该能够意识到"建构"这个词本身的建构性,而不是轻易退回到一个未经反省的自然概念。这也许只是充满问题的形式本身的表现而已。可以举出的一个例子是,宇文所安在"严格的真实"之上所加的引号,这意味着真实的证据对于表述真理的语言的不满。"严格的真实"只有在它并不被认作是真实的时候,才会出现在引号之中——它对于某些人也许是真实的,但是,对于言说者和他的听众则显然并非如此。这里的引用也许是想说"这就是事情所是的样子",但是,实际上却意味着"表述事情的一种方式是说'这就是事情所是的样子'"。也就是说,20 世纪的人们在阅读中国传统文学时至少应该有两套逻辑。我们建立起关于语言和习俗的框架(文化相对主义)来规范真实性和直接性(文化绝对主义)。我们离不开这一框架,但是其目的是为了结束并且将"本质的转移"留给我们。最终的结果就是庄子、蒲松龄和玛格丽特·尤瑟纳尔(Marguerite Yourcenar)设想的"异类世界"(heterocosm)。①

---

① Yourcenar's "Comment Wang-Fö fut sauvé"(in idem, *Nouvelles orientales*, pp. 11-27)。故事的最后,画家在他自己刚刚绘出的海洋中扬帆而去。这个故事概括再现了中国世界处于世界之中的逻辑,而这一写实主义的形式由庄子通过蜗角之争的语言首先揭示出来(参见《庄子》第二十五篇,"则阳")。

如何翻译《空山》

显然,严格说来费诺罗萨和当代学者们谈论的并非是同一件事。或者说,他们在用同一种方式讨论不同的对象。一种思路贯穿于费诺罗萨对于表意文字的赞扬以及当下的文学研究对于中国诗的欣赏之中。这种思路非常认同中文作为一种表达系统,有足够力量将其自身的表述表现为真。与西方态度相对应的,中国文学理论中非摹仿(nonmimetic)的一面,恰恰就是费诺罗萨认为表意文字优于欧洲有缺陷的逻辑和字母文字之处。这就是他所谓的"某种并非仅仅是随意的符号"。有些读者也许会立刻认同这一点,对他们来说,中文文字是对于事物的充满生机的再现,中国诗的言说是"非虚构性"(nonfictionality),中国诗中词的意义必然有其经验性的所指(其真实性源自文化的本能)。中文是这样的一种语言,"必然是诗意的,是在英文恰恰不是的方式中,中文不得不是并且保持其诗意"。①

尽管庞德毁掉了我们关于世界文化的美好想象,②中文仍然需要一代代的译者们扎实的工作,以使得它们对于英语国家的人来说能保有其"诗意"。正是庞德教给我们应该去寻求什么、什么是有价值的以及应该避免什么。在此我们看到刘勰的"文"这一概念的第三层含义。在这一层面上,感知和表现被认为是同一的。(就像刘勰所说的"言立而文明,自然之道也"。)叶维廉借用了费诺罗萨的诸多原则来呈现8世纪的诗人王维,认为他是"中国文学,也许是世界、文学中最宁静的诗人"。

> 王维即是自然(现象)之所是:没有任何概念化的痕迹……在王维诗中,景色自我言说且行动。作诗之前,诗人已是现象自身,且令事物如其自身一般呈现,就如同没有任何人为的沾染。诗人并未介

---

① Pound, *ABC of Reading*, p. 22.
② 布莱克穆尔(R. P. Blackmur)(*Form and Value in Modern Poetry*, p. iii)指出"庞德的《诗篇》是这些文学瑰宝的选集,跟普通人读的文选一样"。

入,他观物,如同物观其自身……王维即是现象自身:没有任何概念化的痕迹。①

叶维廉经由如此回环往复的批评,将王维塑造成为"现象自身"的诗人,王维的诗"未曾经受理智要求的侵扰,未曾匆忙建立起因果的链条,每一个对象都在其自身的独特性中充分呈现出来"。"聚光灯"的意象很快成为对于"影像的独特性"的赞赏。② 对于叶维廉来说,读这样的诗意味着跟随"意象可见的顺序……(这一顺序)自然跟随着我们由现象自身的波动而来的起承转合"③。在这里,读溶于看之中。

如果这就是王维所有的特性,那么叶维廉(Wai-lim Yip)无疑预见到了将王维的诗介绍给英语世界的读者时将会面临的困难。就像他说的:"概念化的过程似乎笼罩了大部分英文诗,"英文诗或者欧洲诗歌的常态是将"历史的、循环的、人的意义"投射到现象化的经验对象之上。这两种不同方式之间毫无规律可言的搅扰和冲突在翻译或是误译之处一览无余。因此,叶维廉对于王维诗进行了有别于前人的重新翻译。他再一次提到了王维诗中意象之间"可见的秩序"本身的"影像性"特质。对此,他解释说:

翻译中,任何破坏这一秩序的做法都会损害王维独特的表现方式,估举一例加以说明:

Empty mountains; no man(is visible)

空山,无人(可见)。

在威特·宾纳(Witter Bynner)的笔下就变成了,

There seems to be no one on the empty mountain...

好像没有人在空山之中

---

① Yip, "Wang Wei and Pure Experience," in idem, *Hiding the Universe*, pp. v-vii.
② 参见 S. Eisenstein, *Nonindifferent Nature*,其中大量关于电影蒙太奇"表意式"的美学描述。郑培凯教授为我指出了两者之间的关联。
③ Yip, *Hiding the Universe*, pp. ix-xii. 对于如此解读王维的批评以及对其翻译的评论,参见 Pauline Yu, "Wang Wei: Recent Studies and Translations," pp. 234-236。

这里,"好像没有人"(There seems to be no one)这种分析性和解释性的句子的存在,彻底破坏了原本戏剧化的再现感知的两个短语,一旦将"没有人"(no one)放在"空山"(empty mountain)就侵扰了诗人在那一独特时刻的观点和意识。①

翻译作为证人常常任人宰割:如果某人以"清空理智的介入"为目标,那么为了确保主旨,他只能完全选择具体的名词,并且将它们植于最基本的句法之中。我们常常一厢情愿地期待有一种翻译能够称为"翻译自身"。王维即是"现象自身"这一看法,某种程度就体现了这种期待。我们在面对具体的诗歌之前,已经具有的某些想法和态度,使我们很容易设想存在着这样一种翻译。这很可能是因为我们在思考如何表达"事物本身,而不是关于事物的观念"的困境。(叶维廉在此引用史蒂文斯[Stevens]的话作为体现王维意义的标准。)文学研究长期以来的发展,使得各个元素之间已经形成了环环相扣,密不可分的链条:文字的含义与句法的严格性紧密相联,而句法的严格性则与现象的具体性密不可分,这种具体性又关联着影像的(无观察者的)可见性。各种不同的渊源造就了英文诗的这种独特性。这包括大卫·休谟(David Hume),爱默生(Ralph Waldo Emerson),费诺罗萨,休姆(T. E. Hulme),庞德和维特根斯坦,当然还有很多人。正是他们为我们建立起通向庄子、寒山和王维的道路。②

---

① Yip, *Hiding the Universe*, p. xiii. 叶的例子来自宾纳(Bynner)和江亢虎合译的 *The Jade Mountain*, p. 189。艾略特·温伯格(Eliot Weinberger)(*Nineteen Ways of Looking at Wang Wei*, p. 27.)注意到,在稍晚一些的另一译文中,叶将"第一行翻译成几乎无法卒读的'空山:无人'(Empty mountain: no man)"。
② 关于此处列举这种品位的实质内涵,参见 Pound, "A Retrospect," in idem, *Literary Essays of Ezra Pound*, pp. 3-14。葛瑞汉(A. C. Graham "The Translation of Chinese Poetry," in idem, *Poems of the Late T'ang*, pp. 13, 20)以其惯有的清通指出,一方面,"(文言的)力量就在于其具体和简洁","诗中的元素最重要的是具体的意象"。但是,另一方面,"英文读者是通过20世纪20年代的诗人革命才了解中国诗的,这就如同他们总是把波斯诗人看作是悲观厌世、酒气熏天的维多利亚时期的诗人一样"。

无论翻译方法的影响多么重要,无论我们对于翻译"准确性"的要求多么不满,并不意味着否定翻译是被某些因素所决定的,这些因素本身具有某种历史性的序列和等级:正因为我们是历史中的一员,我们才能够感受一种翻译的正确与否,才能够判断翻译是否"为我们"而在。如果我们能够按时间顺序排列起一系列译文,除了简单地标识一个日期之外,它们也许能告诉我们更多东西。它们也许能够告诉我们那些起初隐而不显的东西是如何在时间的流逝中慢慢确立起来的。美国翻译家艾略特·温伯格(Eliot Weinberger)关于王维的小书《阅读王维的十九种方式》(*Nineteen Ways of Looking at Wang Wei*)试图指出这一点。看上去好像"英文中的王维诗"构成了一个有其自身规则和发展方向的独立门类。而那些关于王维诗的本意和翻译成功与否的批评性判断则试图指出这一规则。但是他们总是宣称这一判断是建立在客观对象的基础之上,而不是由人的趣味变化带来的副产品。在这个意义上,王维在英文世界中影响力的起伏几乎可以由那个时期意象派理论扩散的程度逻辑推导出来。由 A 点(宾纳 Witter Bynner 在 1929 年与王维诗的相遇),到 B 点(华兹生 Burton Watson1971 年对于同一首诗的翻译)之间有一条绵延不断的线索,如果沿着这条线索向前发展,加里·斯奈德(Gary Snyder)在 1978 年的翻译就是顺理成章的了。

> 空山不见人
> 但闻人语响
> 返景入深林
> 复照青苔上
>
> ——王维

There seems to be no one on the empty mountain...
And yet I think I hear a voice,
Where sunlight, entering a grove,

Shines back to me from the green moss.

———Witter Bynner and Kiang Kang-hu

好像无人身处空山之中……
我想我听到了某个声音
当阳光,重新照入深林,
青苔上的光重新照亮了我

———宾纳和江亢虎

Empty hills, no one in sight,
only the sound of someone talking;
late sunlight enters the deep wood,
shining over the green moss again.

———Burton Watson

空山,不见人,
仅有些许人声回荡
夕阳照入了深林,
重新照耀到青苔之上。

———华兹生

Empty mountains:
   no one to be seen.
Yet—hear—
   Human sounds and echoes.
Returning sunlight
   Enters the dark woods;

3　书写的威望：文、文字、图画、图像、表意文字

Again shining

On the green moss, above.

——Gary Snyder

空山：

　　不见人。

听

　　有人在说，回声悠扬。

重回的阳光

　　进入深林之中；

重又照耀

　　在绿草之上。

——加里·斯奈德①

　　温伯格的这本小书，汇集了这首短诗的各种重要译本，最后，他将第十九种译本，即斯奈德的译本推为其中之冠且认为表达得最为准确。（本书实际上包括了二十二或是二十三种不同的译文）。在这一线索之

---

① 王维：《王右丞集笺注》，第 243 页。Weinberger, *Nineteen Ways of Looking at Wang Wei*, pp. 10, 24, 42. 关于最后一行中"上"译为"above"（上）。译者斯奈德说，"青苔指的是书上的青苔，而不是岩石上的青苔。"他的导师陈世骧以及他的日本妻子都这样理解。（同上书，第 43 页。）余宝琳(*The Poetry of Wang Wei*, p. 202)译作：

　　　　　　　Deer Enclosure
　　　　Empty mountain, no man is seen.
　　　　Only heard are echoes of men's talk.
　　　　Reflected light enters the deep wood
　　　　And shines again on blue-green moss.

　　　　　　　鹿寨
　　　　空山，不见人
　　　　空中仅有话语的回响。
　　　　重返的光线进入到深林
　　　　阳光重又照到青苔之上。

下,某些相互关联的情形,决定了如今英文翻译中的中文诗的特质:叙述者静静地隐身不见,凌乱的句法被赤裸裸地呈现出来,简单的韵律被整合为强有力的节拍,平行排列的动词变得更加引人注目,最重要的是令读者"看见"那一幕场景(虽然这一场景可能有着多重不同的面貌)。由1919年到1978年,英文世界中的王维逐渐变成了一个意象派的王维。无需更多的证据来证明那句话,正是庞德"为我们的时代发明了中国诗"。正如这四行诗的命运一样,从它的出现到真正得以付诸实施之间,六十五年的时光就此消逝了。

这段时间也是关于中国诗"自然性"的争论作为一种解释立场逐渐浮出水面的时候。于是,问题的焦点很快就由一种中文写作理论(费诺罗萨)变成了翻译实践,由诗歌中的经典(华兹生、叶维廉、斯奈德等)变成了民族志意义上文学接受态度的曲折变化(宇文所安、余宝琳等)。历史的影响总是间接、迟缓和温和的(冒失的费诺罗萨发出的直接呼吁很有可能已然被人忘记,而叶维廉代表王维作出的表述也许从未考虑过所谓的"传统读者")。但是,正是在这一过程之中,中文诗在英文世界里逐渐发出了自己的声音。然而,这只是"某种声音"而不是"它(原本)的声音":追溯历史的结果之一,就是我们将会看到两条路径朝着左右两方渐行渐远。图画诗学和将诗人看作是澄明世界的明证之间有着某种联系,我们不该混淆这两种不同的立场,但也不应该否认它们之间或多或少的相似之处。一旦获知这一诠释系统的家族中包括了费诺罗萨、爱默生、休姆,以及尼采等人,将会有助于理解为何某些概念有如此强大的说服力,而这些概念常常令其他文学学科的人们感到困惑不解。

语义学中的句法

表意文字理论以及它在文学研究中的应用所带来的问题不在于它们误导或是采用了某些可疑的预设(这些对于文学理解来说,都是可以原谅的,因为文学理解从来也不是由公理出发推论而来的),而是在于它使我们只能看到某些特定的篇章,而令其他对象无法进入我们的视野之中。实际上,只要对"文"的讨论仍然停留在所指和语义学范围之内,在关于表现的问题上就会止步不前:表现是直接,准确,充分,真实的还是根本与之相反。我将试着在新的基础上展开这一讨论:以前的传统把文设想为某种与拼音文字,或者是和在亚里士多德意义上与事物或观念之间具有直接关联的表象有所不同的书写方式。与这种看法不同,我力图在文所代表的由局部至整体(part-to-whole)的关系中了解其特质,即在符号的句法之中了解。这意味着,不再关心文本身意味着什么,而是关注它们如何被联接在一起。(许慎的"六书"理论所开启的传统词源学研究,与这一模式并不矛盾:我们应该注意到,相较于按照文字的图像性质进行分类时的主观性,许慎在处理文字之间由部分至整体的关系的复杂排列时,则要谨慎多了)。如果我们过于强调文的语义学意义,而忽视了句法或者(如同费诺罗萨那样)将它归纳为另一种语义学意义上的再现,则未免有些削足适履。[①] 费诺罗萨式的解释对于本方案的意义在于,他宣称这些仅仅是直接的表象,而几乎从未被放在一起考虑过;反驳这一观点其实很容易,我们只要指出那种把对象仅仅看作是因果表现的阅读失掉了多少意义就足够了。

当我们由语法或语境式的角度,而非图像角度理解表意文字(以及与其相应的诗歌形式)阅读时,究竟意味着什么?这难道不会使我们错失掉宇宙书写中蕴涵的神秘力量吗,抑或是迫使我们丢开中文关于文字和意义的那些独特的思想?我们总是在费诺罗萨的意义上看待刘勰对于"文"的彰显,认为他强调的是文字和其摹仿的宇宙之间的统一性。与此相反,我将引用《说文解字》中一段不怎么引人注目的文字,尝试重新

---

① 对于中国诗的语法中句法的某些更深刻的洞见,参见 Kao and Mei, "Syntax, Diction, and Imagery"。

回到刘勰。这句话包含了文的定义和词源学解释,并且同样引用了在刘勰的著作中出现过的古代经典。对于许慎来说,文字的原初意义就是:"文,错画也,""文是交错的线条。"①交错的线条?这一定义听起来如此单薄且模糊。18世纪伟大的语文学家段玉裁在古书中截取了几段例证为这一定义作注,许慎在编纂《说文》时一定也想到了这些。

> 错当作逪,逪画者,交逪之画也。《考工记》曰:"青与赤谓之文,逪画之一耑也,逪画,文之本义。"

线条的交错在工艺品的构图和色彩的排列中最为引人注目。当然,这并非指任意的工艺品,段玉裁所引用的这段文字介绍的是君主服饰上的彩绘,毋庸置疑,其中充满了丰富的意涵。这段文字向我们表明,文是一种标识,一种精心的设计,一种附加的说明,用以区分那些平淡无奇的"无文"之物。但是,段玉裁继续给出了另一个更加著名的例子——这一例子实在是尽人皆知,以至于无需指明它源自《易经》。

> 黄帝之史仓颉,见鸟兽蹄迒之迹,知分理之可相别异也,初造书契。……仓颉之初作书,盖依类象形,故谓之文。②

第二个例子指出了为了阅读、理解,追寻原因,甚至是仅仅身为自然世界中存在物的模仿而存在的文字:文字是象征某种动物的特定形象的

---

① 《说文解字》,9:1.20b。《周易·系辞》中也有类似的说法:"物相杂,故曰文"。王弼(226—249)注曰:"刚柔交错,玄黄错杂。"文的这一特殊意义常见于《易经》和《考工记》,并且与《易经》独特的思想密不可分;在这一点上,《考工记》的说法更加清晰明了,因此王弼引用《考工记》来注释《易经》。与此相应,刘勰采用了王弼的对于文的解释。关于王弼此段文字的译本,参见 Chow Tse-tsung, "Ancient Chinese Views," p. 8。
② 《说文解字》,9:1.20b。关于仓颉见鸟兽蹄迒之迹的故事,参见《周易·系辞》,以及许慎《说文解字序》。这一故事的权威版本参见《后汉书》的记载:"上古穴居而野处,衣毛而冒皮,未有制度。后世圣人易之……见鸟兽有冠角髯胡之制,遂作冠冕缨蕤,以为首饰。凡十二章。"接着重又引用了《易经·系辞》中的那段文字,参见范晔:《后汉书·舆服志第三十》。事实上,这则故事紧随在关于服饰差异的社会效用的讨论之后,用来指出自然和文化需要之间的不同。至少,这会引起那些研究中国早期符号学的学者重新加以思考。参见 Greimas, "Conditions d'une sémiotique du monde naturel," in idem, *Du sens*, pp. 49–91。

痕迹,因此特定的符号表达且意味着某个特定的意义。在此,因果关系而非它们之间的构成关系提供了鸟兽之迹所传达的信息。在这里,阅读无非就是感知(我们应该注意到此处对于文字的理解与亚里士多德关于感觉"再现"之间的相似性)。

如果将其看作符号学的寓言来解读,那么第二个例子恰与第一个相反:自然与人为以及因果与构成总是结伴出现的,因此天生充满意义的符号总是与经过装饰的外在表现息息相关。假如,《易经》中的这段文字给我们指出了语义学的原初图景,那么《周礼》则为我们指出了句法的存在。(刺绣中的"文"就是将"绿色和红色置于一处",因此,文的意义只能在色彩之间的结合处寻求,而非其中任何一个单一存在。)也许,我们应该更全面地引用《考工记》的描述来说明"文"如何成为人工创造的核心所在。

《考工记》曰:"画绘之事,杂五色,东方谓之青,南方谓之赤",在接下来叙述了四方和天地相对应的色彩之后,继之以"青与白相次也,赤与黑相次也,玄与黄相次也"。"相"或"次"指出了对立的两者之间的关系:南与北,东与西,天与地。这种不同色彩的交错看上去是在描绘不同季节穿戴的不同礼服,就如同天子在不同的季节居于明堂中的不同方位一样。但是,这种"相邻"色彩间的结合更加不同寻常,更为特别:每一种都有其特定的名字,并被赋予特定的形象。"青与赤谓之文,赤与白谓之章,白与黑谓之黼;黑与青谓之黻。"①《考工记》创造了一种"装饰的语法"(请允许我重新使用这一19世纪的叫法)②——一整套周朝习用的文饰规则和形式。无论源自自然还是约定俗成,色彩总是充满意义。礼服上的种种形象当然也是如此。然而,正是源自不同背景的色彩和图像裹挟

---

① 参见:《周礼·冬官·考工记》,"画绘"。《考工记》是《周礼》的最后一部分,据传是汉代中期补入;段玉裁所引用的段落,杂糅了《尚书》、《左传》、《礼记》和《论语》(后者的引用颇为取巧)。无论它出于何时,在刘勰的时代无疑已经成为经典。
② Jones, *A Grammar of Ornament*.

的意义构成的句法或组合,使得这些出自手工的作品作为一个整体在最广泛的意义上成为一种"文物"。与前述"鸟兽之迹"的故事不同,《考工记》的描述指出了意义本身和有意义的对象是如何在无意义的事物之中产生出来的。当我们将自然与文化对立起来时,服饰无疑是某种充满意义的存在。如果我们试图彰显"文"这一能指的双重意义,也许可以说,与通常所认为的王权是由人赋予礼服的看法不同,正是那些满载"文"的礼服,在将它们穿在身上的人们中间深深镌刻上王道的痕迹。由鸟兽之迹推论出鸟显示出良好的技巧,而由权威的符号推论出权威的基础则与我们惯常的理解有所不同。倘若这两种技艺完全相同,也许文化最终会变得清晰透明。表意语法正是如此希望的,无疑,这一语法塑造了中国文化的形象。又有谁能因此而责怪它们呢?

但是,这两种方式并不相同,它们之间的差异恰恰构成了所有的社会成员生活于其中的意义境域。《左传》记载了博学多识、精通礼仪故实的臧哀伯向刚刚获取郜之大鼎的宋殇公进谏的故事:

> 君人者将昭德塞违,以临照百官,犹惧或失之。故昭令德以示子孙:是以清庙茅屋,大路越席,大羹不致,粢食不凿,昭其俭也。衮、冕、黻、珽、带、裳、幅、舄、衡、紞、纮、綖,昭其度也。……火、龙、黼、黻,昭其文也。五色比象,昭其物也。……夫德,俭而有度,登降有数。文、物以纪之,声、明以发之,以临照百官,百官于是乎戒惧,而不敢易纪律。①

与自然中存在的符号不同,人为设置的符号的关键缺陷在于它有可能失败而变得毫无意义。如果人君希望通过运用某物来昭其令德的话,这些物品必须能够胜任他依照其利益提出的种种要求。这是对符号这个词在东西方不同的概念系统中所代表的意义进行的传统中国式反思,

---

① 《左传·桓公二年》,5.7a - 16a。在这里,"文物"作为一个复合词出现在汉语之中,意味着"具有历史价值的对象"。

而绝大多数西方文献认为二者之间没什么不同。西方人在说明刘勰描述"文"时所倚赖的哲学背景时,常常只彰显其中的一个面向,即将"文"看作是"自然图像"或是"表意文字"。并且习惯将其当作中国性的特质。①

至少我们已然打破了这一有些偏颇的简单化倾向。

事实上,仔细观察那些被冠以"文"的一系列行为,无疑有助于我们对刘勰所言及的"文"加以定位:这是一种文化的典范,某种基于信仰的希望,并且因此被赋予某种独特的力量,这与对刘勰的描述进行图像式解读得到的结果截然不同。这也使得我们可以由另外的角度理解刘勰对于"文"的推崇,首先将其理解为一种"构成"。(宇文所安在其1992年发表的论文中,显示出这种理解方式的转变。)这样一来,刘勰的那段话就充满了各种暗藏的引语。在语义学的视角之下,"文"自身即是其作为差异、比喻和典范存在的证据。但是,为了在书写中重新呈现"文"的诸种行动,刘勰必须对其进行某些修正、整理和重构:对于那些深谙《礼记·乐记》中的词汇的读者来说,刘勰列举出的相关的差异和相似正是建构中国社会和艺术秩序的关键所在(天,地;高,卑)。在此,差异必须被真的理解为"差异"而不是原子式的位置的不同(那些讨论礼仪的文本坚信,在一对相反相成的关系中,离开了其中一方,另外一方根本无法想象)。②《乐记》言道"声成文,谓之音",并且进一步规定:只有做到"五色(这里也许指的是与五音对应的五种元素——作者注)成文而不乱,八风从律而不奸"③,音乐才足够完美。所成之"文"也许来自自然,但是,摹仿它则需要人为的努力——其中总是会发生破坏和扰乱。一种致力于同时保存刘勰所说的书写的内容和书写结构的方式可以看作某种翻译行

---

① 参见 Jullien, *La Valeur allusive*, pp. 24 - 28。
② 对于结构性差异的强调是礼仪美学在音乐方面的突出之处。《坊记》有大量关于这一原则的实践例证。
③《礼记·乐记》,37.4a,38.10b - 11a。

为,这种行为致力于翻译那些可以被文化熏染的头脑感受到,并且为我们的真实体验所觉察的诸种差异——持续不断将诸种自然的指称转化为文化和文本情境中的存在。刘勰为这样一种翻译的存在留下了空间,他将其称之为心灵,其目的在于关注如何在感知自然的过程中重构其秩序。如果这就是刘勰的计划,那他无疑与费诺罗萨所设想的大相径庭,即使这两条道路在某些地方可能会遵循同样的路线。

行进的方向——操作中的秩序以及结构中隐含的句法——带来了所有的差异。如果意识形态(很糟糕的一个词,但是在当今的文学批评中又是随处可见)已经指出了人类将历史事实伪装成自然事实的实践行为,那么刘勰所写的这段文字将会成为某种陷阱。如果将其理解为作者身处的语义学世界的图像,那么它表达的就是纯粹的中华帝国的意识形态;将它理解为"成文"的行为——正如我在本文中讨论的第二种解读方式——它就变成了如何建构帝国意识形态的说明书。然而,在绣工眼中,腾云驾雾的龙都化作了细小、零落的针脚。这也许就是刺绣上的龙得以产生不得不付出的代价。与此相同,阅读这一活动变得不再仅仅是阅读书写的内容,也开始阅读书写的过程,以及由每一个具体的书写过程汇聚而成的整体。这也是为何对于中文文字的语义学描述总是不够的(特别是一种单纯的表意—象形文字理论更是如此);这也是为何那种将中文理解为宇宙秩序直接体现的理论无法令人满意的原因,即便我们能如刘勰那样对文本深思熟虑,加以体察,文本试图传达的丰富内涵仍然会变得平淡无奇,支离破碎。① 在一个假想的中文中的"自然主义"诗学和符号学中,寻找所谓的"西方"分析传统的对立面无疑是一个错误(虽然也许注定如此)。对立双方也许会发现同一套逻辑。

---

① 关于书写(包括书写的所有形式:经书、诏书、账目、封条、备忘录、天启的神谕、文学作品,以及各种风格)在汉帝国形成中起到的作用,参见 Lewis, *Writing and Authority in Early China*。

节奏,抑或语义之外的秩序

本尼迪克特·安德森(Benedict Anderson)将现代民族主义兴起的原因归结为"三个极其古老的文化概念已不再是不证自明的公理,而无法使人服膺了",它们分别是神圣文本、天赋皇权,以及那种认为"宇宙论和历史是无法分割的,世界人类的起源本质上是同一的历史概念"。① 安德森认为,这种宇宙观念的衰落是19世纪才逐步发生的事情。然而,在我看来,这三个概念对于生活在刘勰的时代,受过教育的中国人来说,已然并非那么"不证自明"了。彼时,几百年来群雄迭起、各立政权,其中虽有不少源出"蛮夷",却无不以正统自居;可无论哪个政权都无法在时间、空间中赢得无可质疑的"天子"权威。当然,20世纪的读者们就更不会将这些关乎书写、权力和自然的概念视为公理。虽然近来人们多少有些排斥关于中国文化秩序的传统看法,不再把它看作是对于经验的自然和直接的反应,但是,仅仅意识到人的感觉源自社会塑造,并且社会秩序总是被赋予了各种意义还远远不够。② 这会是另外一种可能吗——社会秩序自信满满地将自己看作是唯一正确的选择,并且开始怀疑任何试图将社会秩序建立在自然之上的努力都是那些拥有权势的人的一厢情愿。暂且假定答案是肯定的。那么,我们这些注定要与中国文学打交道的人,又该如何通过阅读方式来回应这两种可能性呢?

本文试图扩展那种认为秩序是人为建构的观点,并且希望能博得读者的认同。那种旨在将艺术建立在自然基础之上的修辞,为服从其论证的需要,刻意忽视自身的造作痕迹。所以,必须有一个自然,艺术才能在与之对抗中产生,否则所谓的基础本身就成为空中楼阁。这种修辞把自

---

① B. Anderson, *Imagined Communities*, p. 36. 同时参见杜赞奇(Duara)的批评性著作 *Rescuing History from the Nation*, pp. 52 – 56.
② 参见 Owen, *Traditional Chinese Poetry*, pp. 27 – 34.

己看作将艺术嫁接于艺术,将(感知的)秩序赋予(假设的)秩序。但是,事实上并不存在这样一种有限(或者限制在自知之明之内的)法则能够适用于这种修辞。那种认为中国人(或者是古代中国人)信仰龙,或者至少愿意信仰龙的看法,并不能在龙和作为装饰性的刺绣之间作出什么实质性的区分。实际上,我们关于龙所知道的一切都是来自既能绣出龙也能向我们描述整个过程的人——例如,刘勰。

但是,采用刺绣者的观点——或者用社会建构主义者的观点解释中国文学中复杂的意义网络——并不意味着最终必然会疏离或是拒斥权威。刘勰同样可以告诉我们强有力的社会神话是如何围绕着书写(或者是王权)在对冰冷的自然所提供的种种材料加以锤炼和编织的过程中成长起来的。① 在这一点上,中国比其他地方更为突出。但是选择接受人为建构的诗学理论,并不意味着自动将帝国的秩序与其种种教条抛诸脑后。我们所做的也许只是对于作品的了解。

现如今我们已经非常习惯社会建构主义理论这套说法,甚至愿意将整个中国文学的自然意指过程当作一个例子,把它看作是由一套与我们不同的社会规则建构起来的世界。但是,在我们对于自身的进步和文明(而且是后现代文明!)沾沾自喜之前,我想指出,这种后启蒙形式下的社会建构主义理论对于中国思想或者是研究中国的外国人来说从来不是什么新鲜东西。身为涂尔干的学生和列维-施特劳斯的老师,葛兰言对刘勰笔下神圣的"文"隐含的历史性和社会性解读无人可比。不可否认,葛兰言常常因其对于中国文化粗疏且非历史性的解读遭人诟病。② 但

---

① 关于君主的角色是促成多样性之间的和谐的观念,《国语》中有精彩的表述,参见《国语》16,"郑语",特别是 16.3b - 5a. "声一无听,物一无文"。还可参见冯友兰:《中国哲学史》,第 59 页讨论这一问题的相关段落(Fung Yu-lan, *A History of Chinese Philosophy*, trans. Bodde, pp. 34 - 35.)。关于君主作为发明者,参见 Lévi, "Le mythe de l'âge d'or"。女娲"炼五色石"补天的神话,常常被诗人作为看作帝国创造的神话。
② 丁文江在 1931 年写道,葛兰言的描述"完全无视时间因素;习俗和信仰被描绘成有史以来就是如此存在的"(引自 Rémi Mathieu, "Postface", in Granet, *La Civilization chinoise*, p. 566)。关于葛兰言和结构主义的关系,参见下文第 7 章。

是,葛兰言身为一位礼学专家,试图在对于传统礼仪记录的注释中重建早期人为建构的过程。当我们重新阅读他的注释时,那些在他的历史描述中没有时态、概念化的时间重新回到了塑造历史经验的创造性时刻,那些历史再现的时刻。我们可以用他对于阴阳五行宇宙论起源的精彩论述为例:

> 早期中国对于时空的表现,并非出于某个简单的单一感官或是对自然的观察,而是源自纯粹的社会活动。其中的元素是来自于两种对立趋势之间斗争的形象,在某些特殊的运动环境中,采用某种竞争仪式的斗争……建立在简单的对立和交替基础之上的双重韵律,主导了社会的结构。同时也支配着时空的双重再现……建立在扩散和凝聚的两种不同阶段之间相互对立原则之上的(时间和空间的)这种节奏构成方式,第一次通过相互关联的关于简单的对立和交替的观念表达出来。而对于时空的表达从一开始就与对于距离和绵延的价值的不同感受联系在一起……①

葛兰言对于中国历史的重建(一个雄心勃勃的计划)将社会组织看作是决定自然如何被表现的重要因素。我们只要稍一接触他描述的历史性神话就会留下这一印象。但是,如果我们读得更细致一点就会发现,节奏——纯形式意义上的句法,在所有内容之先的句法——"主导"着社会现实。"建立在单纯的对立和交替之上的双重节奏,主导了社会的结构,同时也支配着时空的双重再现。"葛兰言表面上非历史性的描述尝试在某些尚未成为历史的对象中展开历史。"交替"和"对立"是两个奇妙的概念,横跨语言学和政治学两个领域。一个概念或者音素可以与其他有着相似功能的元素相互交替;特定语境中,交替使得我们能够意识到差异和功能上的对立的存在(例如"Pig versus big",无论是否发音,都显示出 p/b 的对立)。政治上的交替使得权力能够由统治一方有序地

---

① Granet, *La Civilization chinoise*, pp. 93-99.

转移到它的对立面(如同在某个特定的礼仪结构中或者是选举民主制度中发生的那样)。葛兰言的故事现在呈现出三层含义:它可以被读作关于自然秩序如何在社会秩序中产生的故事,这故事就变成了某种具体的说明;还可以被读作某种语义学的甚至是一种仅是潜在的能指的秩序。如同《考工记》一样,葛兰言在纯粹的形式(差异、重复、节奏、顺序)之中发掘出意义。它们都指出一系列复杂形式的整体效果是如何源自那些简单的部分,并且最终变得对语义学而言是有用的。对于费诺罗萨来说,自然界中的闪电给观察者留下了如此深刻的印象,使他以如画的文笔对其加以模仿,这一形象从此在几个世纪中回响:这是一种典型的语义学传播模式。而在葛兰言关于帝国秩序建构的描述之中,形式首先出现,然后才是内容。意义的出现紧随在节奏发明之后——时间性的句法静待内容出现。① 对立面不断交替的政权让位给某个独特的时期,差异之轴将自身转化为某种空间,王可以安居其中。伴随着神圣王权赋予的权威,刘勰将书写置于这个空间的中心。本文开始所引用的那段话,继续说道:

> 夫玄黄色杂,方圆体分;日月叠璧,以垂丽天之象;山川焕绮,以铺理地之形;此盖道之文也。

我们可以依照句法式的阅读理解文的意义——秩序和间隔在红与绿中都无处可寻,而仅仅在它们被置于一起时才会发生。我们不再看到单独的日月,而是注目于它们之间的差异——这听上去对于中文诗的读者来说是一个困难的任务,但是为了能够参与到"文"的创作过程之中,无疑值得奋力一试。

---

① 换句话说,韵律提供了一种纯粹的句法形式。墨斯电码同样"提供了一个只有一种普遍逻辑秩序的符号系统的例子"(由无意义的部分组成的句法)。"我们可以证明'+-'是一种有秩序的逻辑关系,因为它们惟有靠秩序加以区分"(Mulder and Hervey, *The Strategy of Linguistics*, p. 79)。

4 总是多重的翻译：或汉语如何失去了语法

如果真的要解释汉语是"因何如此"的,那我们不仅要解释汉语如何失去了语法,还要解释它是如何失而复得的。但是,这样一来,这个失而复得的"它"就变成了问题所在。因为,汉语是在某种意义上失去了语法,而所谓的重获则又是在另外一层意义上了。如果更为严谨一点,与其说有某些新的事实改变了我们原本的假设,毋宁说是对于"语法"概念本身的理解发生了变化。① 这个故事揭示了语言学的历史是如何地断断续续、率性随意,也许这可以看作艾柯(Umberto Eco)所说的"吉卜赛人

---

① 关于这一点,参见 Ramsey, *The Language of China*, pp. 49-57。关于欧洲人对于中文语法的观念的历史,参见 Egerod, "Typology"; Harbsmeier, "John Webb and the Early History of the Study of the Classical Chinese Language in the West"。早在1912年,Morgan 在他的 *Wenli Style and Chinese Ideals* 中就指出"没有语法的语言"这个说法根本没意义。在此我不希望再现欧洲和北美对汉语研究的整个历史,而是希望能够回溯一种颇有影响的理解上的偏差。对于汉语的语法研究肇端于 Stanislas Julien(*Syntaxe nouvelle de la langue chinoise*, 1869—1870)和 Georg von der Gabelentz(*Chinesische Grammatik*, 1881)。第一部中文撰写的研究汉语语法的著作是马建忠著于1898年的《马氏文通》。据他自己说,撰写这部书是为了能够回应对于汉语的轻蔑。因此这部书取代了马氏原本计划写作的关于经济、外交和知识产权改革的著作。马建忠曾经接受了传教士的教育,并被李鸿章送到法国学习政治制度,因此,他是1898年改良的代表性人物。

的都市规划"笑话的一个绝佳例子。① 最终的结果将会把我们带回到那些做帐篷的人面前,那些学科基础理论的建立者面前。②

现在已经不再流行说汉语"没有语法"了,再煞有介事地反对这一名誉扫地的看法,多少有些不切实际。检视这一错误历史的原因是双重的:重建这一历史,我们也许可以恢复某些概念的语境,伟大的19世纪比较语言学家们正是在这些语境中讨论汉语,与此同时,我们也会对"比较"这一行为有更多的了解。我对汉语理论的研究,为比较研究提出了两个建议。我认为,我们应该时刻牢记这两个问题:首先,研究对象的诸多事实是不偏不倚地给予我们的,还是研究者和对象之间互动的产物?如果是后者,比较研究的工作就应重新定义为去探究这一互动的过程——对于我来说,这是比简单地作出相似或差异的评价更有趣的事情。③ 其次,当我们确立了某种互动行为,是否能够确认已经将所有相关的影响因素都考虑在内了?在中国研究中,我们往往倾向于将一个固定不变的中国形象与"西方"对立起来,并且由此归纳它们之间的差异。这一西方概念是1900年前后在欧洲帝国主义扩张国家的态度中固定形成的。二分法很容易讨论各种问题,但是,在我看来,同样很容易遗漏掉比较中常常必不可少的第三方。这也是关于"语法"争论的症结所在。初看上去,翻译这一行为好像仅仅包括两个方面:翻译的源语言和目标语言。然而,对于汉语语法各种观念的历史变迁推翻了这一简单化的想象。在这一情境中,即便是最简单的类型学对立,即便是最明显的二元分类也是在头绪多端、层次复杂的互动中产生出来的。

---

① 艾柯在他的小说《傅科摆》(*Foucault's Pendulum*)中让其中的人物设想了一所"比较不相干学校,教授无用或不可能之课程"。其中举出的不可能的例子即是"吉卜赛人的都市规划",众所周知,吉卜赛人居无定所,因此,这是某种荒谬的设想。——译者注
② Eco, *Foucault's Pendulum*, pp. 74–75.
③ 提及"互动",我脑中浮现的是爱因斯坦关于时间和空间的相对论出现之后,物理学家们如何学习测量的方式。关于那些谈论测量、观察者和互动的有趣文献,参见 Dewitt and Graham, *Many-Worlds Interpretation*. 对于这种"普遍经济"的哲学和文学上的研究,参见 Plotnisky, *Complementarity*.

互动

十七八世纪的欧洲人讨论汉语时,往往集中在那种结合了语音和语义两种线索的文字系统之上。对于他们来说,这是汉语独一无二的特色。没有人会关注究竟是什么规则将这些不可思议的文字组合成了一个句子。① 但是,当语法在19世纪早期成为讨论的中心问题之后,西方学者对于中国的看法改变了——中国不再是对西方多有裨益的高级文明,而是一个极度缺乏西方社会自视拥有的诸多优点的社会。汉语曾经被称赞的丰富性,现在则变成了一种缺陷。语言学中以历史语言学和比较语文学代替了普遍语言,这个转变也带来了对于汉语的重新评价。特别需要指出的是,对于汉语的重新评价并非是建立在任何新的信息来源的基础之上;西方对于中国的了解在1750年到1820年之间几乎没有多少变化。②

伟大的美国语言学家惠特尼(William Dwight Whitney)1864年首次在史密森学会(Smithsonian Institution)做了一系列题为《语言与语言研究》(*Language and the Study of Language*)的讲座。他的研究可以向我们表明,以某些因素的缺失为基础建立起的对于语言的描述会是何等样子。在讲座中,惠特尼希望能让他的听众对于古代汉语严格的单音节性质留下深刻的印象,因此他说:

> 也许在一个中文句子和它相应的英文翻译的比较中我们会有所发现。如果我们尽可能还原中文的样子,中文会说:"王说,圣人! 不远千里来,也将会有利于我国吗?"意思是:"国王说:哦,圣人,既然你不远千里来到我的国家,难道你不是为了给我国带来利

---

① 关于突出符号而非句子的倾向,参见第三章。
② 关于这一转变的历史,以及其资源和接受过程,参见 Etiemble, *L'Europe chinoise*。

益吗？"①

他引用的这句话，是中国传统中影响最大的哲学著作《孟子》的第一句："王曰：叟不远千里而来，亦将有以利吾国乎！"惠特尼刻意拿腔拿调的摹仿，明显是为了震慑一下他的听众。为了更恰当地了解维多利亚时期人们对于孟子的翻译，可以参见理雅各（James Legge）在惠特尼讲座的三年前刚刚出版的译著："The King said, 'Venerable sir, since you have not counted it far to come here, a distance over a thousand Li, may I presume that you are provided with counsel to profit my kingdom?'"②惠特尼和理雅各都给《孟子》的句子添加了某些西方人习惯的句子结构，正是这些结构决定了翻译中最值得注意的地方。理雅各希望能让王用参与哲学对话的方式言说——因此，他将这段对话翻译成苏格拉底和他的雅典朋友之间彬彬有礼的对话形式。本杰明·乔伊特（Benjamin Jowett）在 1860 到 1870 年代将柏拉图的对话录翻译成流畅的英文。③ 普遍的语言和风格形成了世界性哲思的前提（也是一种终极的目标）。然而，这种将孟子引入欧洲思想世界的方式，无疑是将孟子看成是野蛮人。这种方式只能给理雅各一直以来孜孜以求希望实现的文化间的互相接受设置更多障碍。

然而，惠特尼的目的不在于哲学上的相互吸收。如果可能的话，他更希望揭示出孟子如何无法融入一般性的知识话语。（在这一点上，惠特尼受惠于奥古斯特·施莱德［August Schleicher］和弗里德里希·冯·施莱戈尔［Friedrich von Schlegel］，在对于语法的不同描述中显示出地缘政治的遗产。我将在下文中更清晰地展示他们的观点。）这是为了展

---

① Whitney, *Language and the Study of Language*, p. 331. 惠特尼引用的《孟子》引自 Schleicher, *Die Sprachen Europas* (1850), pp. 50 - 52, Schleicher 则是选自 Stanislas Julien, *Meng Tseu vel Mencius* (Paris, 1824), p. 1。
② Legge, *The Works of Mencius*, Book I, part 1, in idem, *The Chinese Classics*, 2: 125.
③ Jowett, *The Dialogues of Plato*.

示差异进行的翻译。为何会如此？惠特尼将他自己的翻译方法描述为将原初的形态"尽可能接近地呈现在"英文中，这种方法带来了某种特殊的人类学意义上的模糊性。词对词的直接翻译希望能呈现某种超乎寻常的"接近性"（nearness），在翻译的源语言和目标语言的每个词之间一一对应，不允许有任何的含混和释义。即便如此，译者也不能保证所有的东西。仅仅是描绘"尽可能接近的"想法过程就已经无法相容了。译者对于"接近性"协议的遵守越能够令人信服，读者对于陌生感的感受就会越清晰，就越能够感受到与原初语言之间的距离。如果说理雅各预见到了基础英语将成为全球通识，那么惠特尼则开启了本雅明·沃尔夫（Benjamin Whorf）的道路，这两种翻译的模式看上去都试图使对方成为不可能的任务。

语言学家用某种洋泾浜英语来追求超乎寻常的接近性，不仅希望把意义从一种语言转换到另外一种，还希望能够包括句子中的句法。这种追求为我们提供了某种形态学意义和历史意义上的独特研究对象："字面"翻译。当本雅明（Walter Benjamin）说"《圣经》不同文字的逐行对照本是所有译作的原型和理想"时，一定经过了审慎的思考。他进而引用歌德（Goethe）对于译者的抱怨说："这些译作总是要把印地语、希腊语、英语变成德语，而不是把德语变成印地语、希腊语、英语。我们的翻译家对本国语言的惯用法的尊重远胜于对于外来作品内在的精神的敬意。"① 本雅明和歌德心中对于德语作为一种能够在翻译中存在、成长的世界性语言充满兴趣。② 但是这对于19世纪的学院语言学家来说看上有些太过于浪漫了。对外文结构的过分殷勤意味着对于母语的特殊性和真实性的忽视。由意识形态角度来说，这是语言学中诸种分

---

① Benjamin, "Die Aufgabe des Übersetzers," in idem, *Gesammelte Schriften*, 4.1: 20-22. 全文参见氏著 *Illuminations*, pp. 80-82. 中译本参见本雅明著，汉娜·阿伦特编，张旭东、王班译《启迪》，北京：三联书店 2008 年 9 月。第 100, 98 页。
② 关于世界性的浪漫理想，参见 Berman, *L'Epreuve de l'étranger*。

歧的表现：民主和保守浪漫主义之间的分歧，对于普遍自由的渴望和对于传统秩序的认同之间的分歧，以及早期的华兹华斯(Wordsworth)、柯尔律治(Coleridge)和施莱戈尔(Schlegel)与他们自己的晚期思想之间的分歧。

  对于大多数读者来说，不符合语言习惯的翻译几乎不能算是翻译；即使是在某些神圣文本的翻译中也不例外，原文和译文逐行对照的翻译需要更多的释义来弥补二者之间的差距。洋泾浜式翻译的不完整性表现为一种不对等关系，这指的是目标语言中的正常言语和源语言中的犹豫不决、模糊不清或是有些过渡的言语之间的不对等关系。尽管，我们可以对这种差异和不对称性做纯形式上的描述，这种洋泾浜风格也唯有在19世纪特殊的条件之下才能得到应有的承认。这些条件跟一些重要的名字联系在一起：卢梭(Rousseau)、赫尔德(Herder)、弗里德里希·冯·施莱戈尔(Friedrich von Schlegel)、洪堡(Wilhelm von Humboldt)、弗兰茨·葆朴(Franz Bopp)。潜藏在这种风格之下的翻译过程——直译、双语对照，以及第二语言在翻译中留下的不对称性——一定和语言自身一样古老。① 我能想到的最早的例子，是阿里斯托芬的喜剧《地母节妇女》中的西徐亚警官，总是用"我、泰山，你、简"这样的句子说话，常常乱用希腊语中的动词和格——但是，就像威廉·丁多夫(Wilhelm Dindorf)首先发现的那样，他总是能恰如其分地使用格律。卢梭无法理解为何一个奴隶能够意识到他的两只脚是一双并且归入到一个单独的名词"脚"。（很遗憾，卢梭从未试着从这个新鲜的视角描述世界；如果他这样做了也许会推翻我们的"语言"概念。）正如本雅明所指出的，对于神圣文本的翻译需要在源语言和目标语言的句子之间进行更加细致的比较。这种比较能够激发出某些补偿性的表示方式：例如，钦定版圣经用斜体

---

① 关于这一过程，参见 Weinreich, *Language in Contact*。关于中国的洋泾浜翻译，参见 Bolton, "Language and Hybridization"。

字表示那些不能与原初语言中的词汇一一对应的词。但是,语言类型学和比较语法的时代带来了种种新的课题,而洋泾浜翻译正可以为此提供坚实的基础和合法性。洋泾浜翻译代表了语言之间的不可通约性,它使这一点真实可见。正因为汉语被看作是"无语法"的语言,好像最能支持这种洋泾浜翻译的存在。

回到惠特尼:他为中文作出的努力并非是为了拓展英文的边界,而是为了指出中文与其他语言之间巨大的差异。基于这一点,他在系列讲座中将全球范围内的语言划分成不同的类别。谈到东亚大陆的语言时,他指出:

> 这些语言的共同特征是它们都是单音节的。如同我们已经总结的那样,对于所有人类的方言来说,它们的表现更接近于原始阶段的黏着语和屈折语。它们尚未开始将语言中那些曾经单独意指的元素融合进复合形式。而这是所有其他语言的历史和发展中的主要进程。举例来说,中文仍然没有小词根,用粗糙的、模糊的形式表达观念,不加分别地使用名词、动词,副词等等……对于结构和历史如此简单的一种语言,我们无需多说,只要指出以下几点就够了:这是一种可以看作没有语法结构的语言,没有屈折变化和词性的区分,同时这种语言四千年以来的变化比起其他大部分语言四百年内的变化还要少,甚至还比不上很多语言一个世纪之内的变化。①

洋泾浜翻译满是漏洞——中文和英文之间因局部的、结构性的不对等造成的小问题比比皆是。惠特尼希望能够说服我们,将这些漏洞看作历史性的缺席。其他语言已然脱离了单音节阶段,或者像英文那样,已经开始重回那一阶段,而"贫乏残缺"的中文则始终停留在初始阶段,并

---

① Whitney, *Language and the Study of Language*, pp. 330 – 334.

且看不出有任何改变的需要、潜质,抑或是机会。① 用洋泾浜英语翻译孟子可以看作是想象中的通道,经由它我们才得以回到某种原始状态,那种所有的单词都是词根,除此之外一无所是的状态。在当下的言语中,形式上的并列表示那些原本应该发生,却从未出现的历史。正是这种状态将汉语遗留在了语言学历史中融合和屈折变化出现之前的"原始阶段"。② 对于我们这些经历了这一历史发展的人来说,这可以看作某种回顾,翻译中的释义给我们提供了历史总结的经验,除非他们学习了某种类型学的语言,了解语言发展的历史,否则中国的读者们无论如何无法了解这些。历史中确定下来的翻译由此构成了一种不平等的交易:它告诉我们,某种语法拥有更多的语法规则,其他的语言在这一点上又是如何匮乏。汉语在语法上的缺陷("缺乏语法结构……言语中没有屈折变化和词性的区分")无疑成了乞丐口袋上的洞,在那里,那些中文拥有而为英文或者德文所无的东西,都被视而不见,被译者的高超技巧给过滤掉了。这包括:汉语可以用不同的音调来区分相同的音节,或者建立在语义基础之上的包括至少四千个独立字符的文字系统。

因此,洋泾浜翻译只能在一个方向上起作用,把含义丰富的一方翻译成较为贫乏的一方。这一点有结构上的原因。因为,当我们试着逐字逐句翻译另外一种语法表达更加精巧的语言时,如何来填补我们语言自身字句之间的空白呢?由中文翻译成英文或德文比较好办,施莱德和惠特尼插入了大量显著的空白和错误,标示出语言上的差异。但是,当我们由一种更为丰富的语言翻译过来的时候,会有大量的符号使得译作结结巴巴,不忍卒读,完全超出线性语言资源。沃尔夫在图 4.1 和 4.2 中指出了这一点。

---

① 同上。P. 257. 关于"贫乏残缺"需要加以说明。Georges Devereux(*From Anxiety to Method*, pp. 162-177)用了一整个章节讲一个故事,其中医疗从业者们对于那些部落中人们的与他们自己不同的那些身体特征的反应,就像是对待某些缺陷(有时是漠视,有时是夸大这些差异)。他们同时会在焦虑中面对这些人为设想的缺陷,好像它们威胁到他们自身机体的完整性。
② 类似的说法,参见 Humboldt, *Sur l'origine des formes grammaticales*, pp. 102, 105, 147.

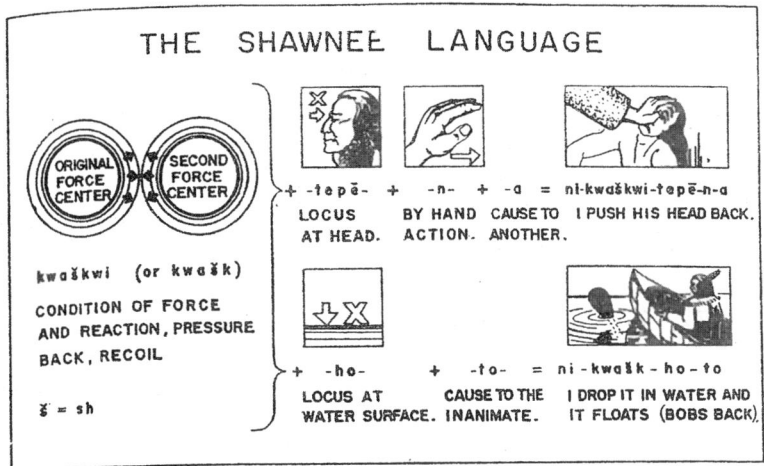

图 4.1 在英文中"我把他的头推回去"(I push his head back)和"我把它扔进水里漂走了"(I drop it in water and it floats)两句话并不相似。但是,在肖尼人(Shawnee)的语言中,与这两句话对应的表述非常相似,都突出强调对于自然的分析以及由语法规定的范畴中的相似对事件进行分类。

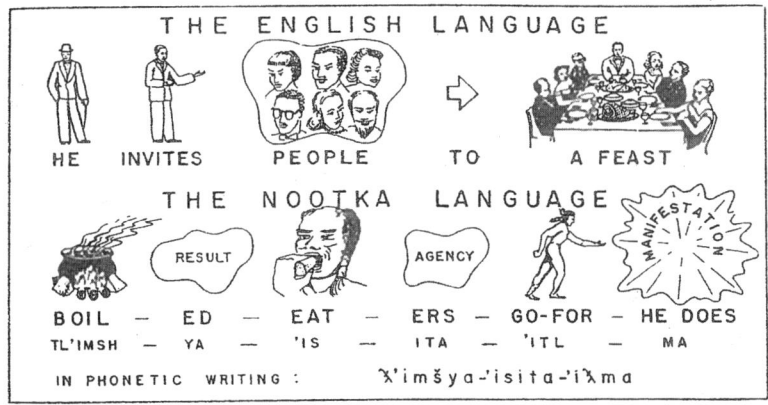

图 4.2 此处表示的是英文和努特卡语(Nootka)描述同一件事情的不同方式。英文句子可以分为主语和谓语;努特卡语则不然,但是,它仍然可以完整且合乎逻辑地表达意涵。努特卡语中这句话甚至只用了一个词,由词根"tl'imsh"加上五种后缀组合而成。

4.1(上),4.2(下)通过图像表达出语义学和语法上的不可通约性。选自 Benjamin Whorf, *Language, Reality and Thought*, pp. 235, 243。

关于不可通约性的争论根据被描述的语言和描述自身所使用的语

言的不同,采取了完全不同的形式。在孤立语(isolating language)①中(我很快会对这种类型学区分加以批评),以之为母语的人表达出来的思想中的某些差别通常会被那些外来的研究者轻易忽略,而这些差别在研究者的语言中是十分重要的。而在黏着语或者是更为复杂的屈折语中,研究者或多或少总会注意到思想之间的差别。② 翻译的等值性中必须提及的那些丰富的小品词成为某种测定的基础。在此基础之上,我们才能说我们无法简单地用这种表达事物的复杂方式来言说人的思维过程。

翻译产生出了不对称性和不可通约性,同时令我们把这些结果看作是研究对象本身固有的特性,而不是翻译过程的产物。当惠特尼宣称要"尽我们所能地贴近"中文时,像所有文学翻译者一样,他其实在合成一种新的语言。这种语言的特质唯有在与源语言的关系之中才得以存在。在惠特尼这里,源语言无疑要更加丰富。对他来说,汉语只是英文的某种方言:唯有当它被置于英语的对立面时,才被看作是不完整的,唯有对于它自身之外更多的期待,汉语才会看上去有这样那样的"不足"。为了扭转源语言中所隐含的人类学意义上的含混不清之处,我们可以说:如果对于惠特尼的原始听众来说,翻译的"贴近"制造出某种距离感,这种距离感只有靠放在家门口的东西才能取得。

这并不是说惠特尼对于汉语的描述是错的或是狭隘的。说汉语既没有屈折变化也没有词性并且因此"没有语法"未必一定是错的。错误在于,在没有澄清我们看待汉语的标准时,就宣称这些经由比较得出的结论。问题如此提出,却罔顾我们判断的标准本身是否有意义。假如惠

---

① 译者注:孤立语的主要特色即是缺乏形态变化,也就是它不是通过词的内部形态变化来表达语法作用,而是通过虚词和语序等词本身以外的成分来表达。例如汉语、壮语、苗语、彝语、越南语、缅甸语、马来语等,其中越南语是最典型的孤立语。
② 相关的例子参见 Fingarette, "A Way Without a Crossroads," in idem, *Confucius*, pp. 18-36。其中,他指出孔子从未设想过道德选择。Hansen, *Language and Logic*,其中指出,中文设定了一种充盈的形上学,而不是关于实体、个体或阶层的形上学。

特尼说的是,"如果英语被看作,或者是假设为丰富的,那么汉语不免有些贫乏",那么这将是对于语言间互动的精准描述。而不是如同现在这样,将翻译过程中充满偏见的描述当作真相。

演变

在惠特尼这里,对汉语的判断成为洋泾浜翻译影响之下的一面镜子。(大量比较文学最终都变成了映射下的镜子或是跷跷板效应的表现。)人们必须在更广泛的语境中理解汉语缺乏语法的评价。仅仅以英文作为单一的对照对于重建这种语境远远不够,唯有至少多考虑一个互动的因素,我们才有可能看清这一评价可能带来的结果。与汉语的贫乏相对应的不仅仅是译者使用的相对丰富的习语——无论英文、德文还是其他语言,最重要的是梵文和原始印欧语那种想象中的辉煌。这才是当我们谈及"中文如何失去语法"时真正相关的东西。

无论19世纪的语言学家对于汉语是赞扬还是贬低,他们都常常提到古代汉语的某些特点,例如:汉语的"孤立性",单音节的节奏以及不受形态标记的束缚等等。他们依据语法结构对于语言类型所做的各种区分,在汉语这里都遇到了"零点"(degree zero),因为汉语在他们看来根本没有语法。弗里德里希·冯·施莱戈尔(Freidirich von Schlegel)1808年出版了一篇文章,题为《印度人的语言和智慧》(*On the Language and Wisdom of the Indians*)。文章中,他把所有的语言分成两类:一类是通过词根的变形表现语法关系的;另一类则是词根不做任何改变,而是通过外在的附加变化来表达。中文被看作第二种类型的典型:

> 值得一提的是,有一种语言完全没有屈折变化。其他语言通过屈折变化来表达的意思,在这里则是通过一些原本有其自身含义的词来表达的。这种语言就是中文。中文独一无二的单音节特点,以及它在结构

上完全彻底的简洁,对于我们理解整个语言世界提供了巨大帮助。①

鉴于这种分类将类似土耳其语、匈牙利语等这样形态学上极其复杂的语言和相较而言简单得多的中文归入一类,这种两分法的体系无疑有些粗糙。弗里德里希·冯·施莱格尔的哥哥奥古斯特·威廉·冯·施莱戈尔(August Wilhelm von Schlegel)在他之后,率先提出了三种类型划分,并最终成为语言分类的经典方案:"没有语法结构的语言,使用附加结构的语言和拥有屈折变化的语言"。跟以前一样,中文被当作第一种类型的主要例证。在他看来,中文"只有一类词汇,无法容纳任何发展或变形。我们可以说,中文中所有的词都是词根,但无法孕育出果实。在这种语言中,我们找不到衰变,也没有词根的结合,或是衍生,甚至没有那种简单的并置在一起构成的复合词"②。

洪堡(Wilhelm von Humboldt)在他的巨著《论人类语言结构的差异及其对人类精神发展的影响》(*On the Variety of Human Language Structures*)中提出,"除开不具备任何语法形式的汉语以外,还区分了三种可能的语言形式,即屈折形式、粘着形式和复综形式。"③无论在他的著作中还是在致阿贝尔-雷缪萨先生的信④中,洪堡对于汉语所说的最正面的话就是,汉语在世界语言版图中,排斥所有的语法形式。"在所有已知的语言中,汉语与梵语的对立最为尖锐……由此可见,在我们熟知的所有语言当中,汉语和梵语构成了语言发展上的两个明确的极点,或许不

---

① Schlegel, *Sprache und Weisheit der Indier*, p.45. 关于施莱格尔和他的影响,参见 Davies, "Language Classification"。
② August Wilhelm von Schlegel, *Observations sur la Langue et la Littérature provençàles* (Paris, 1818), cited in Benfey, *Geschichte der Sprachwissenschaft*, pp.366–367.
③ Humboldt, *Über die Verscheidenheit des menschlichen Sprachbaues* (ca. 1830—1835; first publication, 1836), in idem, *Gesammelte Schriften*, 7.1: 254.
④ Humbloldt, "Lettre à monsieur Abel-Rémusat sur la nature des forms grammaticales en général et sur le génie de la langue chinoise en particulier" (1806), in idem, *Gesammelte Schriften*, 5: 254–308. 阿贝尔-雷缪萨先生是 Collège de France 第一位汉语教授(这一讲席于 1814 年设立)。关于这封信的德文译本,以及在充分的汉学知识基础上的注释,参见 Harbsmeier, *Wilhelm von Humboldts Brief an Abel-Rémusat*。

是因为二者在与精神发展相配合的适当性方面具有可比性,但在各自系统的内在性和完整性方面绝对是这样。"①"精神的发展"把洪堡的语言学和他的人类学连接在一起。洪堡坚持认为,与其说语言是对于思想的表达,毋宁说经由语言这一有机体,思想才变得可能。因为汉语失掉了几乎所有依靠语音表达的语法,仅仅在词语的排列和次序中实现了一部分,因此,汉语在洪堡的语言分类中,属于类"语言"的较低层级。

> 一个现存的语系,甚或一种属于某个语系的具体语言,自然不可能在所有的细节方面都与完善的语言形式彻底一致,至少据我们所知,这样的语系或语言是不存在的。不过,梵语型语言最为接近完善的语言形式,而且正是在梵语型语言的基础之上,人类精神文明得到了最成功、最持久的发展。因此,在比较所有其他语言的时候,我们可以把这一类语言看作固定的标尺。②

在19世纪语文学的条件之下,说汉语没有语法,必然意味着将它与那些有明确语法的语言,例如梵语和印度语联系在一起,至少是那些可以和印度语或者印欧语系扯上关系的语言。这关系可以是也必然是直接又遥远的。惠特尼引用《孟子》的例子,源自奥古斯特·施莱谢尔(August Schleicher)的著作《以系统的观点看欧洲语言》。在这本书中,施莱谢尔进一步肯定了这一传统,将汉语单独列为一种类别,称之为"单音节语言"以与"屈折语"和"黏着语"相区别。全书的结构明显将汉语的单音节性与另外两种区隔开来:汉语作为单音节语言,仅仅出现在导论的最后部分,被冠以另外的标题。身为三种被认可的语言类型中的一种,汉语却不知为何没被包括在本书所讨论的关于语言的"系统观点"之中。施莱谢尔在导论的开篇就通过隐喻重新估量了建立在语法特性之上的语言类型学标准,并由此解释了这种奇特的划分。在汉语中:

---

① Humboldt, *Über die Verscheidenheit*, in idem, *Gesammelte Schriften*, 7.1:271,274.
② 同上,p.253。

字不能再分节,它是出现在所有差别之前的严格的统一体,就好像自然界中的结晶体一样。这种通过声音而非关系表达含义的语言,构成第一级语言,大多数情形下,我们可以称之为单音节语言……第二级则是黏着语……其中词可以被分解为部分(这是与第一级语言不同之处),但是这些部分无法重新塑造成一个新的整体,此时的词仍然是几个独立词汇单位的集合(这是与第三级语言不同之处)。"单独、整体性的个体仍然是那些个体词汇单位的基础,而不是组成部分之间的主观上的统一体。"这就如同自然界中的有机体对于植物的意义一样……屈折语位于语言阶梯的顶端:至少在词的有机发展中有着真正的分节的部分,词是各部分之间多样性的统一,与之相应的具有同样特性的是自然界中的动物有机体。①

```
                    Inhaltsübersicht.

                        Einleitung.
          I.  Linguistik und Philologie  . . . . . pg. 1
         II.  Wesen und Eintheilung der Sprache .    5
        III.  Sprachengeschichte  . . . . . . . .   10
         IV.  Methode der Linguistik  . . . . . .   21
          V.  Ueber die Sprachen Europas im Allgemeinen 28
     A. Einsylbige Sprachklasse.
         VI.  * Chinesische *) Sprache  . . . . .   40
              Die Sprachen Europas in systematischer
              Uebersicht.
     B. Agglutinirende Sprachklasse . . . .        57
              a. agglutinirende Sprachen im engeren Sinne.
          I.  Tatarischer Sprachstamm  . . . . .   61
              Tatarische Sprachen im engeren Sinne.
                 1. Mongolisch  . . . . . . . .   65
                 2. Türkische Familie.
                    * Osmanli  . . . . . 67. 69—75
                     Karatschai  . . . . . . .   68
                     Nogai  . . . . . . . . . .   68
                     Kumückisch  . . . . . . .   68
                     Kirgisisch  . . . . . . .   68
                     Tatarisch von Kasan  . . .   68
                     Baschkirisch  . . . . . .   68
                     Meschtscherjakisch  . . .   68
                     Tschuwaschisch  . . . . .   68
              Finnische Sprachen.
                     Samojedisch  . . . . . . .   75
                     Ugrisch { Ostjakisch  . .    75
                             { Wogulisch (ugrisch)  75
     *) Die mit einem * bezeichneten Sprachen sind ausführlicher behandelt.
```

图 4.3 "语言的单音节顺序",即汉语,在《以系统的观点看欧洲语言》一书中,夹在导论和书的主体部分之间。

---

① Schleicher, *Die Sprachen Europas*, pp. 7 – 9.

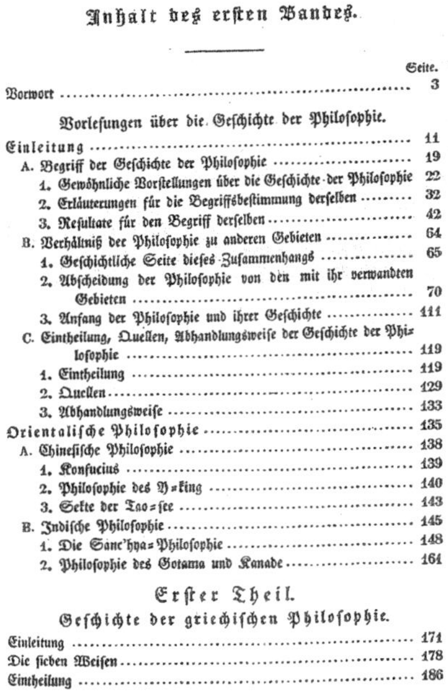

Inhalt des ersten Bandes.

图 4.4　在黑格尔的《哲学史讲演录》里，“东方哲学”被置于“导论”和“第一部分”之间。 86

文中没有标注的引文源自黑格尔《哲学科学全书纲要》(*Encyclopedia*)中的第二部分《自然哲学》。这似乎给施莱谢尔提供了一个可以按图索骥的计划，甚至在最具体的细节方面都是如此。① 一旦施莱谢尔遵循这一模式思考，那他提出的三分法也就不可能保持平衡。它被类比做自然界中矿物//植物/动物之间的区分，因为黏着语和屈折语都站在汉语的对立面上，就如同所有有生命物都与那些没生命的存在物对立一样。它们与单音节性语言之间的对立，使得黏着语和屈折语之间的分别变得不那么重要了。事实上，这种分别被看作某种叙事关系，相对于单音节语言来说，只有它们能够进行历史性发展。

显然语言的史前发展阶段分别对应于类型学系统中三种不同 87

① 引文参见 Hegel, *Enzyklopädie der philosophischen Wissenschaften*, Pt. Ⅱ, *Die Naturphilosophie*, par. 343；另一版本的译文参见 Petry, *Hegel's Philosophy of Nature*, 3: 45。

的类型：单音节性语言、黏着语和复综语，并且在最完美的屈折语中展露无遗。并非所有的语言都能在自身发展方向上达到最高境界，就如同并不是所有的有机物都可以发展成为动物有机体一样。语音系统可能在任何阶段停滞不前，与此类似，有机体也可能止步于生命发展的任何阶段。①

惠特尼同样接受这种语言史的宏大描述。在此，汉语因其僵化且简单的结构，被看作是最遥远过去残存的遗迹。众所周知，惠特尼最大的论敌麦克斯·缪勒（Max Müller）在他的著作中用同样的概念重述了这一结论。直到19世纪末，奥托·叶斯柏森（Otto Jespersen）的出现才多少改变了这种局面。他提出语言的演化不是朝着不断背离汉语的方向，而是朝向汉语的模式发展，这一点对于英语同样如此。②（叶斯柏森的贡献之一就是澄清了词语之间的次序同样可以成为语法原则：汉语就是在这一点上重获语法。）③

颤动的支点

欧洲和美国19世纪的语言学家对于汉语的看法，跟汉语本身关系不大，倒是跟少数研究中国的当代学者受到的训练有着莫大关系。他们是将中国看作另一个"吉卜赛都市规划"开始他们职业生涯的。如果印度语如此重要，以至于支配着汉语研究的基本概念长达一个世纪之久，那么它的吸引力究竟何在，梵语究竟意味着什么，它们的身上又发生了

---

① 参见 Schleicher, *Die Sprachen Europas*, pp. 14-15。
② "有一种语言，汉语，其中不需要任何分析就可以发现构成语言的各个部分。这是一种没有任何词根合并的语言；每个词都是词根，每个词根都是一个词。事实上，它是我们能够想象的语言存在的历史中最原初的阶段……所有语言都必须由中文或是这种单音节阶段开始。"（Müller, *Lectures on the Science of Language*, p. 273.）关于 Jespersen 的看法，参见他的 "The History of Chinese and of Word Order," in idem, *Progress in Language*, pp. 80-111。
③ Scaglione, *The Classical Theory of Composition*, pp. 337-349。

什么?

从没有人像弗里德里希·冯·施莱格尔在他的著作《论印度人的语言和智慧》中那样,坚持汉语和梵语之间的巨大分歧。如此一部有些脆弱,同时又充满实效性的著作能够产生持续的影响多少有些令人惊讶。不过,正如我们所知道的,施莱格尔成功建立起一个框架,在那里汉语没有语法、没有历史成为常识。当然,问题在于,这是他自己所理解的语法和历史观念造成的。

施莱格尔对梵语的推崇基于他所谓的对满语语系(其中汉语占主导地位)的排斥。这两种不同的语系有着完全相反的特质和不同的起源——实际上这里所谓的特质和起源完全来自虚构的设想。施莱格尔认为,满语语族起源于拟声和模仿,与此同时印度语则源自人的理解。① 88
满语语族之所以没有结构是因为它们不是人类思维的主要产物,而仅仅是人类的动物性对于周围刺激的反映。与之形成鲜明对比的是印度语源自那第一批言说者的"纯粹思想世界",他的思维"不是图像式的,而是直接明晰地表达自我"。如同神秘的天启,总是降临在某些特定的人群头上,而罔顾其余。这种神秘的"理解"赋予印欧人"清晰的看法","敏锐的感受",以及"善感且富有创造性的心灵"。不过,他从未说明这与印度语的语法之间究竟有何关系。两者之间有什么因果关系吗?在这里考虑因果性问题,无疑会削弱他想谈论的目标。

施莱格尔试图对抗关于人性的流行观念。法国在孔狄亚克(Condillac)之后,而英国则是由洛克(Locke)开始都普遍接受了这一观念,认为人类发展经过了由感官经验到对于对象的命名,进而形成语法范畴三个阶段。这三个阶段分别对应于机械主义、物质主义和无神论。对于施莱

---

① Schlegel, *Weisheit und Sprache der Indier*, pp. 61, 63. 理解(*Besonnenheit*, understanding, reflection)是赫尔德(Herder)在面对柏林科学院1770年的获奖论文"语言源自神还是人?"提出的两种选择时,举出的中间项。参见 Herder, *Abhandlung über den Ursprung der Sprache*。

113

格尔来说，梵文语法的完整性和精致程度恰好是有力的例证，足以证明人类语言有某些身处以上所说的进程之外的创造，因为梵文语法的这两个特点都不是模仿性的。诚然，有很多语言是按照洛克和孔狄亚克设想的那样发展，甚至符合卢梭（Rousseau）和赫尔德（Herder）的想象，但是，这些语言恰恰不是我们应该倾注精力加以研究和仿效的。"事实上，在我们看来，很多语言并不是作为充满意义的音节和内涵丰富的内核构成的有机创造，而是由对于各种不同声音模仿和再现构成的。例如原始的情绪性尖叫、手势、呼喊或是指示方向等等。长期的习惯使得它们形成了越来越固定的含义，然而这些定义却是主观的。"①起源于模仿，来自自然的语言仍然停留在自然领域中。那些神奇的语言则是在超自然的领域中开启，持存，并且自我思索的。

这种类型学上的两分法来自施莱格尔对于法国大革命结果的憎恶。像洛克、孔狄亚克、卢梭和拉美特利（de la Mettrie）一样，他把中文看作由符号构成的机械系统。而这些符号则是基于模仿、再现和不断的巩固。印度语对他来说是机械语言的精神对话者。身处19世纪中期语言学分类体系核心的印度语在此变成了汉语的倒影，某种一厢情愿的投射，如同令人感到不快的前共和国。

施莱格尔虽然才华横溢，仍是业余爱好者，但是，真正的语文学家们很快会在工作中填满他留下的种种暗示。弗兰茨·葆朴（Franz Bopp）在他的第一本书《论梵语动词变位系统》（*On the Conjugation-System of the Sanskrit Language*）中指出，原始的印欧语言在莱布尼茨（Leibniz）和约翰·威尔金斯（John Wilkins）的哲学意义上就是一种完美的语言，并且是由某位仁慈的神降临给人间的。葆朴在梵文的动词变位的词尾中发现了早期印欧语系中代词的残余。没有任何东西是没用的，一切都充满意义。"当语言的天才们煞费苦心、深思熟虑用简单的符号表达人

---

① Schlegel, *Weisheit und Sprache der Indier*, p. 66.

的简单观念时,当我们看到同样的概念无论是在动词还是代词中都因明智的考量有着相似的表达时,很明显字母原本就有其自身的意义,并且始终保持着它原本的意义。"①这是与惠特尼关于中文的简单粗暴的原始主义全然不同的历史性还原。这种看法是把印欧语系的早期形式看作是最完美的语言。在这个意义上,葆朴是施莱格尔的优秀传人。汉语,包括那些类型上、历史上被汉语同化的语言,不是作为结构严谨的整体出现,而是倚赖文化的强力作用才得以保持下来的、独立符号的集合。

祖先与继承者

印度语给施莱格尔提供了一个关于超越的历史叙事,同时也给他和其他很多人提供了一整套崭新的声名卓著的起源。把印度语和自然的"模仿语言"分割开来的尝试经不起认真检验,但是,这种想象的印度—雅利安主义共同体无疑要坚固持久得多。随着法国日益衰弱,在革命和重建的记忆中留存下来的是一个理想化的印度。与之相伴随的是施莱格尔在对满族语的描绘中暗含的那些充满争议的目的。惠特尼对于他身处时代的刻画,要求他们重释世界历史,并且在这一过程中,将民族、国家和所有的仇恨都消融在广泛流布的语法之中。

> 我们研究印欧语系的独特兴趣,一部分是因为我们自己的语言就是它的分支之一……但是,我们专有的理由是关心我们的语言,包括使用它的民族,在人类的语言和种族中所处的位置……(印欧人种)最初作为行动者进入到我们已经习惯的世界历史之中……是在远东,在居鲁士(Cyrus)和他的后继者统治的波斯帝

---

① Bopp, *Über das Conjugationssystem der Sanskrit-Sprache*(1816),p. 147. "葆朴看上去好像认为原始语的基本语义学元素是由单独的词素构成和表达的。他相信原始印欧语系的单词是对于元素意义的再现。在派生语言中,这一状态因为发音的衰落被遮蔽了,这可以通过比较的方法加以重构"(Kiparsky, "From Paleogrammarians to Neogrammarians," p. 332)。

国。这使得它将自己建立在那些更加古老帝国和文明的废墟和遗迹之上,这些文明属于他人,部分是闪米特人,部分是与之相近的民族……波斯帝国在一路向西的大举进攻之中,第一次遭遇到西方那些卑微的共同体之一,即那些由希腊城邦和城市组成的混乱弱小联盟的阻挡,虽然联盟人数不多,但是,它们注定成为印欧种族的辉煌——罗马的真正建立者,攫取了希腊文化果实,为之赋予了它特有的组织和同化的力量,为所有国家立法……如果我们说基督教出身自闪族,那么是希腊和罗马赋予它普遍性……

闪米特人在新兴的伊斯兰教的热情激励之下,告别了他们的沙漠,越过了亚洲和非洲最美丽的地方……然而,最终,在更高级的民族复兴的威力面前退却了,并由此开启了最后一次最为伟大的印欧霸权时代,这就是我们现在生活的这个时代。过去的几个世纪,欧洲国家在世界历史中始终处于顶端,所向披靡。它们不仅自身开明,还是人类的启蒙者……它们的能力席卷了整个地球;它们的舰船遍布两极之间的每一处海洋,不断从事着探险、贸易和征服;那些孱弱的民族因其内在的无力,开始学习它们的文明、臣服于它们的权威之下,或者干脆消失在地球上……它们从祖先那里继承了普遍的统治王权……它们也配得上这些。因为正是它们,在足迹所到之处给世界带来了过上美好生活的知识、道德和宗教。①

雅利安人一心同体这种想法,必定作为某种补偿性的调整,深深启迪着惠特尼。那是特殊的时刻,也许从史密森讲演厅中已经开始了。大

---

① Whitney, *Language and the Study of Language*, pp. 230-232. 关于"绵延悠长且伟大的印欧霸权"的一个独特的维度是安顿了美洲(在各个方面,这都是惠特尼在史密森学会讲演的前提条件),并且欧洲商人的贸易网络接管了早先由阿拉伯人统治的地区。这种早期贸易的"世界体系"对于重商主义殖民的参与者来说不是什么秘密:正像 Putnam Weale(*The Vanished Empire*, p. 157)追溯的那样,1842 年第一次鸦片战争的结果是:"原本阿拉伯人经营的,由广东至长江的五个口岸,终于对国际贸易开放了。"关于 1400—1800 年间全球贸易模式的变化,参见 Frank, *ReOrient*, pp. 52-130。

多数使用印欧语言的美国人都因如何更好地引导受他们影响的民族这个问题针锋相对。所谓的泛雅利安主义也许更糟糕。当然,印欧语言学并没有彻底堕落成种族主义宣传,它们也没有为过去两百年间的军国主义或者是灭绝人性的行为增添任何必需品。但是,但是……我脑中不禁闪现出那句俗语:"corruptio optimi pessimum"(好人的腐败才是最糟糕的)。弗里德里希·冯·施莱格尔对于欧洲人对部落和自我的理解的影响,较之戈宾诺(Gobineau)那种古典的、责任的种族主义更加微妙和迂回,①那些对语法美的赞扬是否产生了丑恶?对高贵祖先的追忆是否导致了那些可耻的行为?当然不一定,但是,观察其间的互动,却让我们无法漠视其中潜在的危机。

---

① 汉娜·阿伦特(Hannah Arendt)在她的《极权主义的起源》(*The Origins of Totalitarianism*, pp. 158 - 184.)中描述了"种族主义之前的种族思想"。她说:"至于19世纪初期的语文学家,其关于'雅利安主义'的概念吸引了几乎每一个种族主义研究者,因此将他们归为种族思想的宣传者,甚至尊他们为创始人。其实他们是最无辜不过的。他们跨过了纯粹研究的界线,这是因为他们想在结论中尽可能将文化同宗的民族纳为同一个国家。……换言之,这些人仍然延循18世纪人文主义传统,对陌生民族和外族文化怀有同样的热心"(ibid., p. 116n6)。我认为18世纪世界主义和后来到种族区分之间的这条线索传递给了施莱格尔的 *Weisheit und Sprache*(它描绘了摹仿语言和理性语言之间的区分),并且在那些跟随施莱格尔的真正的语言学家的著作中延续下来。关于将施莱格尔塑造成为原始种族主义思想家的看法,参见 Bernal, *Black Athena*, Ⅰ: 227 - 239; Said, *Orientalism*, pp. 98 - 99。关于与此相关的、令反对种族主义意识形态走向前台的语言学辩论,参见 Aarsleff, "Breal vs. Schleicher: Re-orientation in Linguistics During the Latter Half of the Nineteenth Century," in idem, *From Locke to Saussure*, pp. 293 - 334。

5 没有一个时刻如同当下：中国研究中的当代性范畴

> 把"异域情调"所包含的一切陈词滥调、油腻哈喇的东西统统扔掉，……让"异域情调"这个词摆脱单纯的热带想象，单纯的地理层面的接受。异域情调不仅仅只属于空间，它也存在于时间当中。很快便会涉及异域情调感觉的定义问题：其实也就是差异的概念，是对"多异"的感知，是对某物与自己相异的认识；而异域情调的力量也就是能够构想异己的力量。
>
> ——谢格兰（Segalen），《异域情调论》（*On Exoticism*）①

> 在天才的每一部作品中，我们认出了我们自己抛弃了的思想：它们带着某种疏远的威严回到了我们的身边。
>
> ——爱默生（Emerson），"论自助"（self-Reliance）②

传统中国研究中，克服距离感是一个周期性的悲情主题。也许这种

---

① Segalen, *Essai sur l'Exotisme*, P. 36. 中译本参见：谢格兰著，黄蓓译，《画 & 异域情调论》234—235 页。上海：上海书店出版社，2010 年 6 月。
② Emerson, *Essays and Lectures*, P. 259. 中译本参见：《爱默生集》（上），赵一凡等译。北京：三联书店，1993 年 9 月。第 283 页。

悲情感放错了地方,毕竟如果说我们在当下的人文研究中学会了一件事情,那就是:"熟知的东西之所以不是真正知道了的东西,正因为它是熟知的。"① 此外,那些我们不熟悉的东西则持续不断地被纳入已经熟知的、变成异国情调(或者一般的异国的)的范畴中,并因此成为意料之中的事情。② 这样一来,那些我们真正对其一无所知的东西,就变成了罕见且珍贵的商品,成了认识论和伦理学的顶角,这不仅仅是指那些新鲜的事物,也包括那些无法用现有的知识框架去规范的事物,我们这些研究非西方文化的人,特别是研究中国或者日本文化的人,常常被要求提供一点这种陌生的况味。事实上,对于其他文化如何建构它们自己文化空间的好奇心,一直以来都是吸引那些初学者们进入这个领域的原因。无论我们如何意兴阑珊,面对中文文本的时候,仍然会充满着惊奇和挑战,你永远无法知道下一页将会遇到什么。③ 但是,仅由好奇心而不是实质内容的驱动展开这项工作是远远不够的。一旦我们迈入了这个领域,就希望能对这种文化间的对话有所贡献。莫米利亚诺(Arnaldo Momigliano)说:

---

① "Das Bekannte überhaupt ist darum, weil *es bekannt* ist, nicht *erkannt*"; Hegel, preface to the *Phänomenologie des Geistes*(Werke, 3:35). 译文参见贺麟、王玖兴译《精神现象学》序言,北京:商务印书馆,1981年。第20页。
② 关于这一争论的例子不胜枚举。萨义德(Said)在他的《东方学》(*Orientalism*)中坚持认为那些关于非西方国家的"人为建构起来的一致性,引人注目的有规可循的观念群",向我们表明,这种知识体系越是紧密结合无懈可击,它就越不是来自真实的观察。是这里的一致性和整齐性出了什么问题吗?(而并非是像乍看上去那样,开始谴责这个领域本身的特点)。萨义德的研究提供了两种质疑。"东方学"越来越成为西方人的自我确认,成为某种研究态度,所以它在面对对象的时候,常常忽略大量新出现的事实。其次,它隐藏在背后的目的无论如何与知识本身并没有多少关系:从1700年前后到1950年左右,"欧洲文化在将自身设定为东方的对立面过程中,不断增加着力量和自我认同"(pp.5,3.)但是,这种对话不会一直持续下去。对于我来说,如何将东方学延伸成某种方法论的批判并且对未来的研究有所助益,仍然是一个问题。虽然,我们距离这本书的出版已经过去了二十年,在这二十年间,不断地有人尝试拒绝东方主义的态度,并且试图代之以某种反东方主义或者后东方主义的态度。
③ 随着近些年马王堆帛书和郭店楚简的出土,这一挑战对于读者来说变得更加真实,不仅是对于那些外国的中国研究者们:它们的出现使得原本对于中国思想和宗教标准的了解和描述都出现了很多新的问题。

"当我们面对与我们相距甚远的文化时,好像至今为止更值得一试的是在观念领域中进行新的探索,我希望这不仅仅是古代历史学家的偏见,……但是,当我们研究自己身处的社会时,我们需要知道我们能够相信什么,而不是我们已经相信了什么。"①

现代的文化概念——此指具体文化中总结形成的人类生活方式,而非全人类的普泛文化范畴——是诸多问题的根源。因为不同文化总是通过相互之间的差异来定义自己。捍卫特定的"文化"就是(典型地)力争证明它是因其自身而有意义,而不是由于其他文化的压制或者逐渐融入形成的。②将保存而非减少他者的他异性视为我们最迫切的伦理任务,这种看法是晚近才出现的,而这无疑违背了千年以来的道德教导。毫不夸张地说,在所有传统中那些把他者变成我们合理的道德关怀对象的方式,是通过把他们变成邻居、族人或是我们群体的一部分来实现的。(人类学家常常指出,如同"人类"这一概念一样,有些人在进行自我指称时通常有两层含义。对于这些人来说,很自然地,成为他们群体的一部分意味着成为人,而成为人则意味着成为他们族群的一部分。)十七八世纪在欧洲发展起来的人类概念就是指的部落的拓展,那些接受了这一想法的人感觉不到对于"普遍主义"的追求有什么错,他们见过太多基于宗教、种族以及政治权威的特殊主义所带来的不道德行为。来自撒玛利亚的人未必是邪恶的。他们中的每

---

① Momigliano, "A Piedmontese View of the History of Ideas," in idem, *Essays in Ancient and Modern Historiography*, p. 6.
② 关于近来这一概念含义的转化,可以参见 Hartman: *The Fateful Question of Culture*, esp. pp. 26-42。文化人类学的模式对于美国人日常生活和思想的影响应该向那些常常将各种行为及其结果和各种态度都归结为文化问题(宗教的,专业的,种族的,社团的)的人明白指出。对于文化不干涉主义适足以成为对于那些生活于特定的被设定的"文化"中人的某种有害干涉,可以参见 Farmer: *AIDS and Accusation*。与之形成对照的中国文化中的"文化"概念对于欧美的研究者来说似乎有些不同:它意味着一种文明的规范,而不是某种被建构的、任意的或者是区域性的东西。在某些适当的人手中,会变成某种真实的力量。(例如区分这是文化的,那个不是。)

个人在对待那些不幸的陌生人时作出的选择,远比他们身上所具有的差异性(也许这就是寓言的力量)要重要得多。① 不管怎么说,我们应该对善的概念的拓展充满信心,并且确保能够在它遍布各地且形态各异的道德秩序之下将它辨认出来。

把差异性作为道德或政治的条件,与把它看作一个逻辑范畴之间相距甚远,但是,总有人试图跨越这一鸿沟:对于黑格尔来说,无论以何种方式发掘的"差异性"都意味着冲突,而这些需要在思想反思自我的过程中加以解决,并且将其削弱为局部性差异。"所以精神的一切行动只是对于它自身的一种把握,而最真实的科学的目的只是:精神在一切天上和地上的事物中认识它自身。对于精神来说根本不存在任何彻头彻尾不同的东西。(vorhanden:可用的,给予的,在场的。)"②这里将对于差异性的消解看作是思想的全部(且不可避免的)任务,黑格尔把这个过程比喻为我们吃进食物然后变成自身血肉的过程。③

不幸的是,当然这也必然伴随着某种不快,那些引领我们超越当下的时代和民族的产物的思想家们,已经失去了对这种消解的自信。我们是否能吸收同化那些异己的思想和做法,或者这是否就是我们准备要做的,已不甚明了。我们好像已经抛弃了黑格尔,转而信奉列维纳斯(Emmanuel Levinas)。在他看来,他者的面孔呼唤我们对其负起无限的责任,是意识最原初的基点。他在一段充满个人风格的文字中写道:"他者的异己性,他的不可被'我'所吸收,无法被吸收进我的思想

---

① *Luke* 10.30 – 37.
② Hegel, *Enzyklopädie der philosophischen Wissenschaften*, par. 377, Zusatz, in diem, *Werke*, 10:10;以及 *Hegel's Philosophy of Mind*, pp. 1 – 2. 译文参见:杨祖陶译:《精神哲学——哲学全书·第三部分》,北京:人民出版社,2006 年 2 月。第 377 节。
③ Hegel, *Enzyklopädie*, par. 243, *Zusatz*, in idem, *Werke*, 9:14; Hegel *Phänomenologie des Geistes*, in *Werke*, 3:91,或 *Phenomenology of Spirit*, p. 65.

和被我所占有的特质，在伦理意义上正是完成于对于我的自发性的质疑。"① "他者，作为他者，不是另一个自我，而恰恰是我们所不是的。"② 对于列维纳斯来说，所有伦理和认识论上的义务都是随着对于这一"他者"的责任而来。列维纳斯在对于语言的"伦理处理"之中将二者干净利落地绑在了一起：

> 语言的关系意味着某种超越，某种绝对的分离，对话者中间的陌生感，以及对与我相异的他者的发现。也就是说，语言的言说是在寻求关系诸观念之间的共同体之时，在寻求共同的规划或已然构成之时发生的。它正是在这种超越中诞生。因此，话语是对于绝对陌生的对象的经验，一种纯粹的"知识"或者"经验"，"惊讶的创伤"。③

显然，这种态度与以了解他者为目标的做法的结合是极不稳定的。

一开始我就承认，处理他者的伦理与认知他们的认识论之间大概永远无法重合，它们的夹角永远不能消除，这个问题将永远存在，接下来我将尝试分析哲学人类学对于他性、共性和时间等相互关联的概念产生影响的诸种方式。其中将特别关注中国人是如何处理个体与他者之间的关系的，特别是在前现代中国。当代的这些术语可能会让读者认为下面将要展开的关于他者、他者性的讨论都源自某种种族语境——我准备了关于"中国"和"西方"关系的讨论，每一个所谓的"非我族类"，每一个对

---

① Levinas, *Totality and Infinity*, p. 43; idem, *Totalité et infini*, 对于列维纳斯如何由"朝向他者"中发展出他的本体论和伦理学，以及语言在这种关系中的地位，可以参见 *Totality and Infinity*, pp. 50 – 51, 215 – 216。
② Levinas, "Time and the Other," in Hand, *The Levinas Reader*, p. 48.
③ Levinas, *Totality and Infinity*, p. 73; *Totalité et infini*, pp. 70 – 71.

于他者而言的绝对他者。① 但是我并不想由这一前提开始我的讨论。我所讨论的这种非连续性来自时间和在时间的绵延中建立起来的历史:正如现代人被纠缠于各种形式的自我认同一样,我们每个人都被裹挟在内。②

回想与勘察

人类学总自认为是促进相互理解、"搭建桥梁"的学科。然而,费边(Johannes Fabian)在他的《时间与他者:人类学如何制造它的对象》

---

① "非我族类"这个词引自《左传》(成公四年;26,7a),不可避免地会被那些充满种族意识和民族主义的历史学家所引用。如果我们考虑这个词的语境,可以发现在原初的文本中,很明显种族问题不占主导地位。

　　秋,公至自晋,欲求成于楚而叛晋。季文子曰:不可。晋虽无道,未可叛也。国大,臣睦,而迩于我。诸侯听焉,未可以二。史佚之志有之,曰:非我族类,其心必异。楚虽大,非吾族也,其肯字我乎。公乃止。

当这个词被用来当作现代种族中心主义的前身时,其中大概有两个误解。首先,当代的用法将"族"的含义默认为"种族"(由不同阶层的个体组成的大小不定的团体,他们一般自认源自遥远过去的某些共同祖先,并且常常拥有同样的语言、文化和政治特征),然而,传统语境中的族意味着"家族"(由王室成员构成的团体,他们由亲缘关系和繁复的礼仪紧密联系在一起)。《左传》中另外仅有一处"族类"二字连用(见于僖公三十一年,17,9b)是表示祭祖之礼和家族的特权。其次,单独引用这个说法,其实掩盖了讨论发生的语境。季文子承认晋为"无道"(他们对前来拜访的成公无礼),然而,他仍然认为,从现实政治的角度考虑,应该继续保持晋鲁之间的结盟关系。因为晋国幅员广阔,兵强马壮,并且诸侯尊崇,与鲁为邻。他引用史佚之志来掩盖他对于现实政治力量的考量。引文的出现将这一切都转化成自古以来的"传统",再一次展现了季文子由文本到利益的机会主义转化。这意味着,传统的经典(例如《诗经》几乎囊括了所有地理意义上周的属国的诗歌,唯独没有楚国)中确认和说明了在文化、利益甚至是种族上与楚国的区隔。不同种族之间的战争是古代社会国家体系形成之前的事情。但是,诸侯国称自己为"华夏",它们基于不同姓氏的诸侯国之间保持力量均衡的需要签订条约,建立同盟。非常感谢布鲁斯·布鲁克斯(Bruce Brooks)和尤锐(Yuri Pines)关于这段文字的背景给予我的启发。

② 关于中国的过去和现在之间的差异性,参见本书第8章开头引用的汤之"盘铭"。关于如何通过建构一个超越历史的"主体"(种族、个体、语言共同体或其他的什么)来解释或者补偿近来发生的事件的问题,参见前文,第115—116页。关于民族国家形式和历史线性发展之间的关系,可以参见 Duara, *Rescuing History from the Nation*(杜赞奇[Duara]:《从民族国家拯救历史》)。王国斌(R. Bin Wong)在他研究中国过去一千年间经济和政治史的著作《转变的中国》(*China Transformed*)中试图挑战斯密和马克思主义的假设:历史发展的所有可能的原因都被归结为必然指向同一目标的一系列有限路径。通过这些研究,我们可以了解为何中国的过去对于现在的中国人来说变得如此陌生。实质性的差异并非来自种族,而是概念性的。

(*Time and the Other*: *How Anthropology Makes Its Object*)中彻底翻转了这种说法。费边指出，类似"原始的"、"传统的"和"前现代的"这些概念的使用中都存在着伦理意义上的陷阱。其中的把戏在于，那些被冠以这些概念的社会往往被置于时间序列中的某个位置，某个西方社会在其原始阶段所处的位置：这意味着，它们是落后的，因为（a）它们在时间上比我们滞后；（b）它们在沿着我们的道路向前发展。黑格尔的《历史哲学》也许是费边这一说法最为恰当和自然的证据。在那里我们被告知，世界上各种文明按照自由程度的多寡组成了一个序列，而这一序列的版图或多或少对应于人类文明在欧亚大陆上的分布，由东向西分别顺次展开的是早期精神性贫乏的社会到更加充满远见的社会。①

时间是黑格尔用来区分他者的差异性并将它们纳入人类历史的范畴。对于黑格尔来说，在历史中，每一个社会都会有鼎盛的一天，那是它最大限度地实现其可能的自由的时刻；当它们光荣逝去，即使它们往日的成就还不会立时磨灭殆尽，它们仍是要么风流云散，消失在历史中，要么则沦落为临近发达社会的附庸。黑格尔式的历史观，连同他的衍生物——马克思主义"生产方式"的历史观，其实都是说明时间为何物的方式：建成最发达的社会需要的时间以及那些力图奋力赶上的社会将要耗费的时日。"正如我们所知，世界历史就是绝对精神在时间中的展开（Auslegung：说明，阐释），就如同自然在空间中展开自身一样。"②时间（恰好类似于地球上每天由东向西的运动，人类历史已经在同样的方向上绵延了千年）是绝对精神展现其内部差异的媒介。

---

① Hegel, *Philosophie der Geschichte*, in idem, *Werke*, 12: 116; *Lectures on the Philosophy of World History*, p. 152. 赫尔德（*Ideen zu einer allgmeinen Menschengeschichte*）和康德（"Idee zu einer allgemeinen Geschichte in weltbürgerlicher Absicht," in Kant, *Werke*, 9: 33 - 50; in English, "Idea for a Universal History with a Cosmopolitan Purpose", in Kant, *Political Writings*, pp. 41 - 53.）可以看作黑格尔的先驱。
② Hegel, *Philosophie der Geschichte*, in idem, *Werke*, 12: 96 - 97; *Lectures on the Philosophy of World History*, p. 128. 对于这种精神性地理学的批判，可以参见 March, *The Idea of China*.

黑格尔用时间来展现差异的手法如此有力，以至于几乎没有年表会受差异的影响：从他的《历史哲学》中你永远不会意识到孔子是和波斯战争以及埃斯库罗斯同时期的人。中国在黑格尔的描述中很早就出现了，因为它拥有建立在家庭这种准自然关系基础之上的、最为原始的国家模式。在描述了中国在世界历史中所处的位置之后，紧跟着出现的是对于印度、波斯、犹太以及埃及这样越来越精致复杂的国家体系的刻画。好像当时代完全变成国家模式的时候，几千年的时光已经过去了。"东方"的世界与其说是一系列时间中的变迁，毋宁说是各种类型共时性的展示。虽然表面上黑格尔的研究是历史学的、年代学的，但是最终却服务于类型学的需求。时间使得文明得以相互区分：当一位1830年的普鲁士公民看中国的时候，他看到的（如果他看的是对的话）中国并不是当下的中国，而是初创时期，在制度上领先世界的中国。本质上的中国是历史上的中国，就好像本质上的希腊是伯利克里时期的希腊，而本质上的英格兰还是那个世界范围内的贸易帝国一样。本质上的中国所带给世界的正深深地隐藏在普鲁士和整个人类的历史之中。

　　费边称这策略为"拒斥同时性"。我指的是将人类学的对象持续不断、系统地置于历史中某处的倾向，而不是把它们看作是人类学话语体系的产物。① 在黑格尔那里，几乎没有争论的余地：历史学家可以对历史进行黑格尔式的研究，是因为他们属于不同于其他人的时间，这种时间更加接近绝对精神最终的自我理解。对于费边来说，这意味着严重的伦理错误。通过将人类学研究的对象置于过去，在某种程度上曾经为作为研究者的我们拥有的过去，即使我们自身的历史与研究对象的历史之间没有任何直接的因果关联，这样做仍然巩固了我们依照自己的意愿处置研究对象的权利（费边没有提及历史上曾经有过一个极其恐怖的例

---

① Fabian, *Time and the Other*, p. 31. 费边并未提及列维纳斯发表于1947年的文章："时间与他者"(Le Temps et l'Autre)。这篇文章是日后《整体与无限》(*Totality and Infinity*)的雏形。也许这可以看作是思想上同时发现的一个例子。

子,那就是国家社会主义者们曾经计划在所有的犹太人都灭绝之后,把布拉格的老城变成犹太人历史博物馆)。"总而言之,时间政治学是地缘政治的意识形态基础"。① 费边呼吁适宜的伦理关系始于对同时代性的承认。当我们意识到我们与研究对象之间因为诸多的差异而相互隔绝,而所有这一切仍然在当代历史中发挥着作用,我们所拥有的特权以及相应的责任就应该进入我们的视野之中。我们应当"将人类学看作一种行动,这种行动同时是研究对象的一部分",看作某种实践领域,并且为呈现"同时代的研究和不同时代的诠释之间具体实践的矛盾"寻找机会。②

对于在当代中国研究领域中的学者,特别是在经济和政治领域中的学者,研究中国以及作出某些声明无疑会产生现实的效果:让我们回想一下拉铁摩尔(Owen Lattimore)和费正清(John King Fairbank)两人各不相同的职业生涯。③ 现代中国的研究者们毫无疑问都会意识到我们正处于"同一个时代"。中国19世纪晚期现代化的推进者们,无论是政治上的改革者,还是文学上的激进主义者以及那些着力于建造铁路和兵工厂的人们,都因意识到中国正落后于时代而奋起行动。实现中国的现代化就意味着将中国由"古老","远古"的状态带到当下。④ 毛泽东关于"大跃进"运动将用十年的时间让中国赶超英国的想法也不仅仅是关乎国家产量统计的问题,更是在沿着时间轴赛跑,是要用十年来弥补中国1842年以来的所有差距。更近期的1978年在中国展开的以市场为导向的改革,重新赋予了"落后"、"迎头赶上"这样的语言以生机,通过批判过去的

---

① Fabian, *Time and the Other*, p.144.
② Fabian, *Time and the Other*, p.157,159.
③ 关于拉铁摩尔,可以参见 Newman: *Owen Lattimore and the 'Loss' of China*。关于费正清可以参见 Evan: *John Fairbank and the American Understanding of Modern China*;以及 Fairbank, *Chinabound*。
④ 参与改良维新的欧美在华人士和中国士人在19世纪晚期大都存身于上海租界之内。参见朱维铮,"导读",载龙应台、朱维铮编:《未完成的革命》,pp.57-63。

社会主义,中国似乎重新回到了同样的历史轨迹。① 有多少报纸的头条宣布在各个不同方面,"中国迈步走向世界"！(这个说法可不是那些觉得自己可以代表世界的人独享的。最近刚刚再版的一系列19世纪的中国游记同样用了"走向世界"这样的标题。)②所有这些无非是老生常谈,却显示出这些陈词滥调如何地深入人心,即使他们在其他所有事情上都无法相互认同。至少在意识形态中,"进步"和"发展"经济之间的关系以一种不同的方式紧跟着费边所谓的"拒斥同时性"的道路。不同在于各党派一直在二者之间进行着持续的沟通。工业化不同阶段间的差异(以及劳动力的消耗,当然这并不一定是同一件事)影响并且引导着这些沟通,自亚当·斯密(Adam Smith)以来人们已经意识到这一点。③

以简单的经济尺度来判断"进步"的状况,以及将政治革命看作是一系列不可逆转的人类发展阶段(无论最终将走向共产主义还是自由民主),以及韦伯式的预期:在西欧由新教开启的过程共同建立起整个现代伦理、社会结构以及经济形态的典范——所有这一切以及更多地呈现出当代世界历史诸多问题的方式,都表明现代的中国愈发忧心忡忡,在中国发生的一切都笼罩在世界其他地方发生的相应(或不相应)事件的阴影之下。④ 对于这些身历的整个现代历史进程都深深充满了外部入侵和内部不幸的人们来说,与他人生活在同一时代这件事,与其说是新的发

---

① 苏联解体之后,福山(Fukuyama)在他引起巨大讨论的论文"历史的终结?"(The End of History?)中预言了"人类意识形态革命的终结以及西方普世性的自由民主将成为人类政府的最终形式"。
② 钟叔河:《走向世界丛书》。
③ "中国是比欧洲任何国家都富裕得多的国家,中国与欧洲生活资料的价格差别极大。中国的大米比欧洲任何地方的小麦都低廉得多。……中国与欧洲之间,劳动的货币价格的差距比生活资料的货币价格的差距更大,因为劳动的真实报酬在欧洲比在中国更高,欧洲大部分地区正处于发展状态,而中国则似乎处于停止状态。"(Smith: *The Wealth of Nations* [1776], I:173,中译本参见:唐日松等译《国富论》,146—147页。)
④ 在韦伯那里,理性既被看作普遍的人类天赋,同时也是欧洲历史发展的结果。关于这一点,可以参见: Wolfgang Schluchter, *The Rise of Western Rationalism*. 我非常感谢张灏提醒我注意韦伯及其后学对于"东方理性主义"的讨论。我对于未能给这一传统以充分的重视感到抱歉。

现,不如说已经成为思考问题的基本条件。

与中国分享当下不需要什么特别的美德。事实上,自莱布尼兹(Leibniz)的《中国近事》(*Novissima Sinica*,1697)以来,我们这些东西方之间的中间人就对此颇为擅长。文明之间的"同时代性"在我们的领域中是预先给出的前提;这体现出我们的文化多元主义。莱布尼兹曾经说:"我认为这是命运的独特的安排,今天我们应该如同过去那样,将人类的文明和精华集中于大陆的两端:欧洲和中国。……也许是至高无上的上帝作出的安排,使得最开化同时又相距甚远的人们能够互相伸出臂膀,处身其间的人们则因此能够逐步迈向更好的生活。"[1]相对于把西方的现在看作是不断飞奔向未来的线性时间观念,东西方的哲学年代学更为欣赏的形象是历史的交汇处。关键在于,相互理解正是发生于这一历史的交叉点。没有了中间人,没有了媒介,也就不可能交汇。我们在此也看到了变化。分享共同的时代经验,总归是可能做到的,可这必须在相互解释中才能真正实现。与之相关的过去和现在之间也需要某些战略步骤,才能逐渐走向相互融合。

碎片的匹配

> 诗歌的功能,在于它将等价原则从选择轴投射到组合轴上。等价性被拓展到组建语言序列的基本手法之中。
>
> ——罗曼·雅各布森(Roman Jakobson)[2]

何种历史使得同时性不再是一种特殊的情形,而变成我们看待诸多文明之间关系的一般条件?费边认为马克思的"激进的现代主义否定了

---

[1] Leibniz, "Preface to *Nouissima Sinica*," in Cook and Rosemont, eds., *Leibniz: Writings on China*, p. 45.

[2] Jakobson, "Closing Statement: Linguistics and Poetics," in Sebeok, *Style in Language*, p. 358.

各种异时性存在的理论上的可能性"。他指出,在实践这一主题下,产生了马克思主义的共时性概念,甚至是不同的群体之间因其行为而产生相互作用的观念,"唯物主义者认为人类之间的关系建立在他们的需要和生产方式之上,这与人类的历史相伴相随。"① 研究人类关系的历史学家需要将世界各个部分在历史中的发展看作是一个庞大的整体,但是,支撑我们得出这一直觉的机制什么呢? 毫无疑问,在马克思看来,资本主义在所有"前资本主义的经济结构"中开出一条道路,它的发展驱动之下,所有已然存在的社会关系都"土崩瓦解"。② 大融合作为资本主义的一个结果由此产生。但是,这样一来,就将绝大部分的历史——我们认为的"世界体系"诞生之前的一切——看作是一组互不相干的过时叙述而已。③

此外,也许还有人接受雅斯贝尔斯(Karl Jaspers)的说法,认为人类各主要文明都由同一个"轴心时代"开始进入它们的重大突破时期。那是佛陀、摩西、孔子、琐罗亚斯德、苏格拉底和耶稣的时代。他们中的每一个都开启了世俗世界和超越秩序之间的紧张关系(他们的后人们则赋予其制度化的形式)。④ 这一系列"哲学的突破"是如何发生的,它们又是通过什么方式建立起联系,以及继它们而来的历史相互之间又是如何被解释的,对于我们来说都是问题。而这一问题源自将各种轴心时代的文

---

① Fabian, *Time and the Other*, pp. 159. 158。"共时性"概念(同时参考黑格尔)的例子可以参见 Marx, "Revolution in China and in Europe"(1853), In Marx and Engels, *Collected Works*, 12: 93 – 100。
② Marx, *Pre-Capitalist Economic Formations*, pp. 97 – 98;特别是:"The Future Results of the British Rule in India"(1853), in Marx and Engels, *Collected Works*, 12:217 – 222。
③ 世界体系作为历史体系的经典表述,参见 Wallerstein, The Modern World-System. 其他人则指出,受制于动荡不安的政治和生物学条件的,以紧密且完整的贸易网络为基础的欧亚世界体系才是从很早以来就已存在的现实。这种看法更为细致且长时段地思考亚洲的发展,可以参见:Abu-Lughod, *Before European Hegemony*;Frank and Gills, *The World System*;Frank, *The Centrality of Central Aisa*;and idem, *ReOrient*.
④ 关于全球"轴心时代",参见 Jaspers, *Origin and Goal of History*;Eisenstadt, *Origins and Diversity of Axial Age Civilizations*。

明看作是"同一个"超历史的时刻产生的结果。① 但是,不同的时间、地点,以及关于轴心突破的意义的不同理解,都使得关于那种共同起源的思想至少是变得更加复杂了。另一位尝试在广阔范围内研究同步性历史的是费拉里(Giuseppe Ferrari)(1811—1876),他曾经是 1848 年意大利革命的鼓吹者,后来定居法国,教授哲学。他出版于 1867 年的《中国与欧洲》(*La Chine et l'Europe*),试着不用时间或是作用上的等级差别观念来研究世界历史,不用那些充满黑格尔思想意涵的实体化范畴。事实上,费拉里的思想表现出强烈的反黑格尔倾向。

黑格尔式的世界历史是关于绝对精神发展的叙述,是唯一的绝对精神在世界范围内不断自我实现的过程。通过对于马基雅维利(Machiavelli)的研究,费拉里提出了历史变化的另一种解释:世界上的每一个人都被卷入与邻人的战争之中,无论是冷战还是热战,每一个国家在武器方面最微小的进步也会很快被和它竞争的国家学会,它们的邻国在这一点上紧随其后。因此,"时间"和"他者"事实上是紧密联系在一起的——每个国家都在努力能够先"他者"一步。政府的形式也是武器的一种,因此,在费拉里看来正是差异而非平等构成了变革的动力。

> 无处不在的战争使得人们陷入不断拓展领土、气候、人口以及人性中全部的多样性,以便从中发展出与对手同样的力量。这种力量上的平等必须非常严格,否则就是灭亡。……如果两个邻国中的一个哪怕是有稍微一点点进步,它就可能奴役另一个。②

---

① 关于在轴心时代思想影响之下对当代历史的解读,可以参见 Eisenstadt, *Fundamentalism, Sectarianism, and Revolution*。
② Ferrari, *La Chine et l'Europe*, pp. 129 - 131. 费拉里在他关于中世纪意大利城邦的研究中(*Histoire des revolutions d'Italie*, 1858)首次提出了他关于历史中行动和反应的理论。关于费拉里作为历史学家的经历,参见:Bonnaud, *Ya-t-il des tournants historiques mondiaux?* 对于历史分期的考量是费拉里时代隐含的前提,参见 Marx, "Introduction to the Critique of Hegel's Philosophy of Right," in idem, *Early Writings*, p. 245。

人类社会的对等原则解释了政治模式的多样性,所有这一切都是永恒竞争的外在表现形式……难道是敌人的国土让他拥有了各种资源,以便能够在中心建立一个庞大组织,在强大的都城拥有一个位置,领导一支训练有素的军队?答案将是一个由各种联盟、共和国、小公国、半游牧的部落以及不断抱怨和骚扰、令他疲惫不堪的乡下人构成的圆圈。或者,敌人的力量是自由的,那么答案将会隐身在神秘寂静冒险之中,那些消极的服从,永远不可或缺的军队以及反复无常的专制状态中。由此君主可以尽情地嘲弄那些不断陷入争议的人提出的方案、混乱的议会、丢脸的互相揭露以及将不断上演的相互责难作为一种生活方式的状况。①

"对等"产生了多样化。这一论断不仅公然违背了黑格尔的历史叙述单向度的演化观念,其赖以建立的基础是人类政府必定由专制走向自由。同时也回答了它所表现出来的逻辑:国家的形成并非是作为基本精神的、人的力量的制度化实现,而是源自对于邻国弱点的预期。对于费拉里来说,国家自身的成功都会无可避免地刺激它对立形式的成长,因此根本不存在所谓的"历史的终结"。②

既然所有国家都无法摆脱普遍的军事竞争,它们内部的结构同样也是一种武器形式。费拉里将每一个国家的历史都看作是专制力量一张一弛的周期循环。每个国家都有自己的邻国和对手,并且不得不应对它们的发展,与此同时,邻国也在回应着它们的所作所为。费拉里认为(虽然仍存在着一些理论上的障碍)这种关系网络就是我们同步欧亚大陆的历史所需要的。他设计了一个120年(四代人)的概念来代表一个完整的进化周期。

---

① Ferrari, *La Chine et l'Europe*, p. 132.
② 关于黑格尔式的末世论在1980年代晚期的氛围中重新兴起的状况,可以参见 Fukuyama, "The End of History?"关于与费拉里的观点并行的人种学争论,可以参见 Devereux and Loeb, "Antagonistic Acculturation"。

所有历史都可以分为四个阶段。不管人们在何处开始他们的思考、行动、争斗或胜利,都必须遵循中国式的四幕戏剧结构,这一结构使得我们能够比较那些分布广泛且相互对立的人群。这与他们究竟采用何种政体关系不大,无论是君主专制还是共和制,是中央集权还是联盟制;这就如同无论我们对它认同还是否认,这些形式的意义都仅在这些错误被质疑、驳斥、讨论和解决的时候才有意义,特洛伊的陷落也许正对应着在洛阳建立的王朝的开始。①

费拉里运用这种理论开始研究欧洲和中国之间在相同时代同步发生、相互关联的、"对等的"历史,并将历史大致分为以 120 年至 500 年为一个循环的不同阶段。他进而挑出那些在大陆两端看似类似的事件和人物。要么在历史中同时出现,要么因为迟缓的交流和信息落后等可以接受的原因,时间上有些偏差。下面这些例子可以揭示出他在作这番比较时的思想实质:

　　秦国在经历了公元前 375 年的改革之后,人们才有可能真正拥有土地,并且可以耕种、出售和馈赠……财产私有权先是帮助秦国称霸,后来又成为项羽崛起的原因,并最终造就了汉代的霸权……与此同时,在公元前 375 年,苏格拉底死后 24 年,柏拉图在他的《理想国》中反对私有财产,并且称之为时代的罪恶、社会的疾病,所有混乱的来源以及哲人王统治道路上的巨大障碍……但是,柏拉图试图唤起希腊人对于斯巴达的记忆,赞美埃及和印度的种姓制度,总而言之[柏拉图在《理想国》里]试图把希腊的模式强加给古代家长制的中国是徒劳无益的。时间上最贴近柏拉图的亚里士多德用与秦朝的商鞅同样的话语回应他:"没有人会用心耕种公共土地,如果没有个人利益的驱动,土地将会闲置;相应地,有用和没用的人之间也无法区分。"辩论在此终止,毫无疑问,亚里士多德是他那个时代

---

① Ferrari, *La Chine et l'Europe*, p. 118.

最重要的哲学家。①

在这种平行的对照关系中,费拉里似乎想预见生产方式的经济发展史,即土地所有权制度决定着政治事件(王朝的更替,军事上的胜负)。但是这种动机使得费拉里仅关注最为直接的情境:真正的问题是构建以 120 年为一个周期的历史循环,中国和希腊罗马文明遵循着这一逻辑程序从贵族社会步入帝国模式。一旦帝国模式形成了,它就只能从内部被摧毁了。

> 1069 年中国迎来了王安石的熙宁变法。王安石被看作无神论的宰相、人民的朋友和伟大的儒家学者;与此同时,欧洲迎来了主教革命和教皇格里高利七世(Gregory Ⅶ)的统治,直到 1077 年,罗马帝国的皇帝亨利四世(Emperor Henry Ⅳ)在卡诺莎城堡外向教皇悔罪,臣服在教皇膝下。……王安石的变法在 1084 年遭遇到某些博学士人的反对[这里大概指的是司马光]。他们试图不让人民接受教养。我们能说罗马教皇没有遭到哲学家们的反对吗?格里高利七世不是死于放逐之中?亨利四世不是赢了吗?他的儿子亨利五世不是把教皇帕斯卡二世(Pope Pascal Ⅱ)监禁起来?有多少帝国赞助之下的主教起来反抗那些由教廷任命的主教!这场关于任命权的斗争跟中国的士人们起而反抗帝国的改革者的斗争并无二致。他们有着同样的争论,双方都被没收财产,都对统治现世的观点进行了新的神学认同。②

费拉里并没说中世纪的天主教与宋代的道学本质上是一样的,但是,它们用相似的方式挫败了它们各自面对的世俗权威。这就是说,虽然宗教和政治权威之间的争论可以采取不同的形式,但是在大陆的一端

---

① Ferrari, *La Chine et l'Europe*, pp. 374 - 375. 费拉里对中国历史的了解主要来自 *Histoire générale de la Chine*(de Mailla 在 18 世纪对朱熹《资治通鉴纲目》的翻译),正是这同一本书后来启发了庞德(Ezra Pound)。
② Ferrari, *La Chine et l'Europe*, pp. 536 - 537.

这种争论引起的涟漪很快就会传播到大陆的另外一端。中国内部的组织,无论强大还是弱小,抑或是独裁还是分权的,都激起了邻国的某些反应,它们试图化解中国当下的种种处境。这种反应又使得邻国的周边国家作出相应的行动。最终原初的动力就以直接或者翻转的方式在这种传递中穿越了整个大陆。(费拉里无疑遗漏了这种传递的中间环节,只是用每个过程的结果来论证整个机制的可靠性。)费拉里在共存于世的人们中间看到了某种必然性,至少是某种共同的倾向。他们包括:洛色林(Roscelin),商波的威廉(William of Champeaux),阿伯拉尔(Abelard),王安石,朱熹,阿维森纳(Avicenna)和阿维洛依(Averroés)。

在接下来的章节中,费拉里将明代与意大利文艺复兴并列起来,用清朝比附德国的宗教改革,把太平天国运动和法国大革命结合在一起。中国有时是这些事件的推动者,有时又是被动的接受者。费拉里的这本书写于1860年代,那时大部分人都认为中国远远落后于欧洲。但是,如果我们依照费拉里的平行时间表来看的话,中国的落后不过是最近30到70年间的事情。在费拉里笔下,太平天国起义激起了欧洲在1789年,1830年,以及1848年就经历过的一系列事件。当然,两者之间有着显著差别,欧洲的革命者是哲学上的理性主义者,而太平天国则是一支试图推翻清朝官僚理性,高举救世主信仰的军队。接下来的时间,大致由1875年直至2000年,中国将成功地弥补这一差别:"中国在历史上经常从暴力肆虐的阶段过渡到极为和平安宁的时候,因此我们完全可以期待,在我们实现中国式的文官政治之前,他们已经学会用我们的物理科学,并用来注释传统的十三经。"①

作为一种对世界历史的描述,费拉里的历史观与康德、黑格尔和马克思的有些不同:它是形式主义的而非目的论的、循环式的而非线性的,并且它并没有对为何如此安排给出多少解释。这种安排让我们想起《易

---

① Ferrari, *La Chine et l'Europe*, p. 598.

经》中对于时间的不同阶段和循环往复的思想。如果这对于历史的编纂有什么影响的话,那也应该将事件看作是平行发生的,而不是相互影响的结果。① 费拉里的历史无疑是人的历史,它不期待任何神学上的正当性。但是,它又没有怎么回答人的目的。历史发展的循环决定了哪些人类的目的有可能实现,哪些又终将被弃之不顾。但是,这种循环自身的意义何在,却是永远无法回答的问题。中国和欧洲看上去只不过是相互之间的回响得以飘荡回转的空间而已。虽然没有绝对的天道,然而,仍然不可避免的,它们"互相向对方伸出了臂膀"。

松鼠笼

在费拉里的平行历史观中缺失的环节,是他并未尝试说明历史回响得以发生的背景,以及欧亚大陆间发生的那种传递的各个阶段和自身机制。当我们注意到他开始对中国事务感兴趣的时间时,这一切就显得非同寻常了。严格说来,那正是远东地区被迫向英国、法国以及美国的军队、商人和外交官们"开放"的时期。费拉里曾经提及 1860 年侵入中国的英法联军,但仅仅是附带提到而已。② 也许费拉里历史观中的那些概念架构直接来源于伏尔泰(Voltaire)和其他那些启蒙运动者把中国看作是一个平行的世界,看作一个与欧洲相对存在的世界的做法。③ 如同将手指置于刻度之上一样,人为干涉这个实验将会损害结果的客观性。费拉里那些充满冒险精神的同代人不会受到这样的困扰,他们无需任何理论来解释他们对于中国的实际介入:他们自己就是与中国发生联系的环境,他们通过军事力量、投资、医疗、新闻业以及其他各式各样的行动改

---

① 《易经》为邵雍的《皇极经世书》提供了范式,使得他能够依照《易经》中卦象的变化将中国历史中的时间和各种变化纳入一套循环模式之中。关于邵雍以及与之相关的中国关于必然性的此消彼长的理论,可以参见:Jullien, *La Propension des choses*, chap. 9。
② Ferrari, *La Chine et l'Europe*, pp. 589–590.
③ 参见:Voltaire, "Entretiens Chinois," in idem, *Oeuvres complètes*, 27: 19–34。

变着这个国家。不同文化之间的"解释工作"包括译书、攻击那些中国中心的偏见、培养一个新的阶层、重塑教育内容、驯化异教徒以及开放人们的心灵等等各种内容。① 由此导致的杂糅文化被标识为"殖民化的"或是"转译"的现代性。② 1898 年维新运动的失败以及前革命时期充满活力的上海是这种状态的主要历史表现。

一时间涌现出大量描绘"中国对西方的回应"的作品。也许根本没必要费力指出,这些作品将中国面对刺激作出回应的那种迟来性和次等

---

① 显然,此处所举的例子是美国和欧洲——特别是美国——在中国展开的改良计划,而不是美国和欧洲自身对于生活观念和方式的改变。卫三畏(Wells Williams)在 1883 年写道:"中国人到目前为止还没有机会学习那些他们现在很快了解的东西。当这个国度的人们被归结为未开化的国家时,时间已然匆匆而过了……很快,铁路、电报和制造业都将被介绍进来,紧随其后的一定是对中国无计其数的人们在宗教、政治、家庭等各个方面的启蒙"(*The Middle Kingdom*,Ⅰ:Ⅹ Ⅴ)。卫三畏笔下的单向度的革新将会被看作中国和欧美之间进行的最受欢迎的有益交流。关于这一美好图景的产生和叙述,可以参见 Isaacs, *Scratches on Our Minds*(特别是第五章,"The Wards",里面讨论了"中国人多么需要帮助以及他们多么善于接受帮助,"p.130),Spence, *To Change China*;Jespersen, *American Images of China*。Jespersen 关注的焦点在于亨利·卢斯和《时代》杂志。

② 杂糅意味着接受和融合,是一个倒霉的词。对于印度反殖民主义的民族主义的研究,参见 Chatterjee, *Nationalist Thought and the Colonial World*。关于在外部刺激之下带来的现代性产生出的杂糅的研究,可以参见,Leo Ou-fan Lee, *Shanghai Modern*;以及 Barlow, *Formations of Colonial Modernity in East Asia*;关于这一现代化过程在词库中留存下来的大量证据的研究,可以参见 Lydia Liu, *Translingual Practice*。关于资本主义和现代性一起进入中国,构成殖民主义的意义,可以参见 Brook, "Capitalism and the Writing of History in Modern China," in Brook and Blue, eds., *China and Historical Capitalism*. pp. 110 - 157。当然,在形式意义上,中国从未"被殖民":这是说它从未作为一个整体被某个外国所统治。然而相继而来的无能的政府、治外法权、被外国牢牢掌控的经济以及那些殖民地、半殖民的领土都是中国对于帝国主义的亲身感受。面对这些事实,仍然说中国从未被殖民,无疑是一种诡辩,对此的批评可以参见 Tani Barlow, "Colonialism's Career in Postwar China Studies," pp. 373 - 411, in idem, *Formations of Colonial Modernity*。与其让学者们出自个人兴趣不断吹毛求疵,不如提出更多问题以便澄清那些含混不清的问题:外国力量在不同时间、不同地点对于中国的干涉,对那些占据了不同社会地位的外国观察者来说有什么意义?不断变化的民族国家观念对于外国观察者们感受中国的苦难有什么影响?殖民行为如何改变了中国人之间的行为? 1842—1949 年间的中国,究竟应该看作是殖民主义的一个简单例证,还是新殖民主义的开始?所有这一切都需要耐心的研究,而不仅仅是回答是或否。

性塑造成了某种经典范式。① 其中有些作品呈现出帝国晚期和现代时期所面临的新处境——时间意识的模式从循环式的改变成线性的。② 循环式历史发展模式认为一个国家历史的发展是自发的,发展所需要的所有资源在其自身内部已然具备,并且唯有外来的暴力刺激(偶然的或者突兀的力量)之下,才会改变它的发展方向。传教士们正是在这个意义上看待中国的传统以及他们给这个国家带来的冲击。美国传教士卫三畏(S. Wells Williams)作为中国的解释者,向他那些说英文的听众如此解释中国传统的描绘自然循环变化的五行理论:

> (五行)是中国哲人们设想的对于可见的宇宙中正在发生的诸多变化的巧妙解释,他们用五行的变化来解释所有现象,因此,不会有什么例外是他们的体系无法容纳的。这一体系规定使他们的思考不用仔细考察和记录现实中的事实和过程,这使得他们如同笼中的松鼠一样,永远不会对他们谈论的东西拥有什么真正的知识。③

如果我们接受了费边的时间类型学,就会把东方和西方的相遇看作是时间和非时间性的遭遇。(这么说当然有些简化,更精确的表述是,正是遭遇带来了对照,当代的焦虑和争论以线性历史观和循环历史观相互对立的模式表达出来。)原生的现代主义者们重点关注如何赢得对于线性的、进化的历史叙事的控制。他们对"西方"掌控中国的改变即是这一过程的一部

---

① 参见 Teng and Fairbank, *China's Response to the West*; Jerome Chen, *China and the West*. 这一主题贯穿了 1950 年代至 1960 年代,它甚至催生了它自己的对立面,"中国中心的进路"。参见 Paul Cohen, *Discovering History in China*。其中柯文(Paul Cohen)对"回应"和"现代化"的理论作出了激烈批评,并且提出了他自己的计划:"以中国为中心的中国历史"。

② 参见 Leo Ou-fan Lee, "In Search of Modernity,"柯文同样谈到了历史编纂会被应用到现实历史中,他指出:"'近代'一词从根本上说是一种封闭式的概念。它对历史进程抱有固定的看法,认为它是严格按照之先存方式向前发展,而且带有浓厚的目的论性质……只有采用开放式的变化模式,辅以开放式的问题,史学家才能勾划出一幅对历史事实比较敏感的中国近世史的画面。"(Paul Cohen, *Discovering History in China*, pp. 94-95. 中译本参见,林同奇译:《在中国发现历史》,北京:中华书局,2002 年。第 90—91 页。)关于中国人在 1920 年代前后对于新和旧的争论,参见 Huters, "Origins of Modern Chinese Spirituality"。

③ Williams, *The Middle Kingdom*, 2: 74.

分。但是这种充满争议的历史观,将会造成激进的排他主义:那些认为自己拥有了即将到来的"现在",占有了真正的现代性的人们都对未来怀有必胜的信念。① 在这种状况下,共时性是无法想象的:如同两条平行线永远不会相交。20世纪前半叶那些进行比较研究的学者的职权(在很多情况下是一些令人吃惊的年轻的激进分子)相当于去描述这两条线(中国文化、西方文化)将要走向何方,并且它们将会在何处相遇,或者根本不会相遇。②

修补世界

线性时间观是只能有一个赢家的游戏,它的存在预示了所有其他时间观念的消逝(其中,也包括传统中国)。耶鲁大学的哲学和比较法学教授诺思罗普(F. S. C. Northrop)在1946年的著作中尝试用另外一种与之相距甚远的模式,来安置"东西方的相遇"。③ 诺思罗普写到了第二次世

---

① 参见 Duara, *Rescuing History from the Nation*;以及本书第124页。关于欧洲之外的国家人民的非历史性生存的一般讨论,可以参见 Lévi-Strauss, *La Pensée sauvage*, pp. 324-357。
② 我在这里的评论明确地指向那些焦虑型的比较文化研究,它们被冠以社会达尔文主义,主要的代表是陈独秀和杜亚泉。关于这一问题,可以参见陈崧:《五四前后东西方文化问题论战文选》。pp. 3-137。(标题是:"东西文化同与异、高与低之间的辩论")。关于"科学的西方和直觉的东方"在文明史的编撰中扮演的角色的问题,参见 Hart, "On the Problem of Chinese Science"。关于这些争论长久的意义,参见张隆溪:《走出文化的封闭圈》,pp. 4-11。认为东西方文化之间并不存在对抗的开创性比较哲学研究,参见唐君毅:《中西哲学思想之比较论文集》(初版于1941年)。唐君毅的思想本应在本章中进行更加充分的讨论,但是考虑到篇幅的限制以及他的思想的复杂性,我将在另外的地方加以讨论。
③ 诺思罗普在耶鲁大学任教多年,布什(George H. W. Bush)曾经在1989年访问耶鲁,并且设立了"诺思罗普逻辑学讲席"。诺思罗普跨学科和国际化的视角令他成为1940年代梅西基金会组织的会议的一员,生物学和社会科学领域的控制论正是在这些会议中间产生的。(当然,他并不是其中的主要成员。)*The Meeting of East and West* 一书献给安格尔顿(James Jesus Angleton),他是诺思罗普的学生和早期美国中央情报局的成员。这足以证明,诺思罗普的这本书是属于他那个时代的,然而,仍然在很多方面对我们的时代有意义。费边(*Time and the Other*, pp. 144-146)把诺思罗普看作一个"新的国际秩序的理论家和辩护人"。关于早期那些决策者们在这一新秩序影响之下对亚洲的看法,可以参见 Immanuel Wallerstein, "The Unintended Consequences of Cold War Area Studies," in Chomsky et al., *The Cold War and the University*, pp. 195-231。关于安格尔顿作为学术与间谍活动的代表人物,可以参见 Saunders, *The Cultural Cold War*, pp. 238-249。

界大战的经验以及美国在二战后不久获得世界领导地位,他尝试将文化多元主义和一种趋同的政治神学结合在一起。

诺思罗普深信东方国家和西方国家(特别是作为西方之西方的美国)正在加速度地相互接近,但是,他特别指出了两者在起点上的差异,并且认为即便是它们相遇之后,这一差异仍将继续存在。问题在于如何处理这一差异。在诺思罗普看来,处理文化间问题的模式在于相互的不可化约性。他的工作就是试图描绘两者相遇之后如何能够继续保持其自身特质的条件,并且相互尊重对方之所是,未来世界的美好蓝图将紧随将来的和平而到来。如同莱布尼兹所说的那样,天意总是隐而不显,各种不同的文明都倾向于塑造完美的宇宙人:

> 我们将很简要地指出东方文明的意义,正是这种意义使它区别于西方文明。面对世界时,东方文明主要用情感的和美学的、纯粹经验的和实证主义的直接态度对待自然中的所有事物……大部分的东方文明都着力发掘事物美学的一面;而西方则由关注事物的理论部分。因此,二者都有其独特的意义。①

两种文明是"相异且互补"的。诺思罗普笔下的西方意味着宗教上的一神论、以数学为典范的自然科学以及用法律规定了人在社会中行动的范围。而东方文明对他来说则是对于家庭生活、自然以及智慧的实证主义和美学的态度。在东方,家庭意味着特殊人之间的特殊关系,而自然则是经由独特的方式在艺术中加以体认和感知的,智慧则是尚未简化成种种教条的人生经验的总集。东西方两种伟大文明造就的文化塑造了它们的基本特质,而非磨灭它们:因此对于诺思罗普来说,墨西哥文化虽然将狂热的圣母崇拜和一神论结合在一起,在社会所有制方面建立资本主义,并且由质量而非数量的角度看待时间,但是,并不能因为这些特性就将其看作一个"东方"国家。诺思罗普尝试用心灵的独特能力来定

---

① Northrop, *The Meeting of East and West*, p. 375.

义不同的文明：

> 对于中国人来说，美学是伦理学的基础……对于中国人来说，知识以及建立在知识基础之上的伦理，总是伴随着充满了美学意味的温暖生动的个人体验，例如唇齿之间咀嚼春笋的声音、对于美味的欣赏，或是品茗时，对于清香和口感的美学直观感受，与此同时伴随着对于饮茶过程中种种仪式和美感的体会与欣赏。①

对于诺思罗普来说，"审美经验"是感官的、当下的和前理论的："尚未分化的审美连续体"是理论化的描述得以产生的原初状态。而理论是通过剥离前者的直观中所得到的种种特性而形成的，例如通过抽离视觉中的个性，而代之以对于任何观察者（任何角度）来说都适用的数学公式。虽然理论和数学都能描述感觉经验（如同我们刚刚提到的例子），但是理论的形式不可能成为审美活动的基础。无论如何，东方的观察者们从未抵达认识的理论阶段：他们的感知是一种"通过审美连续体的直接理解实现的审美的直接性，他们身处其中，是这一审美连续体的一部分，而不是面对经由某些假定、几何学的比例安排或者是通常所指的外部对象"②。（当然，诺思罗普常常并不指明这种经验究竟是一种优势还是劣势。）因此，理论化思维引领未来的必要性是一种客观要求。诺思罗普生活的时代，西方文化中的技术、法律、道德、信仰都仍然毋庸置疑，没人会把它们看作是需要重新阐释的无根的存在。因此，如他所说的，他"解决世界问题的方法"，是让那些理论化思维的文化继续理论化地看待研究事物，为世界的其他部分发展科技和基础；对于那些审美化思维的文化来说，则是继续审美化地看待事物，发展它们提升人的内在修养的传统；双方都把对方的文化看作是整个现实世界不可或缺的一部分而相互欣赏。"理想的社会必将回到建立在过去对于审美

---

① Northrop, *The Meeting of East and West*, p. 328.
② 同上，p. 318.

成分的原初直观之中,与此同时以理论性思维的那部分则努力发展当下的精密科学。"①简而言之,未来是属于美国的,只有美国有足够的智慧懂得保护世界上其他国家传统的思维习惯——亚洲国家中的大部分和最好的那些——它们能告诉我们(没错,我们)如何回到原初的直觉,并且在我们注重科技发展,只注重结果的生活中如何体验审美的美好时刻。

诺思罗普关于世界秩序的时间结构安排是原创的:它既不同于黑格尔的连续发展的阶段论,也不同于费拉里所建立的世界范围内的时间起伏序列。它是一种在文化多元主义引领下建立起来的末世论的历史发展观。对于诺思罗普来说,当东西方相遇的时候,历史就戛然而止了。它将不再是线性的发展,而是变成空间中的共存秩序:如同一座博物馆、一部文集或是一座动物园一样。在早先的历史中,冲突来自偏见。但是,这种"美国统治下的和平"将会超越这些琐碎的冲突。诺思罗普认为各种不同的文化都分别展现了人性整体的不同面向,它们相互依存,不可或缺:无论是拒斥现世的加尔文主义还是充满现世关怀的道家思想,都会在它们的信徒中发掘出对人类的困惑有益的互补因素。即将出现的世界秩序将会建立一种"善的标准",使得每一个人在其自身的文化限制内都可以接受。因此(或者诺思罗普是这么认为的),它将能够满足民主过程和普遍理性的要求。只要这两者能适应文化上正确的方式,也就是说,能够翻译成东方西方习惯的语言。②

---

① 同上,pp. 459。这一计划包括了唐君毅在《中华文化与当今世界》(1975)一书中提出的设想。在那里,传统中国人文主义和对待自然的美学态度被看作是人类能够生存的可能路径之一。
② 参见 Northrop, *The Meeting of East and West*, pp. 470-472。良好行为和良好状态的概念是一个对的概念,对每个人都有效。它建立在对于审美成分的直接领会和对于理论成分的自然科学方法所决定的人和自然的概念基础之上……在每个人或者人类能够把某种行为以道德和宗教的名义正当化或神圣化之前,他或者他们必须提出某种对每个人都有效,并且可理解的实证主义的美学路径,或是人人都能认同的关于人和宇宙本质的某种经由科学设想和论证的理论路径。并且指出,倘若没有这些行为,无论是美学的还是理论的关于人的真正本性的看法都将会被虚假地否定,并且失掉那些它们的特性得以证实的严格的相对论或持续论标准。

诺思罗普期待的互补性趋同要求我们把文化看作是决定一切的起点。因为中国、日本、墨西哥都有其独具特色的特点（用某种本质性的方式结合起来的一系列特点，例如我们可以通过日本的伦理观念了解日本的绘画或商业行为），才能够成为新世界秩序的必要"组成部分"（诺思罗普最喜欢的一个词）。穿过历史长河的每个民族都已经实现了他们的定义（实现了现代性的西方人最近将刚刚完成），而未来的多元世界将会精心安排现存的多样性。然而，这一规划，如果从亚洲的视角看来，意义必然有所不同。身处他的时代和位置，很自然地，诺思罗普的文化描述参考的都是中文语境中普世却保守的部分——例如林语堂、登上《时代周刊》的宋氏家族以及"新生活运动"；这些都会在新的世界秩序中长存下去。中国人不需要现代化，美国人会帮助他们实现这一目标，省掉他们的麻烦。诺思罗普认为东方人经历的历史，正是他们的宿命，脱离这一历史将会把他们变成另外一种人，整个世界也会失去一支宝贵的精神资源。据我所知，诺思罗普对于美国的外交政策没什么影响，但是当我们试图描绘文化相对主义中的不同文化构成部分时，他那披着哲学外衣处理"世界问题"的方式仍然发挥着作用。

中村元（Nakamura Hajime）的著作《东方民族的思维方式》（*Ways of Thinking of Eastern Peoples*）（初版于 1947 年）某种程度上是为了回应诺思罗普而写的，他更加关注差异性而不是文化间的趋同。五十年之后再看这本书，其中有很多缺陷。比如，他接受了太多传统的成见（例如印度人总是超脱的，喜爱神话和诗歌；实用主义的中国人相信对立面之间的和谐；日本人则过于强调顺从，但能体味自然的无常。）而他相较于诺思罗普的东西方理论进步的地方在于，他更注意区分不同的"东方"国家，并且建立了新的用来测量历史变化的标尺：他以佛学在东亚四国之间的传播和渗透过程为基础，更为深入地探究了每个国家的不同特性。毫无疑问，应该批判那种认为东方民族本质上是可以相互替换的、它们之间的差异并不重要的想法。本书写于美军占领日本期间，"日本性"(Japaneseness)的未来将走向何方还是个未知,到处弥漫着无形然而又无处不在的对于"他者"的感受。这一切构成了标识所谓东方人性格的背景。指出这些特质的行为背后往往心照不宣地隐含着一种哲学思维中的"现代""西方"标准:让我们来看书中的目录都写些什么:"语言中忽视个体性和独特性","缺少普遍性时间观念","缺乏对于客观自然世界秩序的认知","自然科学不发达","缺少普遍性意识","表达和思想的无逻辑性","缺乏普通法意识","自由思想不发达","形而上学不发达","宗教教派发展不成形","社会关系的压制","宗教意识薄弱","对于逻辑规范漠不关心","规避复杂思想的倾向"。① 所有这一切都不成为文化的特点,实质上——他们预先假定了一个情境,以此为对照,对"思维方式"加以评判并发掘其中的不足。这本书没有提及"西方人的思维方式",然而这难道不需要加以定义吗?

文化类型学在时间上是模棱两可的。它们设想了一个当下(作为互动产生的环境和理性的规则),以之为必要的背景,各种文化模式聚集于此,并且它们在逻辑上从属于此。文化模式没有差别地属于过去(源物质就存在于此)或者是现在(它被看作是对于所有成员都永远起作用的,无论这个还是那个文化;无论过去、现在,还是未来)。但是,这种时间上的整体性隐含着一个巨大的困难。跟诺思罗普一样,类型学试图解决不同文化间的共生问题——这在公众领域已是议论纷纭,实则仍是一个有待于创造的问题。如何以批判的观点看待差异的产生方式(我的意思是,如何在话语逻辑中推导出差异),类型学却对此并不关心。制造出所谓的"差异",其目的不过是为了发现和确认文化的同一性。但是,如果问题的重点不在这呢?

---

① Nakamura, *Ways of Thinking of Eastern Peoples*, pp. XVII-XX. 我有意不把这些特点与特定的人联系在一起,这可以从反面更好地展示普遍的"东方性"。

建构当下：绝对对立的对立（Le contraire absolument contraire）①

伯纳德·威廉姆斯（Bernard Williams）认为："在我们的伦理处境中，在其重要的方面，我们都要比从古至今的任何西方民族更像古人。更具体说，我们像那些公元前5世纪乃至更早的先民，他们为我们留下某种深刻意识的蛛丝马迹，而当柏拉图和亚里士多德试图使我们同世界的伦理关系变得完全可以理解时，他们并没有触及这一意识。"②当代性（contemporaneity）让我们回到了遥远的过去；仿佛我们平白努力了2500年，一切轰然瓦解，如今我们的处境并不比一开始时更好。威廉姆斯向荷马和埃斯库罗斯去寻求指引，期待着去跟那些连诸如"道德"、"合理的"和"自私的"这些概念都不理解的古人对话。他探讨那些古人做事的方法，希望能"古为今——或者后现代——用"。

寻求一个起点，又不愿再踏上我们已知的哲学史的老路，就这样，中国文本吸引了许多人。

自从1980年代葛瑞汉（Angus Graham）出版他的一系列著作以来，一个争论就被时常提起，以至于所有中国早期的哲学家们都被看作是后现代式的人物，或者至少有可能成为后现代的人物。因为他们的思想不关注关于实体、真理或者某种超越起源的基础预设，因为他们关注的总是实际的、可能性以及某些共识性的东西，还因为他们讨论道德问题或者辩论时，没有设立一个绝对的参照点。孔子、庄子以及他们中的很多人突然被看作具有了很多我们同时期的人的特点。这种解释试图把现在这一刻解释成为中国人和西方人的思维在哲学上相互融合的时刻。

---

① "绝对对立的对立"（The absolutely contrary contrary）这句话来自列维纳斯，为了描述"女性"作为不可被化约的他者。参见：*Le Temps et l'autre*，p. 77；"Time and the Other"，in Hand，*The Levinas Reader*，p. 48.

② Williams，*Shame and Necessity*，pp. 166-167. 中译本参见：吴天岳译：《羞耻与必然性》，北京：北京大学出版社，2014年1月，第181页。

作者本人宣称的想法现在变得不那么重要了。当下的可能性掩盖了思想发生的不同时代以及思想家们达到所谓思想上的一致时所采取的不同路径。

比如,郝大维(David Hall)和安乐哲(Roger Ames)谈到考察"现代自我的分裂,以及现代后期对这一分裂的关注,最后以此作为一种手段,帮助我们理解中国的自我的意义"①,"对于知识和真理的理解由表象性的到非表象性的变化为我们更好地理解传统的中国感觉提供了桥梁。"事实上,"知识"和"真理"成为理解中国哲学的主要障碍的一部分,因为这从来不是中国哲学关注的重点。

中国的哲学史家们曾经为中国哲学传统中的缺陷深感惭愧。他们尽力在思想史无名的角落中发掘出墨子的逻辑学、公孙龙的辩证论、王充的怀疑论和佛学中的种种论辩,并且努力使它们能够融入当代中国思想。② 然而,现在对知识论不感兴趣好像变成了好事。神学在西方影响力的衰弱为"神秘的经验"、"感性的灵魂"创造了机会,恰好让我们能够开始欣赏中国那种不需要"宇宙论的统一和神圣超越的概念"的宗教经验。③ 这里无所谓天命,但是面对这些证据,不得不说,某些历史的合流使得我们处在了开始像中国古人一样思想的现在(意识到我们无法再像欧洲现代人那样思想)。这和威廉姆斯回到荷马和早期的悲剧去求援一样,我们自己的困境迫使我们去向这些古人学习。我们如今发现自己欠缺某些东西,而求教于古人,实际上这些东西并不为古人所看重。

朱利安(François Jullien),用了几本书(《势》[*La Propension des choses*]、《道德奠基》[*Fonder la morale*]、《功效论》[*Traité de l'efficacité*])

---

① Hall and Ames, *Thinking from the Han*, p. 9. 中译本参见施忠连译:《汉哲学思维的文化探源》,南京:江苏人民出版社,1999年9月,11页。
② 参见:胡适(Hu Shi), *The Development of the Logical Method in Ancient China*;梁启超:《墨经校释》;冯友兰《中国哲学史》;Alfred Forke, *Lun Heng*; Graham, *Later Mohist Logic*。
③ Hall and Ames, *Thinking from the Han*, pp. 114,134,204,212.

讨论如何回到没有"本体论大厦"的思想状态。正是这种特质使得中国思想能够成为那些在晚期现代中受到动摇的西方思想的范本。① 中国人关心自然而非上帝，关心如何去做而非伦理，关心势（propensity）而非目的论等等，各种不同的表现方式背后，其实体现着同一个主题。朱利安是一个敏感、有说服力、学识渊博的研究传统中国的学者，他能追索某个争论的前后脉络，并且探究某个词汇在不同作者、不同类型以及在几百年的时间中内涵的变化。他的著作给欧洲人带来了新的信息：不仅仅满足于分析异国的文本，他用对比的方式试图在相互平行或有所差异的经典的文本和假设中发掘出更为深刻的意义。这种尝试对于跨文化研究的意义在于，在关于某个传统固有的问题之外，揭示新的可能。随便举一个例子（它真的是随机的，因为这样的例子俯拾皆是）就可以看出朱利安的对比方法是如何起作用的："17世纪的西方用如此严密的方式建立起来的'客观性'概念，将会让我们付出代价，它很容易让我们陷入与'主观化'相反的错误。中国思想逃脱了这一困境，因为他们思考的是过程，在此，主体被消解了，他们思考'道'或是功能。"②

朱利安经常用这样的方式将对立的关键由欧洲问题的模式（a或b）替换为中国式的模糊性（a和b）。西方人这种截然两分的非此即彼（客体/主体）的态度，使得他们常常无法把握问题的重点；而中国人因其智慧，在一开始就从未建构起这样一种非此即彼的态度，也就从未失去对于事物本身的注视（过程、道、功能）。③ 西方人用诸如上帝或主体这样应该加以解释的力量使实体具体化。然而，这样一来，他们就不得不面对如何保持这些概念自身运转有序的麻烦。中国人则一直坚持在语境中理解概念，体

---

① Jullien, *Un Sage est sans idée*, p. 9.
② 同上，p. 161.
③ 参见 Jullien, *La Propension des choses*, p. 17："较之西方思想的发展，中国人思维之原创性在于他们从不关注任何终极目的（télos）并视之为万物终极。他们从现行的进程之内在逻辑的观点出发，从现实本身出发寻找诠释……我们不得不承认这种思维方式底层有其高度一致性。让我们利用它以便从外在的角度解读我们自己的知识史。"

贴争论的各个方面。这让他们能够尽可能少地浪费精力。在朱利安的任一部书中,我们都会发现存在着一个整齐的价值对照表。我们可以从他在欧洲和中国对于"势"这个概念的不同理解中看到这样一种对照:

欧洲	中国
存在	生成
原因	倾向
单独的实体	关系
演绎过程	布局
形而上的假定	自然的势能
作为目的的善	自动的秩序
自由	自为
对立	互动
神话	礼仪
英雄主义	因循守旧①

这绝不是一个对等翻译表("[西方的]X,对应于[中国的]Y")——把它看作对等翻译表,则会产生很多令人无法接受的释义。在朱利安看来,表中相互关联的概念之间只是粗近似,我们在解释的过程中应该尽量避免这些概念,才不会错过中国思想中的重点。② 无论如何,如此之多的观点组成了一个中国的固定轮廓。当这一切逐渐积累起来的时候,我们会发现,朱利安笔下的中国更应该称为"我们自己的他者"(own other),一个他心目中的欧洲的镜像——用列维纳斯的话来说即是"我所不

---

① 参见 Jullien, *La Propension des choses*, pp. 228,195,188,196,214,223,231,236,238,同时可以参见 Jullien, *Un Sage est sans idée*, pp. 97-101,122-123。
② 朱利安很聪明地警告我们应该避免:"两种极其普遍的幻想形态——其中一种是幼稚的同化观,认为一切都可直接从一个文化转移到另一个文化;另一种则是过于简单化的比较观,其运作方法是,先建立一个框架,以便让人看见与他不一样的'他者'"(*The Propensity of Things*, p. 20)。朱利安对于这种非简单化的比较研究的呼吁值得赞赏。

是的那样",当然严格讲来并不是在他的意义上用这个说法。① 在中国问题上的这种观点是否和我们在其他地方听到的故事有些不同?(就像在诺思罗普那里一样,也许我们应该设想一下如果把这些书翻译成中文,意思会发生什么变化。)那时,庄子、王夫之仍然还是"对西方的回应"吗?总的来说,欧洲和中国的关系在此是不对称的:上面的表格中左边一栏提到的概念都是中国"不需要"的假设。② 西方人能知道这些,中国人则不可能通过自身了解它们。中国不需要任何外在的东西的说法现在已经变成了具有说服力的、广为流传的神话,并且中国和外国人对此都欣然接受。将来的学者们将会在朱利安哲学化的中国概念中看到这一传统的最精致的呈现。经过奥卡姆的剃刀,中国思想被看作是更好的、更加经济的,且更不向形而上学妥协。但是,这并不能保证我们不会得出相反的结论,即,中国文化失去了很多重要的部分,而欧洲则恰好很幸运地发现并且发展了它们。③ 惟有当代关于"哲学的终结"的论断让我们把这种缺失看作是某种自由。但是,与之相反的哲学类型学(比较一下中

---

① 举一个例子:朱利安最近的一本书 Un Sage est sans idée(中译本名为《圣人无意——或哲学的他者》),自称是研究"哲学的他者"。他通过把对于智慧的爱和追求(西方人的哲学)与拥有智慧(中国的圣人)加以对比来展示何谓哲学的他者。实际上,这种"他者"自从哲学诞生以来就已经相伴而生了,并且可以在哲学脉络中的任何一点引申出来。例如当苏格拉底否认智慧可以作为谓词时,或是阿拉伯人将哲学与神学联系在一起时,或是科耶夫(Alexandre Kojève)结束了他关于黑格尔的讲座,一变成为关贸总协定组织(GATT)的一员时(参见 Kojève,"les philosophes ne m'intéressent pas"),都可以看到这里所谓的"他者"。我们并非一定要到中国才能认识这种他者。朱利安在这一问题上同样的说法还可以参见 Jullien and Marchaisse, *Penser d'un dehors*。
② Jullien, *La Propension des choses*, p. 214. 我们也许都记得那个故事,当拿破仑问拉普拉斯(Laplace)为何给他的《天体力学》(*Mécanique céleste*, 1802)中完全没有谈到上帝,拉普拉斯回答说:"陛下,那是因为我不需要这个假设。"
③ 参见本书137页引用的卫三畏(S. Wells Williams)谈及的传教士的态度。他们坚持西方文化和制度的独特性,并且认为需要对此加以捍卫。这种态度现在往往被文化间的平行共存的态度所取代。(参见 Huntington, *The Clash of Civilizations*。)西方是独一无二的吗?如果真是如此的话,那么西方人需要向外部学习的最主要的东西就是如何更好地领会这种独特性。然而,我想知道的是,这种关于独特性的争论究竟是可以被证伪的论断还是仅仅是一种说不清楚(无法比较的)的意见。关于"大西洋"或"巨大鸿沟"将西方与世界其他国家区分开来的反思,可以参见 Hart, "On the Problem of Chinese Science"。

村元的范畴体系）却不会认同这种判断。

后现代学者赞誉中国，现代学者蔑视中国（或者说是傲慢的放纵），二者其实相差无几——问题不在于比较本身，而在于比较的目的何在。这种对比哲学的问题在于，它是否能在重述差异得以产生的条件（这些条件可能非常诱人）之外，再说出点什么：如果中国思想中缺少道德绝对主义或是逻辑中心主义的话，那么这究竟是对中国思想的发现还是观察者自己的期望？从这个角度看来，好像朱利安的方法得出的结论越多，他的这种对比阅读的方法就越站不住脚。这种阅读生产出一系列规律的、彼此相关联的对立原则，从而将"他者"转化为"我们的他者"，即我们自身的负面镜像（或者说，这是另一种自我理解的方式）。在这种转化中，未知的冒险所带来的种种诱惑变成了另一种形式的自我陶醉。

在朱利安的描述之下，不同传统相互碰撞的结果似乎仅仅是自我反思的方法论不断积累的产物。看上去，他好像希望能够应对这种质疑。以往传教士们多以为中国文化有"唯物主义"倾向，他重提这一问题，并进一步说道：

> （中国人是不是唯物论者）这个问题太受我们西方固有的观念限制，而无法让我们真的遇见其他不同的文化，以从其中观察出任何意义。那个问题因此没有解答……要使这两种思想的比较具有合宜性，最好的方法便是在西方思想的框架里，往源头去寻找何时何处开始出现了分裂，并且探索分裂是如何发展的。要使这个梳理的工作行得通，就必须在分类之内确定出一个真正的共识。然后，从该点出发，我们就会看到分歧是如何涌现的，我们也才能重新建构该差异。我当然不是从历史的现实主义的观点，而是以一种理论的谱系学之要求，来从事这个梳理历史的工作。①

---

① Jullien, *La Propension des Choses*, pp. 223 - 224. 着重字体为引者所加。[中译本参见：卓立译：《势——中国的效力观》，北京：北京大学出版社，2009 年 6 月，第 219 页。]

此处的措辞承认了在对比性描述中存在着同义反复的危险。"合宜性"这个词试图否认随意和无关的解读,却精确地预示了自恋式解读的危险。比较中的"合宜",是指那些看似相同,实则隐含着不同含义的情形(例如,法兰西第四共和国和第五共和国的总统角色的不同)。① "合宜"既是关系也是差异——说得更准确一点,是关系中的差异。

　　正如索绪尔所指出的以及信息理论所重申的那样,语言是由差异构成的,(感觉上的)"差异"构成(语义学的)"差异"。② 接触某种语言,能够训练我们的耳朵和精神在大量类似的选择中辨识出差异,而不是非像把铁块在一块已然区分了两极的磁铁上不断摩擦,以使其获得两极磁性一样。但是,世界上不只有一种语言,不只一种语义系统,很容易变得没那么规整,其中充满含混不清的符号和纯粹的"噪音"(事实上,所有的语言都无法彻底清除没有意义的部分)。当我们比较欧洲和中国的思想时(无论比较的对象如何定义),对于杂乱无章的差异进行的随意挑选将会毁掉这项研究。原则上,我们不必在意这个层面上的矛盾,因为在跨文化的研究中,那些产生差异和信息价值的话语"系统"严格说来并不会预先给予我们。因此,所谓的合宜性首先意味着我们如何建立起呈现差异的语境——其中差异即意味着选择。

　　朱利安解决这一问题的方式是寻求一个"有效理解"的区域,一个想象中共享的哲学上的"国土"或"时间"。一旦这个区域建立起来,他就可以描绘不同传统的不同途径,进而在一个虚拟的共同基础之上标识它们的分歧。如此一来,就像他所说的,结论将会是某种逻辑谱系而绝非历

---

① 索绪尔(Saussure)给出了这一理论的经典表述:"所以我们在这些例子里所看到的,都不是预先规定了的观念,而是由系统发出的价值。我们说价值与概念相当,言外之意是指后者纯粹是表示差别的,它们不是积极地由它们的内容,而是消极地由它们跟系统中其他要素的关系确定的。它们的最确切的特征是:它们不是别的东西。"(*Cours*, p. 162. 中译本参见:高明凯译:《普通语言学教程》,北京:商务印书馆,1999 年,163 页。)
② 这句话是 Bateson 说的(*Steps to an Ecology of Mind*, p. 453),但是来自 Shannon 和 Weaver (*The Mathematical Theory of Information*)。

史性描述：它可以用来解释为什么某个传统中的各概念之间相互依存，以及不同的传统之间为何会形成一个相互需要的系统（含义的中继）。"有效理解的区域"必须被建构成一种幻想，差异得以产生的原点，而这些差异在西方文明松懈之时正在汇集。但为何不继续扩展这一幻想的领域，以便把呈现欧洲和中国互相对立的特点的环境囊括其中呢？换句话说，为什么不直接承认这种对比中存在的战略目的，建构出的本质以及深切的"当下"关怀？如果中国思想家们是希腊人的对立面（或者是解药），那也是我们让他们变成这样的。（一旦某个传统中的思想家被看成是对他者的回应，其思想的本来面目就会有所不同。当然这一点尚未指明。）①"中国缺乏形而上学"对于中国思想的意义就和"没有语法"对于中文的意义一样（或者就此而言，所谓的离格）再也不能成为其特性。这种所谓的"缺乏"（无论被看作是有益的还是有害的）源自某种比较。比较研究本身当然没错，但是，它并不是所谓的麦克斯韦精灵（Maxwell's demon）②。我们要承认比较行为本身已经作为一个参与者影响到它描述的对象。我们也许应该记得研究亚洲的美国学者们如何通过有意忽略美国在中国的诸种行为这一重要因素而把亚洲历史神秘化的冲动，詹姆斯·派克（James Peck）和康明思（Bruce Cumings）对此有精彩的分析。③把文化比较赖以产生的条件同样进行一番对比研究将会很有启发，这比起将这些条件都归结于研究对象本身的特性，在列表中一遍遍重提要有意义多了。

---

① 此处的根据可以参见 Brooks，"Alexandrian Motifs in Chinese Texts"。
② 麦克斯韦精灵（英语：Maxwell's demon）是在物理学中，假想的能探测并控制单个分子运动的"类人妖"或功能相同的机制，是 1871 年由 19 世纪英国物理学家麦克斯韦为了说明违反热力学第二定律的可能性而设想的。——译者注
③ James Peck 写于 1969 年的文章"The Roots of Rhetoric：The Professional Ideology of America's China Watchers"批评美国学者集体无视和削弱帝国主义的现实影响；对于这篇文章的回应，可以参见 Paul Cohen，*Discovering History in China*，pp. 98-111。其中典型的例子是朝鲜，如果不考虑美国对朝鲜的影响，那朝鲜就根本无法理解。可以参见 Bruce Cumings，*Parallax Visions*，pp. 124-127。

通过朱利安的论证,我们可以再一次得出教训,对于一个世界主义的构想来说,"同时性"思考的意义跟它所展开的范围的丰富性成正比。最大的危险在于用音系学的方式来表述东西方的关系,把它当作是构成系统性对立的差异,在某个表格中罗列出来。① 这只能是像置身于面对面摆放的两面镜子之间,不断映射的形象无穷无尽地重复而已。我们究竟如何能够获得同时性的真正结果? 一个类似的想法介乎朱利安的哲学对比式阅读和费拉里的世界历史模型之间:两者仅仅在它们的两个端点处活跃——中国和欧洲。武力和观念的传输得以实现的领域(对于朱利安来说是"有效理解的领域",对于费拉里则是所谓的欧亚大陆主体)仅仅停留在人们的假设之中。

交通的意义

> 恺撒谋取印度,
> 现在起,底格里斯河和幼发拉底河将遵他的命而流,
> 罗马的军队遍布西藏,
> 帕提亚人将看惯我们的雕像
>   遵从罗马的信仰,
> 一艘冥河的潜流中航行的小舟,
> 马斯里伴着朱古达一起。
> ——庞德,《向普罗佩提乌斯致敬》(*Homage to Sextus Propertius*)

失落的中间部分,是弗雷德里克·梯加特(Frederick Teggart)的著作《罗马与中国》(*Rome and China*)(1938)的主题,这是一项彻底的经验主义的研究,没受到费拉里的任何影响,而它所得出的结论对于帝国的虚华来说是如此令人不安。

---

① 结构主义者的梦想就是把人文学科的知识改造得同音系学一样清晰。这种梦想一旦成功,无疑意味着失败。

梯加特由编制一份年表开始,这份年表记录了罗马和中国最辉煌扩张的五百年间,欧亚大陆的各个国家有明确记载的"大事件、战争、骚乱"的历史。(他对于"大事件、战争、骚乱"的定义并不明确,但是我们可以推测,在原初的文献中,它们的含义是足够清晰的。)大量的工作用于确定和标识那些大事件,更不用说如何协调过去的年表、地理学和民族志之间的那些模糊和冲突。这部书把自己的任务限定为只展现事件的结果。梯加特认定:

> 在公元前58年到公元107年的欧洲蛮族起义,没有一次不是接在罗马帝国东线或中国西域地区战争爆发之后,还可看出,在罗马帝国东方发生战争之后,多瑙河下游和莱茵河流域也都随之发生了入侵。而发生在天山战争之后的起义只对多瑙河上游地区发生影响。而在近东和远东没有战事的时候,欧洲也从未发生过任何起义。同样,罗马东线或天山的战争也无一不在欧洲引起暴乱。

梯加特不无骄傲地说道:"从这两条线索的比较之中,可以看出这些历史事件的联系"——"这一发现具有极为重要的意义,因为它说明了历史事件之间有着一种规律,而这一规律迄今未引起重视……更重要的是,它拓展了历史研究工作的视界。"① 比较的分析揭示出:"要了解总的欧亚大陆的历史,或者单纯地了解欧洲历史,就必须将中国历史推到幕

---

① Teggart, *Rome and China*, pp. 236-239. 中译本参见丘进译:《罗马与中国》,北京:人民交通出版社,1994年5月,第243页。最近的关于梯加特的讨论,参见 Frank and Gills, *The World System*, pp. 11-13, 167-171。近来尝试用全面的世界历史角度解读各大帝国之间的疆域的研究,参见 Christian, *A History of Russia, Central Asia, and Mongolia*;关于这片区域的历史独特性是如何必要的,又是如何被忽略的,可以参见此书430—431页。关于青铜时代贸易的世界体系中心由巴卡特利亚和阿姆河流域延伸到美索不达米亚和东亚的重构过程,可以参见 Gills and Frank, "The Cumulation of Accumulation," in Frank and Gills, *The World System*, pp. 81-114。关于早期入侵如何成为将中国和它的游牧民族的邻国之间联系起来的动力的研究,可以参见 Barfeild, *The Perilous Frontier*; Nicola di Cosmo, "The Northern Frontier in Pre-Imperial China," in Loewe and Shaughnessy, *The Cambridge History of Ancient China*, pp. 885-966.

前。"①他用了一个例子来说明：

> 东汉伟大的使臣班超,曾在塔里木盆地一带地区维护了中国的政权和声威,历时达31年。班超于公元102年获准告老还乡。他刚离开西域,从甘肃到帕米尔高原一线便爆发了战争。其后,中国军队不得不于公元105—107年间撤离西域。进而,公元105—106年,在近东,帕提亚(Parthia)国王帕柯鲁斯(Pacorus)被推翻,与此同时,柯奈利乌斯·帕尔马(Cornelius Palma)占领了皮特啦(Petra),吞并了阿拉伯(Arabia)。在欧洲,公元106年,图拉真(Trajan)入侵达西亚(Dacia),并于公元107年吞并之。再看看更远的地方。约在公元106—108年,罗马人被迫撤离了苏格兰。此时,匈奴人正从中国人手中夺得车师后王庭和吐鲁番(公元105年),而与此事相关的,则是公元107年蛮族入侵潘诺尼亚(Pannonia),即多瑙河以西的匈牙利境。②

让我们将其中的关系说得更明确一点：班超的告老还乡使中国西部地区陷入了不确定性之中。在那之后,东汉帝国很快就失去了继续保护贸易通道的能力,匈奴人马上开始充分利用塔里木盆地出现的权力真空状态。由此往西,长期以来处于东西方贸易的中间位置而由此获益的帕提亚王国,现在不得不直接面对来自奄蔡(Alani)和亚美尼亚(Armenians)的袭击,与此同时,国家内部也出现了暴动。(其中也包括最终胜利者埃斯罗埃斯[Osroes])。为了防止可能中断与来自佩特拉(Petra)的纳巴泰人(Nabataean)统治者的联系(现在它们已经不再是可靠的罗马盟友了),图拉真(Trajan)命令他的使者柯奈利乌斯·帕尔马(Cornelius Palma)占领了阿拉伯的这一部分地区,并且把它变成了一个省。同样的原因让图拉真对他长期的敌人达西亚(Dacia)的国王德塞巴鲁斯(Dece-

---

① Teggart, *Rome and China*, p. x. 中译本参见第6页。
② 同上书, p. viii；中译本参见,第4页。

balus)发动了一场先发制人的战役。也许是加强多瑙河沿岸或东部驻军的需要,使得罗马人从苏格兰地区撤退。总而言之,中国在西域地区控制力的衰退,加剧了那些渴望控制中亚地区贸易通道的集团之间的竞争。很多原本效忠于某个大国的小国政府也从中看到了独立的良机。对于罗马来说,与其失去外部那些非正式归属的领土,不如把它们都整合到确定的疆域之内。罗马的省级建制在东方、北方的拓展并不取决于卡比托利欧山,而是决定于遥远洛阳城内接受了班超致仕的请求。

梯加特不愿把他描绘的历史理论化,他宁愿停留在列举事件和日期,但是,某种用人类的利益来解释战争、叛乱和战略上的撤退的理论还是出现了。"东方的战争,西方的侵扰,其原因盖归于商路的遮断。""塔里木地区的战争遮断了丝路的交通。进而引起丝路沿线直至幼发拉底河域各地的敌对行动。"①对于商路的控制是引发中亚地区政治事件最主要的动机。身处大陆两端的两个政权明显不断受到"蛮族入侵"的困扰,同时还要考虑如何扩张人口,以及如何重新把土地纳入版图。它们把这些只是看作对它们权威的挑战,并不关心事件背后的联系。无法理解在帝国之间的空间展开的这种竞争机制(或者用"机械的"这个词更合适,因为很多结果是自动产生并且有序地联系在一起的)注定使帝国的无论多么强大有力的领袖们必将浪费他们的精力并且遭遇巨大的困难。

> 中国和罗马政府为了各自民族利益而推行的战争政策,必然地导致北欧各族的内部冲突及其对罗马帝国的入侵……但是中国历代皇帝和他们的谋士们却并不知道,正是由于他们的决策,使得那些闻所未闻的异国疆土战火纷飞。同样,罗马人对其在博斯普鲁斯、亚美尼亚和叙利亚战争的后果亦毫无了解……所以,奥古斯都才会坚持要去占领亚美尼亚,尽管当时完全可以料到这样做会在多瑙河和莱茵河产生什么样的实际后果。奥古斯都的言行历来被尊

---

① Teggart, *Rome and China*, pp. ix, 240. 中译本参见第 5 页,244 页。

为典型的治国之道。①

在梯加特看来,所有的边界冲突和劫掠性的远征都是延续了多个世代的世界战争以及那些为了消除这些战争作出的不断尝试的一部分。很容易把梯加特提出的多米诺式动力学和1914年德国的结盟以及1930年代对于"生存空间"的要求联系起来。他笔下的世界是一个如此紧密联系在一起的世界,每扔出一块石头都会落在什么人头上。但是,世界上主要的文化都没有这种感受。对他们来说,蛮族的入侵就像时常爆发的瘟疫一样,只是平常日子中发生的一系列的偶然事件或是某种暂时的中断或暴力插曲的再现。② 梯加特的普遍联系的世界的看法试图修正这种随机性观点。中国和罗马无疑拥有"同一个时间",并且相互作用于对方,只不过它们共存的关系已经超出了它们自身的理解之外。在这种新的、描绘帝国之间贸易交往的叙述中,帝国的权力就像是一个不明就里的演员。它们创造了各个事件之间产生因果关系的网络的条件,但是从未能掌控它们。这些权力书写了历史(事实上,梯加特所有的素材都来自经典的历史叙述),却注定会误把这些历史当作它们自身的真实情形。历史当然不是。(在附录里,梯加特驳斥了自恺撒时代以来关于蛮族大迁移的种种理论,这些理论或基于猜测,或基于人口及气候变迁的假说,抑或基于粗糙的蛮族心理学:他们"热衷掠夺","无所畏惧","热爱战争"。)对于世界历史来说,他们各自的国家都不是历史的创造者或主角,全球史的维度是由那些比如帕西亚、亚美尼亚、摩西亚、萨玛提亚等等野蛮国家所揭示的。无论是古罗马还是中国的古典历史学家绝不会接受这种想法。

当然,我之所以借用梯加特的描述,一半是为了他的作品自身,一半是作为那些在我看来应做而尚未做的工作的隐喻。这些工作包括历史

---

① Teggart, *Rome and China*, pp. 241-242. 中译本参见第245页。
② 黑死病的蔓延同样是中亚建构"世界体系"的结果,参见 McNeill, *Plagues and Peoples*。

的联系和影响(如果存在的话),以及在比较阅读中将"现状"和"利益"考虑进来。如果这个比喻有所教益的话,那就是它教给了我们的认同、挪用和媒介。中国和欧洲都是如此地文献丰富,历史绵长。在寻求二者知识上的联系时,我们不该太过关注于比较二者之间的异同,这只不过是把其中一方看作是另一方的镜像而已。看看那些在你自己国家的边境上生活着的令人麻烦而且不断入侵天朝道路的人吧。他们靠沟通交流为生,并且总是确保这种交流不是直接进行的。总而言之,他们是举足轻重的中间人,他们知道道路将通向何方,你最好是努力去理解他们是什么。

6 后现代主义在中国——概述及若干疑问

各种带"后"的字眼近来在中国备受关注——主要有后现代主义(postmodernism)和后殖民主义(postcolonialism),还有俗称的后结构主义(poststructuralism),或者照中国学者给它们的方便简称:后学(post-learning)——这些看起来像是把别处的先锋术语和观念译成了现代汉语的习惯表达。① 但我想说的也仅限于"看起来像"而已。在我看来,想弄清这些用语的含义,关键在于不要指望参考某个比较熟悉的"原版"后现代主义就能达成对它们的理解甚至评判。企图论证谁的后现代主义才是真正的、正宗的、原版的、嫡传的牌子,能想象世上有比这更别扭的悖论吗?声称中国的后主义者们理解错了,并企图借着对德里达、福柯

---

① 由于当代中国文学并非我的主要关注点,我是靠着朋友和同事的指点才得以概览讨论这些问题的密集文献。对我帮助最大的是张宽(尽管他知道我会跟他意见相左,仍然慷慨地提供了资料)和王友琴。如有事实错误或评价错误可放心向我提出。关于此处考察的主题,各式各样有用的讨论可在下列文献中找到:Rey Chow, *Writing Diaspora*, pp. 75-98; Liu Kang and Tang Xiaobing, *Politics, Ideology and Literary Discourse in Modern China*,特别是 Tang Xiaobing, "The Function of New Theory" (pp. 278-299); Sheldon Lu, "Art, Culture, and Cultural Criticism in Post-New China"; Zhang Longxi, "Postmodernism and the Return of the Native," *Mighty Opposites*, pp. 184-212; Zhang Xudong, "On Some Motifs in the Cultural Discussion," in idem, *Chinese Modernism in the Era of Reforms*, pp. 71-99; 以及赵毅衡,"'后学'与中国新保守主义"。

或利奥塔的某种根基更为深厚的解读来纠正他们——与其落入这样的陷阱，我们不如追问什么才是理解中国后主义的恰当参照系。

这倒不是说已经有谁可以回答这一问题了，现在还只是提出假说并加以检验的时候。我们要找的参照系固然有一部分是当今欧美的学术语境。各种后意识形态正是在这个语境中最先发展出来，传布四方，成为学者和读者（无论是不是中文使用者）的智识生活的一部分。而且它的语词和姿态，更不必说白纸黑字的注脚，都对我们可用、相对透明、且较为熟悉。这也引诱我们把后主义想成不过是詹明信或罗蒂讲过的什么东西在中国现实中的应用。但是，那样极有可能走上我担心的那条路，我的担忧来自对中国后主义著作的草率解读——走那条路就是想当然地认为话语体系都跟发言的情境相符，而这些情境本身是非话语的、可能无法言表的。欧美的先驱仅仅是参照系的一部分，而且远远不是最有意思的一部分。

颠覆欧美读者的自信——自信的意思是：如果是后现代，那我已经全都知道了（无论喜欢与否）——的第一种姿态是采取某些研究中国传统哲学的学者的态度，他们喜欢说：中国思想从来都是后现代的，因为它根本没想过变成现代。① 我认为这话在它本来的背景中纯属谬论，但它的悖论味道却对我们有帮助。本来的谬误在于以为既然两个东西都与第三者不同，它们俩就相似。② 然而，这个谬误或许能防止我们陷入另一种谬误：以为通达后现代主义的正确道路只有一条，即从现代主义中穿行而过（很符合词源）。偶然相似性和历史必然性都为论证布设了声名狼藉的基础，而把两者稍微混合一下则可以让两者都信誉扫地。

有人会说哲学上的现代主义是调整事实与价值之间关系的一种尝

---

① 葛瑞汉（A. C. Graham）在他的史学著作《论道者》（*Disputers of the Tao*）中讨论德里达与老子时开启了这一话题，参见下文 170—171 页。
② 好吧，出于良心，假设这个论证其实是说两个东西在相同的方面与第三者不同，我仍然认为这个说法漏掉了许多重要的、严重不对称的"方面"（例如两种"后现代性"产生于不同的需求和情境，后一种的诞生多多少少受了前一种的影响），参见第 5 章和下文第 7 章。

试,而后现代主义就是把这类尝试都抛弃掉——以至于宣称知识不可能有基础,价值是完全任意的,试图给它们制定原则只不过是蒙着透明面纱的话语管制而已。那传统中国就没有相应的幻象可丢弃,因为一般来讲中国思想的计划并不是为知识提出先验的保证,或给行为开出不容例外的药方。① 如果是这样,那后现代主义在中国语境下就像是荒诞的兜圈子——没病吃药。(或是接种疫苗预防现代性?)这是否就是最近这些争论显得充满话语活力的秘密——因为不会危及任何真正存在的东西?没有谁被刺中要害,这算什么批判?

可是,无论文化程度高低,没有哪个 20 世纪中国人能够过着完全传统的生活。因此,舶来的现代性的奇异之处都是活生生的批判对象。确实,我们要顺着历史回溯多远才能发现幸福的世外桃源的居民呢?很多人想把舶来的观念或模式从中国正统思想中剔除出去,可这些思想观念已在中华大地活跃了 150 年之久,正是它们,曾对一个接一个的政权构成过挑战,也曾为其提供过合法的形式和奋斗的目标,佶屈聱牙的翻译也没能扼杀它们的吸引力。② 人能认识世界本身的样子,而且通过这种认识还能把世界转变成它应有的样子,这一观念颇有影响,甚至吸引了并非专业哲学家的人。

维持后学绝大部分吸引力的后现代主义姿态是对现代主义普世的合法化手段的拒斥。是否有人呼吁我们让自己的判断服从科学的法庭,服从民主宪政的规范,服从索福克勒斯和菲狄亚斯的美学准则?只要是

---

① 对这种反差的早期记述参见瑞恰慈(I. A. Richards)的观察报告。瑞恰慈认为"除墨翟及其追随者外,中国思想似乎没有关于知识的问题",他还进一步谈到"孟子思想中缺乏能被我们看成知识论的东西……他的反思几乎都是关于行动及其来源和控制……他的论证少证明而多指令"(*Mencius on the Mind*, pp. 5, 61)。更一般地:"实用主义认为观念只是工具,要依据它们做的事来评判,这种学说……[在西方]是非常现代的,它是反思的结果,大部分欧洲哲学学派仍把这个结果视为要反驳的异端。中国哲学,至少其主流,似乎没有这样的真理问题。反思从未运用于这样的问题:'说一个陈述为真是什么意思?'取代这个问题的是一个初始得不加阐述的预设:真的东西就是应当接受的东西"(*Basic in Teaching*, pp. 24 - 25)。
② 关于"殖民的"和"转译的"现代性,参见前文第 5 章 136 页的注②。

规范,就是不可逾越的雷池。支配性的标准,更不要说意识形态潮流和政治影响,在20世纪大部分时候都是来自国际文化、商贸和技术,这一事实意味着拒斥现代的合法化模式对于中国大陆的思想者而言具有双重的意义,因为这些模式被认定为西方特有的。① (通常我会拒绝膜拜"西方"一词所指的偶像,不过在某些语境下它却模糊得恰到好处,无论它说出口时牺牲了多少差异性。)在今人的记忆所能追溯的范围内,中国本土标准从未获得足够的支持去指挥信念与实践,只有少数格外成型的领域除外,如家庭生活、特定的学问领域、宗教(在被容许的时间地点)以及某些艺术形式等。因此,飘缈的本地标准能够提供一套模糊得让人轻松的反面模式,跟那些被讥笑为霸权却又过时的模式相对立。我在好几位作者身上看到一种情绪,大意可转述如下:"欧洲式的启蒙主义已经破产——我们只需循着后现代主义的论证就能见证它的瓦解。我们不要紧!我们还有些后备可依托——这些文化产品会在崩溃中幸存下来,因为没人想到给它们报那么不切实际的高价。"

中国接受的那些后现代主义的手段与权威并没有产生出一套整齐划一的学说,而是产生了一批各式各样的机遇。要是企图把它们都归结到同一个意识形态或社会学类目下,那就太荒唐了,而且我也没有足够的篇幅和学识来完整刻画90年代中国的智识生态。② 不过,通过探索一些争论丛生的生态位,或许能够描述一下这些机遇的诞生环境,推测它们的可能后果。

写这篇文章时,我为学校出差到北京,这是十多年来首次造访。不出所料,一切新事物和许多并不新鲜的东西都叫我惊愕。就像早先有一次到访时,别人友好地带我去参观埃德加·斯诺的骨灰安放处设立的墓

---

① 关于这种认定,参见 Huters, "Origins of Modern Chinese Spirituality"。
② 有两项十分细致、引人入胜的社会学研究,分别是 Gu, "Cultural Intellectuals"和 Lynch, *After the Propaganda State*。

碑，就在北大校园的湖畔，碑文写着："中国人民的美国朋友——埃德加·斯诺"。很自然，这是因为是斯诺这位美国记者"发现"了毛泽东及其延安同仁，忠诚地拥护他们，并在60和70年代数次回来采访毛泽东，对全世界宣称合作化、"大跃进"和"文化大革命"是辉煌的、有益的变革。带美国客人参观斯诺墓当然是种关切的姿态，如果直说我对墓碑暗示的朋友关系的定义有什么看法，恐怕有点不礼貌。我只说了句"某些中国人的美国朋友"，这样说还不错，因为谈话内容由此转向了毛泽东的个人特点，这个话题是允许的，甚至受到鼓励。

许多"后学"文章认为，中国跟关心中国的外国人之间的交流应当符合斯诺对毛泽东的恭顺所代表的理想。受欢迎的外国人必须尊重的不再是个人魅力型的领袖，而是中国特性。对于其中隐含的恐外倾向我倒不太介意，我更担心的是文化民族主义对国内公众的影响。自我认同的回路作用导致人民十分看重"中国有能力说不"，可是许多中国人却没有能力对彼此说不，这到底促进了谁的利益？① 民族团结事业在和平时期难道不是极度有利于阻止多数人统治和对少数人的保护？正当建立在低工资且日益高科技的生产方式之上的中国政治经济努力实现从体制上确保工人听话高产的时候，"文化民主"（这个策略性的术语下文会给出定义）是一道值得翻越的壁垒吗？我作为"某些中国人的朋友"很担心这些事，因为我在自己的国家也担心这些。

历史学家许纪霖指出环境促使中国知识分子急于接受后现代看法中的反启蒙主义色彩，他把这种环境刻画为一部分是智识上的，一部分是社会学的：

> 从知识学的内在层面而言，[90年代"反西方"的理论家]原先接受的都是西方知识谱系中的主流话语。他们曾经相信这些西方的

---

① 指宋强等著的畅销书《中国可以说不》的标题。关于这类说不的论调，一个简要而有想法的讨论参见 Rey Chow, "Can One Say No to China?"并参见徐贲，"再谈中国'后学'的政治性和历史意识"，第135页。

现代性知识应该而且可以为中国的现代化提供足够的学理资源或操作模式。然而,随着他们对西学的了解越是深入,就越是发现那些所谓具有普世性的现代性原理实际上不过是西方历史/文化的特殊产物,与中国当代的文化语境和历史传统存在着巨大的隔膜。西方的学理与中国的语境的强烈落差,使得他们不得不将眼光从西方的主流话语移向那些边缘性话语,比如后殖民文化理论、分析马克思主义等等。他们希望从中找到知识的灵感,找到适合中国国情的新的现代化模式。……他们并非像以往的文化保守主义那样,以国学抵抗西学,而是"以夷制夷",用西方的边缘话语反抗西方的主流话语。……

从社会学这一外在层面来看,反西化思潮的出现与90年代国内外一系列环境的变化密切相关。随着中国经济的高速起飞,中国的综合国力有了很大的提高,当一个劣势民族开始改变劣势的时候,第一个反应往往是对以往所追随的优势民族说"不"。80年代中国对西方的接触有限,利益冲突也有限,知识分子对西方存在着一种美丽的想象,西化在心理上有其合理的依据。当90年代以后中国更多地卷入世界经济—政治秩序,中国与西方的利益发生了越来越直接的冲突,西方尤其是美国对中国加入关贸总协定和申办奥运会的阻扰、双边贸易摩擦以及银河号①等一系列事件,使得中国知识分子对西方大失所望,他们在西方的美丽话语背后发现了丑陋的权力关系,而这些不平等的权力关系是西方强加于中国头上的。……大大刺激了中国知识分子的民族主义情绪,这使得反西化思潮具有了深刻的心理基础。②

这份年表遗漏了一样东西。如果许纪霖的描述准确反映了中国知

---

① 银河号货轮在公海上被美国军舰追赶登船,因为(无根据地)怀疑其运送武器给伊朗。
② 许纪霖,"文化认同的困境",第100—101页。〔作者引用的英译文有二三处与中文原文略有出入,特别是将"追随"误译为"企图赶超",在此全部按原文引用。——译注。〕

识分子的想法,那说明有人已经精通了指鹿为马的技艺。虽然许纪霖列举的贸易摩擦和抵制的确符合中国的许多贸易伙伴的自身利益(不是全部,而且必定不会长久),但是拒绝将世贸成员资格和奥运主办权等国际承认的象征给予中国的公开理由是惩罚当局对群众运动的态度。若不这样做,就成了公然跟错误的人做朋友。说到"不平等的权力关系",也还有丑恶和更丑恶之分。取消几份合同、让一两场不愉快的演说干扰几个国际会议,总好过关于逝者的记忆被太快扫进地毯底下。如果认为近年来中国智识生活的转折点的主要轴心是西化的学者们发现了外国也有自己的经济,也有要保护的优势,也偏爱自私自利的政策,特别是在大选年,那我可就要大吃一惊了。难道没有人记得三四十年代的抵制日货?还是说美国主导的、短命的对华贸易关系降温,在宣传上是如此失败,以至于那些中国最有机会得知它的人都无一能够理解它是怎么一回事?无论是哪种情况,许纪霖对反西化的分析都假设了中国的受教育阶层的某种共识,即将现政府的权力目标看成与自身的目标或中国民众的目标大体上等同——在我看来这是需要证明的。① 看来对普遍主义的批判跳过了一些重要的阶段。也可能许纪霖用的是高端的伊索技巧,指望我们注意到这种遗漏,从而对整篇文章作出反讽性的解读。

只有像我这样的"洋人"才能想象一场中国智识运动完全围绕着恐洋或崇洋展开。我们应当尽力恰如其分地对待事物,正如我们不应该假设"后现代主义"试图复制关于 postmodernism 的法国或美国话语。在这个问题上,在有一位中国作者好像"弄错了"、把不相容的思想潮流拼接起来的地方,我们必须追问,她讲的故事与我们已经熟知的是否有什么不同。

---

① 周蕾(Rey Chow, "Can One Say No to China?" p. 151)点出了中国与被它视为政治上和文化上从属于它的地区之间的关系这个几乎不被触及的话题。

诗人、教授、翻译家郑敏的文章"世纪末的回顾：汉语语言变革与中国新诗创作"恰恰在这些基础上令人费解——也因此而颇具启发性，我会论证这一点。如果试图纠正作者的历史视角和理论知识，那么读者就忽视了这篇文章最挑起争议的方面，即它对中国（诗学的和政治的）现代性的集体故事的修改。所以这次我们尽量别再错过了。

郑敏的开篇问题似乎打算以国家利益破题："为什么有几千年诗史的［现代］汉语文学在今天没有出现得到国际文学界公认的大作品、大诗人？"①郑敏提出要重新检视汉语语言和文学百年来的历史，借此将现代诗的种种缺陷追溯到它的社会根源和语言学根源。五四运动的现代化推动者——白话文运动和新文化运动的领袖——犯的错误是

> 自绝于古典文学……竭力使创作界遗忘和背离古典诗词，对当时提出应当以白话文兼容古典诗词的艺术的学者如朱经农、任鸿隽、钱玄同等学者的意见也都加以否定，并由陈独秀［1880—1942，五四运动领袖之一］出面宣布［采用白话文一事］"必不容反对者有讨论之余地"。（第5页）

郑敏认为导致这种教条主义的是对语言和意义的一种过度简化的理解。胡适（1891—1962）和陈独秀认为语言无非就是交换信息的工具，因而要求一种浅白、可直接理解的当代习语（第19页）。但是郑敏依据索绪尔认为，"语言主要是武断的、继承的、不容选择的符号系统，其改革也必须在继承的基础上"（第5页，强调系原文所加），而改革者们"并没有理解在能指与所指之间，依照拉康的理论有一条难以完全跃过的横

---

① 郑敏，"世纪末的回顾"，第5页；引文页码以下都注于正文中。在研究郑文及其引发的轰动时，奚密（Michelle Yeh）推测郑敏引述的对现代汉语诗作的低估主要是宇文所安（Stephen Owen）对北岛的评论"The Anxiety of Global Influence: What Is World Poetry?"（参见 Michelle Yeh, "Chinese Postmodernism and the Cultural Politics of Modern Chinese Poetry," in Wen-hsin Yeh, *Cross-Cultural Readings of Chineseness*, pp. 100 – 127.）关于认可的问题，参见 Larson and Kraus, "China's Writers, the Nobel Prize, and the International Politics of Literature"。

杠,所以在任何一种言语中都有那未被完全揭露的一面"(第10页)。胡适、陈独秀要求写作基于口语而不是先前的写作范例,企图借此抹去文化符码的、记忆文学的,以及整个中国历史的"总书写"。如果我们说的"语言"就是索绪尔、海德格尔、拉康或德里达说的语言,那五四一代对语言真是恨之入骨。他们想从语言中得到的,郑敏认为根本不可能在语言中给出。但现代化推动者不承认他们从事的计划是白费功夫,反而开始攻击走回头路的人。郑敏从现代化运动的这种极端化中看到一种模式,贯穿整个20世纪汉语文学理论——

> 拥护—打倒的二元对抗逻辑。下面是我们将复杂的文化、文学历史关系整理成的一对对水火不容的对抗矛盾:白话文/文言文;无产阶级文化/资产阶级文化;传统文学/革新文学;正宗文学/非正宗文学;大众诗歌/朦胧诗;革命的诗歌/小花小草摆设性的诗歌……这种决策逻辑似乎从五四时代就是我们的正统逻辑,拥有不容质疑的权威。(第6页)

郑敏也承认,抛开种种复杂性和限定条件把世界划分为好坏阵营的意识形态在白话文运动早期必定是有用的,然而后果却是公众的精神失常。"从五四起中国的每一次文化运动都带着这种不平凡的紧张,在60年代史无前例的'文化大革命'中则笔战加上枪战,笔伐加上鞭挞,演成一次流血的文化革命"(第7页)。① 因此,郑敏之所以重新考虑五四改革者,是打算追溯极端化逻辑的根源并加以批判,不仅针对其后遗症,也针对其基本结构。她称之为"正是一种形而上学的对待矛盾的封闭式的思维"(第7页)。

郑文策略性地运用欧洲文学理论,援引"新近的语言科学"来纠正胡适和陈独秀的工具主义观点,借当下普遍的知识氛围唾弃二元对立的逻

---

① 这幅文学现代化的图景精确对应于让·波朗(Jean Paulhan)说的"恐怖":打着总是难以捉摸的真实性的旗号,企图铲除修辞与风格(参见 *Les Fleurs de Tarbes*)。

辑。使一些读者震惊的是她用传统思维解读理论:将德里达对弗洛伊德的"心灵书写"的解读与拉康的"无意识像语言一样有结构"的断言结合起来,以推论出语言越是传统,与无意识的关联就越深刻,因此语言改革代表了意识对无意识的攻击(第 18—19 页),这无疑是一种经典思维。①与她的索绪尔和德里达并肩而坐的是《文化定义札记》(*Notes Towards the Definition of Culture*)中的艾略特和民族主义(*völkisch*)状态的海德格尔。她这样运用理论(不只是在此处),想必会令更熟悉整套经典后结构主义作家和立场的读者惊讶。

郑文究竟是反映了一种后现代理解,还是旧式论证和后现代主义语录的大杂烩? 它是否如赵毅衡所言,是"新保守主义潮流引用后现代理论作根据,或作佐证"的典型? 看到"海外对五四的保守主义评价,看来已经传回大陆",赵毅衡"吃了一惊",同样令他惊奇的是发现"谈的是老问题旧观点,用的却是新理论:拉康的心理分析,德里达的解构主义"。②他感到郑文表明了"新保守思潮表征之二是回归传统文化……郑敏指责新诗'自绝于古人'"。③ 郑敏在回应中将赵毅衡的反驳刻画为暴露了他"站在正宗[现代]传统立场,捍卫白话文运动的'政治革命性',殊不知我的'回顾'恰恰是想走出这种将文化看成政治运动的依附物的传统观点。……走出那套革/保二元对抗的政治中心论……在 21 世纪……是当务之急"。④ 在郑敏看来,赵毅衡正是她要诊断的毛病(二元对抗、非黑即白、线性历史、艺术紧贴政治)的一部分。

反过来,赵毅衡对郑敏呼吁回归传统感到困惑,肇因似乎是感觉后

---

① 不过,汉语(不同于西方语言),尤其在诗的形式中,很接近无意识过程,这个想法倒并不是郑敏对文献的误读。参见 Kristeva, *Des Chinoises*, pp. 60-62。
② 赵毅衡,"'后学'与中国新保守主义"。赵毅衡提到的"保守主义"来源是林毓生《中国意识的危机》(Lin Yü-sheng, *The Crisis of Chinese Consciousness*)。林毓生对"全盘性反传统主义"的分析跟郑敏对五四"二元对抗"的描述有些相似。
③ 赵毅衡,"'后学'与中国新保守主义",第 5,9—10 页。
④ 郑敏,"文化、政治、语言三者关系之我见",第 120,124 页。

现代的前现代主义要么是全无意义的胡话，要么含混得叫人难受。然而把郑敏的论证叫作"新保守主义"又低估了其修正性力量。我认为假如能赋予一些特殊的诠释，那么郑文恰好执行了对中国国内的现代文学领域研究的经典式解构工作。它描述了一种滴水不漏的二元对立逻辑，例如描述了现代文学史将过去与现在两极化，并尝试寻找一些途径颠覆这些区分，例如主张语言一直是且必然是过去的"遗产"。此外，它返回到一种历史范式的根，部分是以经典的溯因方式，不过也有一个目的是表明，在一种历史中叙述为必然性和前科学的东西，在另一种历史讲述中就变成了压迫和欺骗。于是赵毅衡的回应表明了郑文为什么能造成改变。郑敏与赵毅衡之间的分歧相当于叙述方式之间的选择，这也证实了郑敏的隐含论证，即故事枪杆子里出合法性（无论是文学史的还是政治的）。郑敏对 20 世纪诗歌语言的批判——批判中几乎完全没有引用诗歌文本！——或许看起来像是全文中最不要紧、最不政治的部分，可是假如想撤换一种元叙述（master narrative），最好的办法就是提出一种与之竞争的元叙述。如果郑文展示的冒险性和决心更为常见，汉语文学批评会更加激动人心、更少敷衍之作。就连郑文的缺点也显示了在大陆的文学史内部生出不同立场的可能性，这些立场可以对应于台湾和海外华人世界等较宽松的环境中提出和争论的某些历史叙述，那样的话的确会摧毁某些宏大的、为大众所持有的"二元对抗"。

◆

粗略阅读郑文的读者会注意到一种论证上的不对称性——缺乏一般性的对文化建构性的描述——这表明当代中国对某些形式的本土主义视而不见。在批判了现代主义的白话文学矫揉造作之后，她又能将前现代的古典文学认可为汉语作者和读者固有的"存在的栖身之所"、"文化的无意识"，而无需为其自然性提供一个明显的案例。令人惊讶的是人们并不觉得应该对此感到惊讶。但这在中国一直是后现代理论（尤其是后殖民主义）很大一部分吸引力所在：这些理论似乎给中国特性留出了地盘。假如后现代冲动等于把中心边缘化,把边缘中心化,那么中国知识分子就不会因为把自己的中心主题等同于某种曾经边缘、如今在后现代西方话语中突出的价值与文化而损失什么。张宽试图把爱德华·萨义德的《东方学》再推进一步,他论证说:

> 萨义德只是批评西方塑造了一个虚假的东方形象,他并没有勾画出真实的东方应该是怎样的,如果他不能提供一个真实的东方来代替一个虚假的东方,他对"东方主义"的指责便显得无力了。另外,萨义德对西方的批评在道义上的依据,恰恰是西方人标举的人道主义。他大概忘记了,人道主义旗帜在西方高扬的文艺复兴时期,正是西方列强向外殖民扩张最血腥的时期,而文艺复兴运动中的人道主义对"人"的理解和对普遍"人性"的信念,也正是殖民主义在道义上的支撑点之一。①

在张宽看来,这都是成套的买卖:想要蒙田就必须接受科尔特斯和宗教裁判所,欣赏利玛窦就必须爱屋及乌,也欣赏鸦片战争。萨义德"大概忘记了"这些细节。张宽对各种文化予以捆绑打包,是因为他对中国历史的看法也同样地缺少分辨。比方说,他并没有替义和团和清政府道歉以便更好地赞扬戊戌变法的改革派政治家。历史对他来说已经不再被梳理成"进步"与"反动"(诸如此类)通过内部和外部斗争树立其原则的主体变迁,而主要是民族的或全文化的能动性机制。② 这符合他认为后殖民理论与当前世界政治相关的看法:

---

① 张宽,"再谈萨义德",第9页。在一个简略得十分典型的论证中,张宽说:"德国法西斯对犹太民族施下的恶行,乃是启蒙话语逻辑发展的必然",并指责五四知识分子也喝了同样的奶水("文化新殖民的可能",《天涯》,1996年2月号,转引自雷颐,"什么是保守?谁反对民主?"第124页)。张宽对欧洲犹太人遭屠杀的反思可能得自于不够仔细地阅读霍克海默和阿多诺的《启蒙的辩证法》(Horkheimer and Adorno, *Dialectic of Enlightenment*, p. xiii:并参见 pp. 12 – 13, 180 – 181),对"自我毁灭……[以及]进步的毁灭方面"的研究。围绕殖民主义及其与现代化之关系的历史问题的另一个讨论参见李陀,"让争论浮出海面"。
② 这一叙事体系的例子参见张宽,"欧美人眼中的'非我族类'"。

冷战结束以后的国际格局,以民族特性和文化认同重新组合的势头日趋明显,意识形态相对淡化。当西方仍以强势姿态出现的时候,后现代批评对西方宏大话语的种种神话来一点解构,对我们来说应该是有益无害的事情。毫无疑问,谈萨义德、反对殖民主义不是主张中国停止改革开放、关起门来"保护自己",而在于探讨如何加强中国人的文化认同和民族凝聚力,以便去应付酝酿中的"文明的冲突",这是每一个有责任感的中国知识分子应该严肃思考的问题。①

和郑敏一样,张宽的文章对资料的组合和连结也是令人惊讶的。在美国左派自由主义读者看来,萨义德与诺姆·乔姆斯基的政治承诺之间并没有隔着鸿沟,张宽引用的乔姆斯基谴责美国是"它自称正为之打拼的……三项国际准则的最大违反者(the leading violator of the three principles America claims to campaign for)"②〔括号内英文系张宽原文

---

① 张宽,"再谈萨义德",第14页。王宁采纳了张宽的大部分观点(Wang Ning, "Orientalism Versus Occidentalism?" pp. 59-61),他在1997年这篇文章中论证:

"东方"并不仅仅指一个地理位置,它还具有极为深远的政治文化内涵。这个"东方"已成了西方的"他者",西方人从这个视角反思自己的世界,因此对他们而言拥有这样一个"他者"是完全必要的。……〔但〕萨义德的"东方"或"东方主义"也有其意识形态与文化局限性……我们平常打交道的"西方"观念或文化实际上指的是欧美盛行的基于资产阶级价值标准的意识形态或文化概念,而与它们相反的通常就被当成"东方"概念。东方和西方在二战后的冷战时期处于对立状态正是基于这种意识形态和文化上的显著差异……〔而今,冷战之后〕按塞缪尔·亨廷顿的说法,"人类之间的重大分歧和冲突的主要来源将会是文化的"。(添加了强调)

这段散漫的文字极度缺乏逻辑(东方概念与西方概念相反?),暴露了文化图解这种令人厌恶的做法的真相。像张宽一样,王宁引用亨廷顿的"儒教跟伊斯兰教的联系已经浮现,对西方的利益、价值和权力提出了挑战",并补充说亨廷顿比萨义德先行一步,"在此正确把握了东方文化的两个源头:阿拉伯国家和中国"。

② 转引自张宽,"再谈萨义德",第12页。我没能找到张宽所指的确切段落。关于政府,尤其美国政府,讲的权利话语的空洞性,参见Chomsky, *Powers and Prospects*。张隆溪(Zhang Longxi, *Mighty Opposites*, pp. 211-212)指出,用萨义德的名义支持民族主义的、基于种族的或原教旨主义的事业是不恰当的;并参见Said, *Orientalism*, p. 322。关于萨义德本人对亨廷顿的看法,参见Said, "The Clash of Definitions," in idem, *Reflections on Exile and Other Essays*, pp. 569-590。

所有。——译注〕也经常得到挑剔本国对外政策的美国人响应。张宽离开这条老路的地方是他对人道主义原则本身的否定。假如乔姆斯基感兴趣的只是将美国的权力最大化,那么毫无疑问他仍然会挑剔美国的对外政策,只不过会以不同的方式、用不同的标准。麻省剑桥是个小地方,但是从乔姆斯基建立在权利基础上的批评到塞缪尔·亨廷顿基于民族和文化权力集团的"文明冲突"将至理论,要走过相当遥远的距离,持有的假设和拥有的同伴都大相径庭。①（在美国自由主义者眼中,亨廷顿的主要成果是发现了一个把军费预算维持在冷战水平的新借口。）张宽能够实现这一过渡是因为人权的语言对他来说只是西方国家用来压制中国的"强势语言"的一种方言。人权话语没有任何实质内容,只有民族问题才是实情。"改革开放"政策的好处仅仅在于增长国家的财富和权力。

　　像张宽这样的挪用显示了"理论旅行"的表演能够造成多少惊讶。福柯、乔姆斯基和萨义德赢得我们的注意靠的是不仅谴责滥用,也谴责虚伪——自命宽宏大量或客观,其实固执己见的行为。他们的批判要求我们言行一致。大部分修正性的理论可能都有理想主义的内核。在张宽的历史图景中没有位置给虚伪和对虚伪的批判。② 这是不是由于福柯在来中国的路上经过了美国介绍和翻译的过滤（侧重对自由制度的批判）而导致的后果？在中国版本里,福柯是把民主社会描述为监狱的人,是关于自由个体良知的启蒙主义神话的颠覆者——肯定不是60—80年

---

① 亨廷顿的《文明的冲突》在中国当即获得成功。"就美国把中国视为未来最主要的对手这一点而言,它令相当多的中国人兴奋,因为它使长久抬不起头来的中国人再次体会到作为一个未来强大帝国子民的荣耀。现在有不少人在透支这份荣耀,但我看不出它对中国现在的发展有什么益处"（陈晓明,"'文化民族主义'的兴起",第37页）。对于环太平洋不同国家的政治环境下如何利用"外来威胁"的评注,参见 Bruce Cumings, "The World Shakes China," in idem, *Parallax Visions*, pp. 151–171。
② 参见下文第7章。

代法国舞台上常见的活动家,寻找"民族成见与争取尊重权利的政治斗争之间的连接点,以及反对滥用政府手段的批判性反思与寻找一种能为个体自由奠基的伦理学之间的关联"。①

"以启发了某个政权的那些'原则'的名义赦免它的责任"②(精妙的冷战操作),永远是批判意义上的失败,但是,认为启蒙是好事的人对启蒙主义理论与实践的批判,跟认为别的目标更有价值的人把启蒙作为其自身来批判是有区别的。在美国,后现代习语提供了容纳这两种批判的大帐篷,一些著名人物(例如 Stanley Fish)很难确切地限定为属于这一派还是那一派。不过这种共存得以可能的原因是后现代批判还没有切实影响到日常生活的舒适和自由。假如有一天出现了比争夺职场地位更重要的事情,恐怕笛卡尔—康德式主体模型的反对者组成的临时共同体内就会开始更激烈地对彼此提出异议。消解围绕自由社会的共识是出于什么目的?是要创造更加真正自主的个体还是强化集体?不用从文化上论证社群主义是中国的自然倾向(这种偏好稍后还会拿出来考察),我们也能明白为什么在目前的环境下最容易通过翻译遇见的福柯是支离破碎的。

一天晚上,我去大成坊路逛二手书摊。在诸多软件手册和大胆行动的故事之间,我翻到一本《改革前后备忘录——巨龙复苏》,作者威达,显然是假名。③ 隔天晚上,由于失眠,我读了其中关于 1979 年 3 月的章节,特别是后续的"收车"。不必大吹普遍主义或特殊主义的法螺,依靠平凡的对待不公正的日常反应,无名的威达展示了如何让本土的权利话语起作用。

---

① Foucault, "L'éthique du souci de soi comme pratique de la liberté," in idem, *Dits et écrits*, 4: 727–728.
② Foucault, "Discourse on Power"(与 Duccio Trombadori 的访谈), in Foucault, *Remarks on Marx*, p. 171.
③ 我找不到关于威达的其他信息。〔作者将书名中的"备忘录"误为"略忘录"。——译注。〕

我带着这些想法参加了一次宴会，同席的是一群对外汉语专业的教授和行政人员。当讨论起中国文化名人的国际影响力时，作为一种赞扬，有人提起"无论胡适在国内多么辛辣地责骂对手，只要出了国，他就只会说中国文化的好话"。说白了就是拿破仑的脏衣服规则——要在家里洗。关系到某些案子时，光是提及大赦国际或外部组织的关注就足以给事情蒙上阴影，威达的新闻剪报收藏中的如下选段已经把这一点说得很明白了：

> 外国人怎么能给中国人恩赐"人权"和"民主"呢？不会！……新中国成立前，帝国主义的皮鞭、刺刀、枪炮，是从来不讲"人权"、"民主"的。有的公园，门口挂着"华人与狗不得入内"的牌子。
> 靠劳动人民血汗填肥了肚子的百万富翁有什么资格讲人权？①

用这种障眼法，全体外国人被方便地压缩成一个人，参与大赦国际写信活动的人跟建造帝国和破坏工会的人被当成一个人，以便更好地把国内人口塑造成相应的理想统一体。虽然这些引文出自 1979 年，但这种技巧，利用所谓的民族和国家利益去抹黑外国人或通过外国渠道表达的一切，20 年后仍然在大量使用。其说服力的延续或许表明，中国后现代主义者的某些主题——他们的社群主义、他们对普遍理想或普遍叙事的拒绝、他们自我描绘为"思想的去殖民化者"②——映照着当时的一种舆论或者说一种僵局。诉诸后现代是在未经理论化的社会基础上碰巧的轮回吗？回答这个问题需要放眼中国的未来——要尽可能比我看得更远。

---

① 《北京日报》，1979 年 4 月 2 日；《中国青年报》，同日。转引自威达，《改革前后备忘录》，第 328—329 页。把人权活动跟鸦片战争等同，这种陈词滥调长盛不衰，参见例如邓小平，"国家的主权和安全要始终放在第一位"，《邓小平文选》，第三卷，第 335—337 页(英文版)。
② 这个短语借用自 Ngugi wa Thiong'o 的 *Decolonizing the Mind*。

◆

读者可能已经猜到,我在后自由主义的亨廷顿式历史理论中看到一种供政府利用的资源,它热衷于为集体主义代言,靠"勇敢反抗"对他人"内政"的干涉来显示"力量"。假如跟美国的关系日趋紧张的模式代表中国如今已强大到需要被认真对待,按这种盘算,该模式就是对政权有利的因素了。后学的批评家没有放过利益的潜在分歧,他们经常提出的一个问题是什么样的论证与"官方路线"协调。刘康发现,"全球化文化想象所传播的资本主义现代化一元决定论,在中国文化界、知识界的确形成了某种主流思潮,这一思潮填补着……文化霸权日趋失落后的意识形态空白"。① 对赵毅衡来说,刘康勾勒的状况相当于"打着'例外主义'的旗号,以西方诸'后'学为理论支持,……以文化上的民族主义为背景的新保守主义文化思潮",是对现代化方案的怀疑。② 徐贲的分析指责后现代主义者躲在"许可话语"的区域内,甚至附和"官方话语('人权'即吃饭穿衣的生存权利)"。③

在当代中国环境下,后现代性对普遍原则的反感,加上它无力制定一种有原则的多元论,使之具有了一种候补官方思想的特定轮廓。对许多后主义者而言,他们所在的历史时刻——"后新时期"——的特殊性通过跟80年代的标志对比得到了最好的界定。80年的标志是对公民社会和自由主义政权的狂热追求,那个年代是"西学"的时代,90年代则是"国

---

① 刘康,"全球化与中国现代化的不同选择",第145页。"填补空白"一语在这里非常含糊——我认为这不只是写作风格的问题。关于某些概念从中国毛主义到法国左翼再回到中国后主义的往返旅程,参见 Guo Jian, "Resisting Modernity"。关于中国从"共产主义"到"资本主义"的过渡,以及向市场经济求助的性质,参见 Billeter, *Chine trois fois muette*。

② 赵毅衡,"莫须有先生与他们的蛙跳",第137页。

③ 徐贲,"再谈中国'后学'的政治性和历史意识",第135页。并参见 Zhang Longxi, *Mighty Opposites*, pp. 203-206, 210-211 有关与"官方路线"共谋的问题。国际人权谈判的一个充满高度实用主义细节的历史,参见 Kent, *China, the United Nations, and Human Rights*。对权利话语的语言加以质疑,并联系到对经济全球化的批判,参见 Farmer, *Pathologies of Power*,特别是第9章"Rethinking Health and Human Rights"。

学"(national studies)的时代。① "国"被作了一种狭义的、防御性的理解。张宽说:"自由、民主、多元、作家的独立性等等概念已经讲了多年,但关键在于不同的历史条件下要有区别,而不能无条件地拥抱这一连串的资本主义观念……今天我们思考问题似乎不应停留在 80 年代,而需要更进一步。"②张颐武说:"后新时期/新时期间的断裂已经显现得十分清楚:以旧的话语方式来阐释中国大陆文化,已被当下新的文化实践抛弃。"③他在另一处将 90 年代这个"后新时期"定义为"对从七十年代后期开始的'新时期'文化的'现代性'追求的全面超越,也是对全球冷战后文化语境中当代中国文化状况的总的概括与描述。它指的是一个以消费为主导的,由大众传媒支配的,多元文化话语构成的,富于实用精神〔作者译为"功利主义"。——译注〕的新的文化时代"。④ 批判到此为止:宣告一个"全面超越"之前一切的"后新时期",并尊奉与之相宜的智识态度,这样就把潜在的对手抛在了后面。

指望谁会自愿接受"官方"思想家这一标签,这或许太过分了,哪怕后主义者们似乎无法避开那些与中国政策相呼应、相似或对之有利的立场。⑤ 郑敏的文章在现代主义诗学方面的引用记录颇有教益。该文将现

---

① 按陈晓明("'文化民族主义'的兴起",第 35 页)的说法,90 年代初〔原注误为"80 年代初"。——译注〕一批学者开始"反省西学,回到国学。国学(national studies)一词最早出现在 19 世纪后期,借自日文"国学"一词(本身基于对《周礼》的指涉;参见 Lydia Liu, *Translingual Practice*, p. 326),其内涵包括对民族文化的纪念性描述,时常放在关于国粹(essential national characteristics)的故事框架中。被提到的新国学或后国学的偶像有章太炎、陈寅恪、王国维、顾颉刚、梁漱溟、张君劢、杜亚泉等〔原注误为"张太炎"、"张君励"。——译注〕(陈晓明,"'文化民族主义'的兴起",第 36 页)——每一个都是反殖民主义者,但算不上文化沙文主义者。类似的名单参见徐贲,"再谈中国'后学'的政治性和历史意识",第 136 页;以及张颐武,"阐释'中国'的焦虑",第 134 页。关于三四十年代的"国粹"思考,参见 Lydia Liu, *Translingual Practice*, pp. 239-256。
② 张宽,"加强对西方主流话语的批判",《作家报》,1995 年 6 月 24 日;转引自雷颐,"什么是保守? 谁反对民主?"第 124 页。
③ 张颐武,"阐释'中国'的焦虑",第 128 页。
④ 张颐武,"后新时期文化:挑战与机遇",第 112 页。
⑤ 关于为官方学说提供帮助的两难困境的讨论见陆家,"'反西方主义'回潮",第 17—18 页。

代白话文学的建制化重新描述为一个只破不立的过程,这一描述可以解读为指出了通向确实更多元化的文学界政治的道路——多元化的意思是提出不止一种合法化故事供整个共同体考虑。但该文对五四运动的批评也被当成工具利用,作为对所有"西化"运动的批判,包括80年代自由民主思想的涌入。张颐武把郑敏对现代主义运动的反省挪用来指责整个启蒙方案:对他而言,"五四"只不过是"始于鸦片战争的一个过程的完成",在这个过程中,中国知识分子"将西方式的'主体'的'视点''内在化'",甚至中国的"国民性"也因为与西方的民族国家思想的关系而受到污染,"这个将自己处身其中的文化'他者化'的过程,正是中国'现代性'的最为重要的表征"。① 所以,越快宣布现代性终结,对全体中国人越有益,就是这么回事。赵毅衡从郑文中辨识出一种保守主义动机,于是复诵了更传统的创立现代汉语文学的故事,刺激他这么做的正是对上述这套言外之意的忧惧。"保守"一词在这个语境中是什么意思呢?虽然诉诸对中国历史的更长更复杂的叙述也许可以暗示现代历史的竞争版本也有合法性,从而打破教科书式的必胜论的垄断,但是如果不可能展开更加追根究底的讨论,这样做也不过是让借机抹黑普世理想的民族利益理论家从中渔利罢了。郑文的某些方面所代表的某种开端结束得实在太快了,或许它实在无法被容忍——因为无法确定而无法容忍?

多元主义的问题,就像"保守主义"标签一样,在于模棱两可地依赖于使用的语境。作为中国后殖民主义的附属物发展起来的"文化民主"理论提供了一个很好的例子。张颐武说:"后现代提供了有力的文化实践上的依据,一种多元多向的文化,一种新的文化民主,一种无限的选择性业已崛起。"②张颐武的乐观主义有趣地跟"抵制"的观念交织在一起:

---

① 张颐武,"'现代性'的终结——一个无法回避的课题",第106页。
② 转引自何家栋,"后现代派如何挪用现代性话语",第74页。

90年代初叶不少海外研究者为中国大陆文化绘出的阴郁黯淡的图景,也被这一文化的活力与丰富性无情地否定。目前出现最为尖刻的"历史的讽刺"在于,中国政治/文化/经济的进程完全脱离了昔日居于话语中心的"知识分子"的把握,也完全脱离了在海外或中国本土所产生的既定话语及阐释模式的把握。中国似乎已变成了一个无法加以驯服的"他者"。①

跟张宽一样,张颐武也模仿萨义德,但却以镜像的方式解读萨义德的许多姿态。萨义德论证说西方建立了一套关于东方的学者话语以便支配东方,而张颐武的结论是中国若想甩脱外来的支配就必须变成不可把握的。针对"东方主义"——被他定义得十分宽泛,足以包含外国人可能表达的一切关于中国的意见——张颐武坚持"中国文化的特殊性"。重点不是要形成一套关于中国特性的理论或描述,而是要采取一切可能的方式"抵制"外国(或被外国沾染的)关于中国的话语,最喜欢用的方法是讥笑:

> 在这两篇文章[徐贲的"第三世界批评在当今中国的处境"和赵毅衡的"'后学'与中国新保守主义"]中,有一个极为明显的共同特点,它们都具有强烈的荷米·巴巴(Homi K. Bhabba)所说的"训导"(pedagogical)的色彩。这种"训导"不仅仅体现为一种思想,而且也是一种修辞策略。这里有居高临下的俯视,有充满同情和悲悯的了解,似乎是掌握了历史蓝图的先觉者对处于困境中的本土批评家的一次高屋建瓴的观察,是处于"观看者"位置的作者对于"被看者"的挣扎与追寻的认知。②

此外,由于深信外国人(或移居海外的中国人)的观察和分析都"被西

---

① 张颐武,"阐释'中国'的焦虑",第128页。这些"海外研究者"肯定包括了林培瑞(Perry Link, *Evening Chats in Beijing*)和默尔·戈德曼(Merle Goldman, *Sowing the Seeds of Democracy in China*)。
② 张颐武,"阐释'中国'的焦虑",第129页。

方文化霸权支配",目标是"将中国变成驯服的'他者'",因此他拒绝承认他们的知识地位,在"知识"和"中国"等字眼上都加了引号以表明这一点。这真是后现代理论的绝妙应用——把别人为知识的诉求都贬为社会建构的,却对自己的不加质疑!① 这种被动攻击的风格——把一切对话和批判都打扮成不对等的竞争——本身是对它所处的话语的严厉判决,这让我惊讶于张颐武对论战的喜好。可是这不仅仅是习性,还反映出他要说的实质,并通过建立一套语言游戏和构建个人行为去塑造"中国"与"西方"之间某种关系的模型。这些语言游戏值得关注,无论其内容多么不值一提。

张颐武推荐给当下的批评方式并不大胆:

> 这种探索首先试图寻找一个"他者的他者"的新位置,它试图跨出旧的"他者化"的境遇,拒绝在普遍性/特殊性,古典/现代的二元对立中充任任何一方,而是在当下的文化语境中对二者进行反思,提供新的参照。其次,它意味着对当下文化的参与,意味着一种葛兰西式的"有机知识分子"的生成。它不站在文化的对立面,也不试图超越它,而是在对社会及文化转型的辩证思考中寻求理论的发展。它对西方的文化霸权保持着批判,但这种批判并不意味着一种"保守主义"的绝对化的本土立场。这种新的立场乃是对当下中国交织杂糅(hybridity)的语境的"状态"的新把握。这种把握正是通过对西方理论的"挪用"获得的。只是这种挪用并不意味着利用理论对中国语境进行阐释,而是认识到对理论霸权的超越,只有在对理论的反思与批判中才能生成。这就需要以理论获得对理论的批判,以中国的当下状态反思理论,以理论切入中国的当下状态,由此获得一种双向的阐释,以期获得新的文化想像力和创造力。②

---

① 顺带一提,这种手段被广泛使用。
② 张颐武,"阐释'中国'的焦虑",第134—135页。关于"他者的他者",也参见同作者,"'现代性'的终结",第109页。

这个纲领有一种坚定的防守味道,就好像张颐武汇编了一张当今骂人词汇的清单——"保守主义"、"本土主义"、"霸权"、"精英主义"、"商业化"、"激进主义"——并设计了可以避开所有这些礁石的后现代探测手段。什么都不承诺,但也不脱离任何东西,不提供明确的操作方法,这个位置实在太安全了,像极了罗兰·巴特(Roland Barthes)在资产阶级圈子看到的"既不—也不式批评"。①

没有锋芒的批评,看起来好像是这样——但实践中的情况大为不同。在另一篇文章中重复了这一纲领的若干要点之后,张颐武提到了两种他认为"毫无帮助"的游戏玩法:"'政治优先'的话语欲望"和"'价值优先'的话语欲望"。一名读者反驳张颐武对人权话语的抵制,说他听起来像"[中国]外交部发言人",张颐武在回应中反唇相讥,称这等于是"将与自己的选择不同、学术观点有分歧的'他者'指认为'外交部发言人',其意义之所在自是不言自明的。……捍卫自由的天使好像在与恶魔的辩护士进行一场007式的传奇般的斗争"。同样,当学界同行论证对现代性的攻击不分青红皂白而没有看到现代化有时也被用在更好的目的上时,张颐武抱怨说自己被"认定是不良动机的表现"。② 攻击后学的人表现得墨守"超验的绝对价值",这很明显使他们不配反对后学。③ 假如政治和价值都属于界外,假如"理论对理论的反思"的作用是把讨论从实质问题转移到受批评的人心中的不快——简言之,假如不允许任何"特权话语"——那么,单纯的多元主义(或多元性)就已经达到了某种完美,争论改变思想和世界的力量就会处于停滞。

张颐武跟所有"后主义者"一样给五四运动及其对约翰·杜威、伯兰特·罗素(Bertrand Russell)、列夫·托尔斯泰的狂热作了负面评判。与张宽类似,他也把现代性描述为"以西方的启蒙主义的价值观为中心建

---

① Barthes, *Mythologies*, pp. 144–146.
② 张颐武,"再说'阐释中国'的焦虑",第125页。
③ 张颐武,"面对全球化的挑战",第139页。

构的一整套知识/权力话语。对于非西方的社会和民族来说,'现代性'是和殖民化的进程相联系的概念"。① 或许是历史的巧合?"对于中国语境而言,'现代性'意味着以西方话语为参照的'启蒙'与'救亡'的工程。……'现代性'的中国化……生产了有关西方/中国的一整套'知识',试图通过这套'知识'使得中国的世界位置得以确立。"我们已经看到,张颐武认为五四运动标志着中国知识分子被他们对西方的想象实施了明确的自我殖民化。"'现代性'是一整套巨大的'知识',它的形态与知识分子的作用是不可分开的。'现代性'的'知识'生产了承载和表达自身的'知识分子',而'知识分子'又强化了'现代性'话语的无可质疑的权威性的'知识'。"② 新式的知识分子"被一套西方的话语所命名和书写。……这种'他者化'可以说是贯穿于整个'现代性'的'知识'生产之中。这种生产的典型方式是通过中西比较提供一种有关中国人文化特征的'他性'的话语,提供一种有关中国的认识的方式"。③ 但是,光靠颁布民族刻板印象,无论这些印象多么令人不喜,也不能将民族意识损毁到现代化推动者们想要的程度。任务落到"人"这个概念肩上,这是启蒙主义的普遍主题:"从鲁迅对'真的人'(authentic people)的呼唤到 80 年代有关'人的本质力量的对象化'及'主体论'的理论思考无不无条件地认同于这一普遍人性的价值观。"④ 而张颐武说,现在,这一切都结束了,"现代性"已经被证明为一种"他者化"的结果,它的全部目标都被贬为殖民的虚假意识的副作用,结果是"'现代性'本身的反思和批判成为当下文化的基本前提〔作者译为"基本任务"。——译注〕"。⑤ "昔日文化话语

---

① 张颐武,"'现代性'的终结",第 104 页。对张文的一个批判性讨论参见雷颐,"什么是保守?谁反对民主?"
② 张颐武,"'现代性'的终结",第 105 页。
③ 张颐武,"'现代性'的终结",第 106 页。
④ 张颐武,"'现代性'的终结",第 107 页。人道主义或人文主义(Humanism)在现代中国是一个有复杂历史的概念,尽管它的经历通常都被"后人文主义者"忽略。参见 Leo Ou-fan Lee, "Some Notes on 'Culture,' 'Humanism' and the 'Humanities'"。
⑤ 张颐武,"'现代性'的终结",第 108 页。

的'发出者',那种传统的启蒙知识分子"发现自己处在一种"阿尔都塞式的……'认识论断裂'"的错误一端,一种新的'后知识分子'已经涌现出来替代他们。① "[现代性]这个阶段已随着'后现代'的多元文化和多重发展策略而趋于消失。"②

在张颐武主张的"文化民主"中,"多元主义"和"杂糅"时不时当成同义词用,但是当真正的杂糅文化——例如五四现代性——进入视野的时候,他又指责它们向外国观念"投降"。在真正的"文化民主"中,应该不会有人拿中国价值去跟西方启蒙主义价值对比——至少决不会以负面的方式——也不会对自主的人民强迫灌输普遍原则。③ "文化民主"的本意是将民主过程延伸到文化上——一种文化一票。但什么算一种文化?文化的权利诉求是什么?张颐武并没有给出"中国文化"的实质描述,也没有告诉我们它的宝贵之处是什么。他只在原则上捍卫它,别人只需知道它在20世纪是一种"次等话语"的主题,是本土改革派知识分子的替罪羊。假如鲁迅和陈独秀都是堕落的、崇拜洋鬼子的中国佬,那真正的未被他者化的中国得有多纯粹!张颐武认为当下需要大幅纠正的是:

> 一种全球性文化权力所创造的有关"中国"的"知识"。目前有

---

① 张颐武,"后新时期文化:挑战与机遇",第112页。
② 张颐武,"'现代性'的终结",第109页。
③ 可能有人会把"文化民主"对公民权的定义类比于毛泽东提倡的"新民主主义"和"新民主主义文化"。"现在所要建立的中华民主共和国,只能是在无产阶级领导下的一切反帝反封建的人们联合专政(joint dictatorship)的民主共和国。""在中国,有帝国主义文化,这是反映帝国主义在政治上经济上统治或半统治中国的东西。这一部分文化,除了帝国主义在中国直接办理的文化机关之外,还有一些无耻的中国人也在提倡。一切包含奴化思想的文化,都属于这一类。……不把这种东西打倒,什么新文化都是建立不起来的。"("新民主主义论"[1940],《毛泽东选集》,第635、655页。)指出这两个方案的类似之处,并不是想把张颐武归类为"毛主义者",而是想提请注意:把"民主"设想为结果而不是过程,并设计出据说是"民主主义的"政策来把这些结果加诸于人,这些做法在某些圈子里是得到尊重的。设计"功能界别"(functional constituencies)和"少数民族"名单作为准代议制是相当明显的结果导向的例子。

关中国的特殊政治境遇的大规模的文化生产,早已成为跨国资本运作的不可或缺的资源。从西方政府的"人权"话语直到张艺谋、陈凯歌电影中对中国政治的刻意调用,都已将中国政治化为了一种可资利用的文化再生产的商品。"人权"早已变作了对中国市场进行调控及对于贸易进行控制的筹码,变成了对"中国"的他性进行定位的最后幻影。正像周蕾指明,由民主女神[雕像]所代表的民主,只是"以白人女性代表美式民主的理想得天真的喧闹"。①而当下狂热的有关中国政治压抑性的大规模符号生产,……正是将这种"喧闹"化做了有利可图的商品……成了表现中国的"他性"的特殊商品。②

如果中国存在的问题被外国人指出,而这些外国人又被证明(或被怀疑)有着自私的动机——包括对"中国政治压抑性"感到恐怖而生的战栗快感——那么这些问题就变魔术似的不复存在了。无疑,可以把持异议的中国人都形容成将自身"他者化"了,无论是否被赏赐了参与权威话

---

① 实际上,"女神"并不具有"白人女性"特征。这座雕像当然是对一个美国国家符号的直接指涉,但种族表型不能当成对政治体制的可靠指示。〔方括号内补注为作者所加,作者还把引文中的"自由女神"写成"民主女神",但张文及其引用的周文写的都是"自由女神",即民主女神雕像摹仿的美国原型。——译注。〕
② 张颐武,"阐释'中国'的焦虑",第131页。其中引用的周蕾文章是 Rey Chow,"Violence in the Other Country," p. 27。周文的一个扩写版本收在 Mohanty et al., *Third World Women and the Politics of Feminism*, pp. 81 - 100。批判的观点参见 Zhang Longxi, *Mighty Opposites*, pp. 151 - 183, 210。周蕾的文章跟张颐武一样表达了对外国新闻媒体"侵入"中国现实舞台和政治舞台的愤怒,她将其与殖民时期赋予在华定居外国人的"治外法权"相提并论。和张颐武一样,周蕾把"民主"一词看作西方霸权的幌子,她质问:"难道他们不知道多少暴行假自由民主之名而行?"作为例子,她引用了"玛格丽特·撒切尔的英国政府对待香港公民的方式",即拒绝给予任何形式的英国公民身份。可以肯定没有哪种"民主"定义能够宽泛到足以容纳英国政府对香港居民的行为。(再次证明了,如果这还需要证明的话,民主并不会作为民族性的副作用自动产生。)我看不出周蕾的警告以何种方式表述了大多数拥护民主化的中国人关切的政治代表和媒体代表问题。

这两个错误之中,对"治外法权"的指控是更为严重的策略错误。

语的资格。关于中国的知识(无论有没有根据)变成了关于"中国"的"知识",是虚假意识的投射。在得胜的快感中,张颐武把自主和自闭混为一谈。

这种论证风格利用了由来已久的、有一定道理的怨恨。但是,被无赖和小偷发扬光大的东西不一定就是坏的,一样东西丑恶也不会自动表明其反面(或假定的反面)就是好的。必须做出适当的区分,不然就足以让我们只看到口号。值得记住:后现代开始于文学批评,一直以来它都擅长于揭示文化产品的内容与其在世存在的方式之间奇异的相互影响关系。① 可是如果故事本身不见踪影,文化批判专讲故事的故事,或故事的故事的故事,那么,或许其他类型的质疑更有资格叫作批判。

◆

"文化"一词的策略用途是多变的——例如五六十年代英国二流大学的"工人阶级文化"研究,把证实工人阶级有文化作为主要任务,与之形成鲜明对照的是美国轻易把"文化"授予各种互相竞争的兴趣团体(贫困文化、青年文化、摩托车手文化、温迪克斯百货公司文化)。② 在中国,正是通过"文化"(无论前面加不加上新获得的骂名"精英")范畴,知识先锋(1949 年以来谨慎地跟直接政治权力保持着距离,但仍然是政府讲话的首要听众)能够以"中国"自居。张颐武确实说对了某些东西,例如他看到,现代化授予了受教育的少数人替群众发言、作为中国发言的权利(帕沙·查特吉[Partha Chatterjee]和杜赞奇[Prasenjit Duara]对这一动

---

① 一组经典的例子参见 de Man, "Excuses," in idem, *Allegories of Reading*, pp. 278 - 301.
② 英国的文化研究诞生于 Hoggart, *The Uses of Literacy*. 关于温迪克斯"文化"要感谢 Virginia Farmer 与我讨论。关于可能被恼火地称为"'文化'的文化"的东西,参见 Hartman, *The Fateful Question of Culture*. 关于中国共产党执着于对文化加以指导的背景,参见毛泽东,"在延安文艺座谈会上的讲话"(1942),《毛泽东选集》,第 804—835 页;英译见 Denton, *Modern Chinese Literary Thought*, pp. 458 - 484。

力有更为成熟的考虑)。① 进步定义的转换暴露了文化先锋(过去的有机知识分子)与中国其余部分的关系有着系统性的含混(有机是相对于党派、政府、群众、社会学上的少数派、信息网络、文化,还是什么?)。像其他后主义者一样,张颐武把中国社会朝着消费和为外部市场生产的转向看成知识分子的黄昏。② 我认为最后这一点是准确的。"文化"在中国是一个权力术语。尽管"文化民主"的对外关系模式坚持说"文化"是我行我素的(不再屈从于"启蒙主义"或其他框架的评定),但其对内模式却宣告了知识分子权威的没落:受教育阶层还能称王的那块领地上推行的将是一种多元主义,因而不具有引导作用。如果文化的权力最初由士大夫阶层驾驭,然后传给了20世纪改革派知识分子("文化"的内容有所改变),那么它一直都为需要受教育者充当其管理—政治阶层的政府提供统治手段。新的"有机知识分子"将会受雇于人,像1919,1956—1957,1976,1979等那样的混乱再也不关他们的事。③ 因此,作为权力的文化逐渐消失意味着异见的这一传统来源断绝了。

后主义者的新式文化沙文主义对人民生活实用层面上的影响远远不够,还未能达到身为殖民主义分支的旧的东方主义曾达到的程度,但它有足够的潜力去达到,靠的是把自己的人民变成"东方人"——像埃及佃农(fellaheen)一样只能服从上位者的决定,无论这些上位者是达官贵人、军阀还是大亨。两种主义给出的讯息是一样的:文化就是命运。然而这些政府知识分子向其中寻找中国政治模式与社会未来的"东方"文

---

① 五四知识分子对中国的领导对应于查特吉关于民族意识发展的分析中的"启航期"和"操演期"(moments of "departure" and "manoeuvre"),而"抵达期"(moment of "arrival")也正是精英对先前由他们担任领路人的群众运动失去控制的时期。参见 Chatterjee, *Nationalist Thought and the Colonial World*, pp. 50 - 52,151 - 153。
② 张颐武,"'现代性'的终结",第108页。并参见刘康,"全球化与中国现代化的不同选择",这是关于后主义的文章中少数几篇考虑经济改革的文章之一。陈晓明在《剩余的想象》中承认,文学在影像宰制的后意识形态时代已经失去了引导功能,"和平与发展"成了社会仅剩的待办事项,这就是他对"后新时期"作家的形式主义与政治疏离的解释。
③ 参见 Gu, "Cultural Intellectuals and the Politics," pp. 422 - 426。

化是更加虚无缥缈的,因为它不过是将一个异域化的"西方"颠倒过来的滑稽漫画罢了。① 说的好像对"东方"的负面印象就足以定义"东方主义",好像公布正面的判断就可以对抗它,这实在太鼠目寸光了。对调电源的两极,线路保持不动,机器还是会如常运转。错误的根源就是把"东方"看成一个实质性的东西而不是一种有着现实后果的跨文化虚构,而这被看作是超越萨义德的关键步骤。

◆

本文主体部分完成之后8个月,后知识分子的世界观出乎意料地获得了证实,至少是给他们的声望打了一针名副其实的兴奋剂:1999年5月7日早晨,三枚北约导弹击中贝尔格莱德的中国大使馆,三名中国公民丧生。美方称这是侦察失误和过期地图导致的误炸,中国人无一认可这种解释。② 一般都假定袭击是故意的,问题只在于如何评估轰炸者的动机。5月20日,《人民日报》主办了一场网上访谈,采访中国社会科学院世界经济与政治研究所副所长王逸舟。王逸舟对此次危机的诠释完全落在"后知识分子"的地缘政治和意识形态框架内。在回答"什么是北约新战略"问题时,王逸舟阐述说:

> 第一、北约由一个防御性的军事组织,变成一种全欧和全球扩张的工具。……第二、北约新概念要求北约不再局限于传统的地域范围,哪需要就往哪扩张,比如说,第一步是东扩;和平地向波匈捷

---

① 关于这种异域特征在媒体再现和公共话语中如何起作用,一项研究参见前文第2章,以及 Chen Xiaomei, *Occidentalism*,特别是其中第1章。
② "谁的动机?"可能是个不错的切入点,因为据说这次轰炸的起因是整个战役中唯一的一次由中央情报局对目标选择提供帮助(参见 Eric Schmitt, "In a Fatal Error, CIA Picked a Bombing Target Only Once; The Chinese Embassy," *New York Times*, July 23, 1999)。但中情局承担此次袭击的责任(局长 George Tenet 7月22日在众议院宣布的),无论让怀疑中情局执行着独立的一套对外政策的人多么满足,却可能掩盖了北约基于军事考虑做出的决定。关于"北约故意轰炸中国使馆……因为发现其被用于转播南斯拉夫军方通信"这种立场,参见 John Sweeney, Jens Holsoe, and Ed Vulliamy, "NATO Bombed Chinese Deliberately," *The Observer* (London), Oct. 17, 1999。理所当然,无论美国政府还是中国政府都没有对事件的这一版本予以证实。

扩张,第二步是南进向地中海北非和中亚推进〔作者遗漏"中亚"。——译注〕,也许第三步就是向其他地区扩展,实现北约全球化取代联合国的目的。

第三、北约过去是一种纯粹的军事组织,今天向着军事政治组织方向扩张,比如说它不仅要管安全问题还要管人权问题,难民问题,毒品问题,犯罪问题等等。这是北约向全球扩展的野心。①

即使美国的行动是要让这一剧本变得可以想象——它确实这么做了——发动从巴尔干向东辐射的一系列战争仍然是令人难以置信的。对领土的欲求已经不足以说明现代战争的巨额开支的合理性。但并非所有冲突都是关于领土的,正如王逸舟断言的:

中国发展如此迅速,中国必然引起现有的国际政治经济秩序的巨大震荡,无形中冲击美国和西方主导的国际格局,因此中国必然会引起越来越多的反弹,外部世界会以各种各样的口实和理由来限制或遏制中国,比如说,人权问题、环保问题、不扩散问题、导弹技术控制问题、贸易逆差问题等等。提出种种中国难以接受的要价,使中国的发展受到限制,被限定在特定的框框之内……

谈"美国霸权的分类"及"美国以理论来支持其霸权":……美国的霸权〔除了军事和政治方面之外〕又是一种文化霸权,或者说观念霸权,这种霸权要复杂得多,狡猾得多,比如,好莱坞的电影,又比如英语的世界语言地位,再比如美国在观念领域的种种创新。

我们可以举出很多事例,说明美国霸权得到了理论上种种支持。第一,最有名的是文明冲突论。它企图使美国在世界各民族、各种文化、各种文明的较量中占支配地位。……还有一个叫民主和平论。它试图告诉世界各国,凡是归顺西方"民主"的国家,都有和

---

① 见《人民日报》网络版,1999年5月20日:"网友的声音:王逸舟博士答网友问,下",2000年5月获取于 http://www.peopledaily.com.cn/item/wysy/199905/20/wyz-wy2.html。

平保障，凡是抗拒西方"民主"的国家都会遭受南联盟一样的下场。……还有一个是，著名的人权高于主权论。①

或许后主义者其实没有那么边缘。只需把"启蒙主义"换成"美国"，就能得到更多更愤怒的听众。在关系紧张的时候，"普遍主题"已经退潮，把人权、民主和公开讨论当作又一发"资本主义的糖衣炮弹"来拒绝的论调在中国公众当中得到相当广泛的赞同。机械的东西方伪辩证法——"价值和意识形态有西方特色的，也有东方特色的，即与前者相反的"②——也许荒谬，但却构成了许多中国人的实际现实的一部分，这些人中包括研究机构和智库的领头人，在国外获得学位的人，"成功阶梯"的获益者，他们是当代中国最接近一个拥有争论空间的公民社会的人。还不能肯定很多人会冲上去为文化民族主义而死，但如果能够说服足够多的人把文化民族主义接受为自己政治抱负的最终地平线，那也足以造成严重的损害。该受谴责的不光是中国方面，在刚刚过去的一个世纪我们已经无数次看到，战争中的美国并不是出色的民主导师。③

如果说中国观察员好像落入了未经反思的民族主义而拒斥人权议

---

① 王逸舟对亨廷顿(The Clash of Civilizations, pp. 310-312)其实不太公平，亨廷顿建议的是"西方文明集团"避免插手其他集团的事务，仅仅寻求抑制"伊斯兰"和"华人"世界的军事潜力。在反对"朝向民主的和平演变"方面，王逸舟重弹了一个老调，是毛泽东提出、由邓小平复活的，将和平演变与投降等同；参见邓小平，"搞资产阶级自由化就是走资本主义道路"，《邓小平文选》，第三卷，第129—130页(英文版)。

"和平演变"一词源自针对苏联的"遏制"战略，最初由乔治·凯南(George F. Kennan)勾勒。凯南设想资本主义集团与社会主义集团达到一种"和平共存"状态(参见他1946年2月22日的"Long Telegram," in Foreign Relations of the United States, 1946, pp. 696-709)，这个说法被约翰·福斯特·杜勒斯(John Foster Dulles)在1957—1958年的演讲中更改为"促进朝向民主的和平演变"。

② 参见170页注②。

③ 除了种族仇恨之外，战时紧急状态也对美国侵犯公民权利的著名事件中的大多数负有责任——例如"红色恐慌"、拘留日裔美国人，以及最近几次远离本土的冲突中记者和公民默许军方操纵新闻。这些朝着威权统治迈出的步子有的只是在和平到来时才后退一点(每次战争都增强了行政部门和安全机关在国内权力平衡中的势力)。"美式民主"固然对几乎所有国家都远远算不上坏事，但也不是民主的典型榜样，也不是自然而然在"美国"实现的。

程,那是因为他们已经开始把人权话语解析为美国的民族主义。这种理解不能说完全不准确,因为在太平洋的这一边,权利的意识形态是由对立面变成"主流"思考方式的,并开始遭到各式各样的滥用,有些完全是自私的。中国观察员迫使我们意识到政府采纳人权话语背后潜藏的虚伪。① 但是断言政府有权利对其百姓为所欲为,这也不是摆脱困境的好办法,采取这种立场只有在一种情形下才说得通,那就是一个人觉得政府有机会实施的任何伤害都跟自己无缘。假如考虑权利哲学能够被利用的途径令人不快,不妨考虑一下诸多不太可能被指控为伪善或普遍主义的政府理论。不论好坏(经常是坏的多),人权思想的"世俗性"早在开头就有了:认为人权是一种终极善的人的任务就是要防止它变成一种单纯的工具善或一个借口。

记者和外交官的共识是,中国的经济自由化为更强的人身权利概念铺平了道路,这究竟有没有一点是真的呢?② 还是说这个理论是不恰当的普遍人道主义的产物? 关于民主文化及其传播的讨论中发生混乱的一个原因在于,即使是在最需要弄清楚的地方,也几乎没有什么办法知道人们是否想要更多的民主。发言人总是不可靠,无论是不是自命的(尽管我认为"他们没有,他们不想要"这样的论证本质上就是可疑的)。

---

① 关于权利一词自19世纪引入中国以来的历史,若干看法参见 Lydia Liu, "Legislating the Universal," pp. 148-152;以及金观涛、刘青峰,《中国现代思想的起源》,第369—380页。
② "公民权利"一词可能没有"人权"那么令人困惑,它本身依靠一种较为节制的哲学基础。词汇上的关键区别是:一般倾向于把人权归于作为人的个体,公民权利归于作为公民的个体。这并没有远离普遍主义——典型的公民权利问题是:"公民之间为什么要有特权的差别?"——但是讨论中规范的部分完好地保存了特殊体制的历史具体性。"公民权利"不应混淆于尤尔根·哈贝马斯(Jürgen Habermas)对于现代性产生于一个自主的"公共领域"或"公民社会"的描述,这个理论80年代在中国讨论得很多,但由于被用来代表中国"缺乏"的另一种东西而变质。关于中国存在(或不存在)公民社会的问题已经有丰富文献,关于"亚洲文明与人权"问题的文献更多,关于前者,参见"Symposium: 'Public Sphere'/'Civil Society' in China," *Modern China* 19 (1993);关于后者,参见 de Bary and Tu, eds., *Confucianism and Human Rights*; Sen, *Development as Freedom*; Anthony Yu, "Enduring Change"; Peerenboom, "The Limits of Irony"; Rorty, "Response to Peerenboom"。

卫星电视常常被说成不可避免地预示着民主,实际上传授的更多是消费和明星而不是自主。毕竟可以想象大多数中国人(或美国人,在这一点上)会相信,不受民主和权利话语干扰才最容易取得经济增长、国际威望、社会秩序和文化繁荣。如果是那样,告诉他们事情并非如此是毫无用处的——尽管还没有人通过真正可靠的方式问过他们。光是对他们发问这个念头就已经严重背离了中国现代化的历史,更不要说后现代化了。

几年前唐小兵展望中国未来时说:"在政治的不自由和市场的冷漠之间,没有真正好的选择。"①对伪选项的这一对等评价显示了阴魂不散的冷战思考模式能造成多么大的伤害。"新左翼"(new Left)、"自由派"(neoliberal)的标签被速写式地贴在当代中国关于文化和政治的争论上,它们看来恰恰回避了同一组问题。② 扮作先锋队政党的历史现在好像决心要表明,选择已经不再是个问题:"政治的不自由"和"市场的冷漠"可以同时拥有。冷战范式的消逝应该使我们明白"资本主义"与"民主"仅仅是偶然而不是必然地联系在一起,不能以为一个总会带来另一个,在经济寡头制和政治垄断制条件下维持所谓的"良好投资环境"不太可能促使新的多元主义体制成形。③

关于民主的问题任何情况下归根到底都不是文化概念的事,而是最实用意义上的言语的事。谁掌握着发言权?发言权是共享的吗?是可以放弃的吗?后学中的民主化讨论扭曲变形的最大原因在于,知识分子采取的对话形式是:双方互相质问对方对某些概念和原则的看法。民主的价值并不体现在概念上,而体现在实践上。"文化"一词从欧美文学理论一路顽强扩张到中国的"后学",恰恰是因为它使问题能够被当成语词

---

① Tang Xiaobing,"The Function of New Theory," p. 292.
② 关于这些二元划分的讨论和例子,参见汪晖,"分歧究竟在哪里?"第114—116页。
③ 某种形式的私有化(有时就叫贪污)已经大规模发生,却没有实施一套内部审计方案或结构调整程序。在这种情况下,左和右的语言彻底无用,而且肯定有害,因为它表面上提供"选项",实际上未能指出"对世界市场开放"采取的路线是不民主的。

辨析来处理,而不是当成在店铺、公交车、监狱和街上做的事情。知识分子惯于咬文嚼字,即便有新形式的例如由经济学支撑的关系不受他们指导。

如果现代性——以及后现代性,就此而言——要兑现其承诺,人们需要的是对发生的事情及其原因作更多叙述和争论,也就是说,未经批准的公民需要发言、需要被听见。当然,争论也是实践活动的一种形式,它是从其他实践的基础上浮现出来的。张颐武的"文化民主"最压抑的一点是,它在一个类似国际象棋锦标赛最后一轮的空间里展开,他关于后殖民抵抗的故事孤单地面对福山—CNN—IMF 的现代化叙事。张颐武只是一个例子,在当代知识界的讨论中,类似的情形比比皆是:人们把选择的范围缩小为"西方或西方的他者",并炮制出对话的幻象,却把最需要说话的人排除在外。中国边境冲突的老兵在哪里?士兵和示威者在哪里?生产高附加值和低附加值出口商品的人在哪里?城市流浪者在哪里?如果不是跟竞争者共享大量背景的知识分子同行,根本连配角都当不上。这在实践上比在理论上更叫人泄气。真正的多元主义会保护这些叙事的塑造者免受惩罚。但这并不是人权和民主话语的发送者和接收者讨价还价的焦点,读一读比尔·克林顿(Bill Clinton)总统 1998 年在中国的演讲记录稿,就会明白这一点。

在严密控制的环境下改革——这不仅是对过去 20 年中国国内政治的总结,也是对中国"后学"表达的未来雄心的总结。张颐武指责的"中国政治残酷性"的资本化是中国政府决策的一个不出所料的后果,在经济改革进程开始的时候,政府决定放开某些历史领域供反省(百花齐放、"四人帮"、对毛泽东的个人崇拜),而对其余领域严加封锁。这是一项战略举措——把批评导向安全的目标。后现代主义用它独特的多元论提供了类似的有限批判。但是带有核对清单的多元主义只不过是纯数字意义上的多,它仍然对授予者负责,并由授予者定义。更名副其实的多元论会是开放式的。

西方个人主义与中国社群主义的对立（匆忙的比较文学学者喜欢的）是基于长期的沉默。原则上，只要共同体中有不满，就能产生出"有机知识分子"。而所有共同体都有不满——因为正是不满生出了叙事，维持着共同体。然而，当前的中国，就像它的后现代主义者一样，只承认一个共同体。所以，假如现代性共识在中国真的要终结了，那我们就该好好谈一谈，如何为将来的实践创造条件，以发扬个体权利（西方国家还在用那些奇怪的神学或伦理说辞来描述这种实践）。只是，在全球化的信息秩序下，中国作为民族国家对国民权利行使着几乎完全成功的控管，以寻求代表性和"文化认同"，假如事情一直如此，上文所说的实践就无从谈起。

7　括弧之外（那些人曾是一种解决办法）

>一些人刚刚去过边境，
>
>他们说那里再也没有中国人的痕迹，
>
>如果没有了中国人，我们现在该如何是好？
>
>——C. P. 卡瓦菲斯（C. P. Cavafy），《等待中国人》①

结构主义和后结构主义之间的差别何在？我们似乎无法准确地定义它，但常常可以借助于某些东西描述这一差别：例如，某种背叛的感觉（结构主义也有它自己的"野蛮人"：参见罗兰·巴特的《神话学》），某些学说要点（对立面之间的不对称性、彻底否定"超越的所指"、元语言的缺失），或是某个标志着二者分道扬镳的典型事件（对于大多数美国人来说，这指的是德里达在 1966 年 10 月著名的结构主义大会宣读的重要论文《人文科学话语中的结构、符号和游戏》，此文对列维-斯特劳斯的"乡愁"进行了批判性的辨读）。② 此处我准备借助亚洲的存在再给出一种能

---

① Cavafy, "Perimenountas tous varvarous"（等待野蛮人），载 *Poiemata*（Poems），I: 107-108. 我斗胆修改了其中的几个名词。

② "Structure, Sign and Play in the Discourse of the Human Sciences," in Macksey and Donato, eds., *The Structuralist Controversy*, pp. 247-272. 关于 1966 年至 1971 年间思想领域的变迁，可以参见 Macksey and Donato 为他们的选集写的前言，"The Space Between," pp. ix-xiii.

够将二者区别开来的标识,这既是为了体现出后结构主义的特点,也是为了某种摆脱它的冲动。

起初,后结构主义和解构都曾经思考过中国及受其影响的诸文化。当我查看这些记录时,有了这样的疑惑:究竟是研究方法影响对象领域,还是说,对象领域从来都只是方法的一部分? 甚至我们可否说,由于某些历史原因,如果解构之思未曾延及中国,或者说,如果它不曾梦见中国,则解构从根本上不可能思考任何事情?[1] 这一思想或梦想,常出现在两个大标题之下:文字学和人文主义的终结(这是两回事? 实际上,二者正在逐渐趋同。)我将由一些关于中文书写的描述开始,这些描述唤起了关于书写、言说、时间和在场的争论。这些都关乎西方古典哲学中的逻各斯中心主义。我们在德里达(Jacques Derrida)的早期作品中熟知了这些问题。第一段引文引自福柯(Michel Foucault),第二段则来自菲利普·索莱尔斯(Philippe Sollers):

> 在我们的梦境中,难道中国不恰恰是这一幸运的空间场地吗? 在我们的想象系统中,中国文化是最谨小慎微的,最为秩序井然的,最最无视时间的事件,但又最喜爱空间的纯粹展开;我们把它视为一种苍天下面的堤坝文明;我们看到它在四周有围墙的陆地的整个表面上散播和凝固。即使中文书写也不是以水平的方式复制声音

---

[1] 正如接下来的讨论表明的那样,此处"解构"的意指非常宽泛,指的是那些随着结构主义的基本设定瓦解之后出现的哲学和人文科学形式(对此,典型描述可以参见 Derrida, *De la grammatologie*, pp. 145 - 202)。为了方便以及区别于注释性的描述(详细叙述解构对于中国的那些描述),我在此只举出一部分相关的文献。关于"东方"如何成为某种后结构主义关注核心的分析,参见 Spivak 为德里达 *Of Grammatology* 写的导言。Spivak, *Critique of Postcolonial Reason*, pp. 279 - 281, 429 - 430. Zhang Longxi, *The Tao and the Logos*; Lowe, *Critical Terrains*; Hayot, "Chinese Dreams"; Bush, "Ideographies." 关于 1970 至 1974 年间 *Tel Quel* 杂志,参见 Forest, *Histoire de "Tel Quel"*. Hal Foster(*The Return of the Real*, p. 217)近来列举了后结构主义中的"认识论意义上的异国情调",质疑其对于"差异"和"对立"的定义。(感谢 Ka-Fai Yau 提醒我注意及此。)

的飞逝；它以垂直的方式树立了物的静止的但仍可辨认的意象。①

古代中国，书写就像是在地图中确定方向一样。地图中的定位总是在地图之内才能建立起来，设想一个虚拟的观察者的存在，对他来说北方被安置在整个框架的下部，东边则在左边，就像某个源自地图背后的空间逐渐展开一样，地图中的空间来自某个潜在观察点，它既在地图之前，又在地图之内（而不是某种镜像映射）。中文从右向左的垂直书写在这个意义上才得以发挥作用，在我们看来，从右向左，向后不断。垂直排列的中文就好像空气在其中循环往复的平行环。一本中文古书，并非仅仅是一本"书"，通过其结构和装订，毋宁说它更是一束观点的集合，一条条身处空间之中，由漫流的瀑布和姗姗来迟的某种期待的悄然变化构成的界栏。此时，左即是深层的右，然而，对于我们来说，惟有抛开了左，右才可能。让我们看得更细致一些。

书写的本质，在一笔笔昏沉的刻划中苏醒，继而渐渐抒展显现；因为它源于一种书写与文意之间的回荡出脱，诉诸一种细不可见的偏差（我们永远无法与它面对面地如实相遇；那一下子唤起的，不是那用眼睛看到的，而是背后那让人细味追寻的事物）。笔杆摇曳，在虚空之中穿梭回荡，画出一道道长廊，空谷传音——笔锋在纸上不即不离的抒展编制，挥出一股劲力，不单透散在纸面，想怕不再只是一个平面，而是一张织网，让文意从中穿绣往来（手以中锋持笔杆）——一个个表意符号就这样回扣那根柱子——是管道，或是梁梯——然后在那里幻化而为结构复杂的铜管，在低声唱颂。这根柱

---

① Foucault, *Les Mots et les Choses*, p. 10. 中文版参见：莫伟民译：《词与物》，上海：上海三联书店，2001年12月，第6页。福柯引用了博尔赫斯（Borges）的想象出的"中国某部百科全书"，然后写下来这段话。这部"百科全书"看上去像是研究东西方文学关系的学者正确引用的参考文献。参见 Zhang Longxi, *The Dao and the Logos*, p. 1.

子或可称为一只"虚腕",它又仿似一条奇特的纽带,让呼吸(气)从中上下贯通。这种完美无瑕的运转,是造就那"虚渺森罗"或"无迹可寻"之道的必要条件。①

这两段来自1960年后期的文字,都把中文看作是西方字母文化的对立形态。相较于中文,西方的文字是水平书写的、语音的、线性时间的、单向度的。它们都认为仅仅把书写定义为言说的可见再现是不够的。它们都试图寻求中文的书写超出所有言说之处,这里当然也包括汉语的言说。在福柯看来,中文书写在所有编纂者和作者参与之前,就承担了百科全书的功能,并且是无意中就承担了这一功能。与此相对应的,西方的书写因其源自语音,因此总是一种被无情的当下化的语音不断追索的序列,一个字母接着一个字母,因此每一次书写和读它都是一次更新。中文书写用垂直的排列记录下事物的形象,如同我们说夏天的蔬菜一样,"让它们直立在那里",用一种不依赖语音的书写系统建立其持久的半透明的支撑。中文并非仅仅在视觉上是垂直的,福柯把这种设计看作是一种聚合轴(paradigmatic axis),在拉康(Lacan)对于诗歌的分析中,这种轴是一种选择轴(当然,这源自雅克布森[Jakobson]关于语言的两种运用和失语症的两种类型的论述)。② 福柯对于中文书写的空间化的想象,减弱了它们之间横组合的联系而强化了纵向聚合的联系,在这里,语句的序列和主谓结构的关系变得不再重要。这就是说,中文书

---

① Sollers, *Sur le matérialisme*, pp. 40-41(这篇文章首次发表于 *Tel Quel* 杂志在1969年5月组织的工作坊中)。罗兰巴特在他的《符号帝国》(*L'Empire des signes*)的中间部分,引用了这段话,插入他自己的文本之中。中译本参见孙乃修译《符号帝国》,北京:商务印书馆,1994年2月,第83页。中文书法在某种程度上被看作是国家的荣耀,与 *Tel Quel* 的神秘握手?
② Jakobson, "Two Aspects of Language and Two Types of Linguistic Disturbances," in Jakobson and Halle, *Fundamentals of Language*, pp. 55-82. 在关于中文空间问题的文字之前,福柯提及失语症中发现的认知障碍:"某种失语症是没有能力在一团五颜六色的羊毛中理出一个头绪。"这里所谓的"一团五颜六色的羊毛"指的是在它们被抽丝,被组织进某种纵向聚合和横组合之前的现实结构。关于纵向聚合的垂直形象和横组合的水平形象之间的对比,参见 Lacan, "L'instance de la lettre dans L'inconscient ou la raison depuis Freud"(1957), in idem, *Écrits*, p. 503。

写并不构成句子,而是在"柱状结构中安排(符号)"。就如同所有的物体都在空间中并存,中文表达中的诸种概念同样依次排列或是上下相叠在一个空旷的空间之中。对于福柯来说,关注这一西方语言的对立模式的存在,无疑是诊治民族优越感的一剂良药。这使我们意识到那些隐身于身处西方世界的我们用来理解事物的范畴体系背后的独特历史。福柯在他的《词与物》中试图指出这不仅是唯一可能的历史,而且是某种强制性的然而内部联系紧密的逻辑选择。中文作为一种对立的形态能够让我们跳出这一独特的历史,甚至跳出普遍意义上的历史,帮助我们设想一块没有任何范畴被预先设定好的白板的存在。我们可以感受中文的这种映射意义而不在意事实上的准确性——对于福柯的目的来说,能让我们对于一种新的本体论,以及一种如此包罗万象,如此不确定的书写方式有惊鸿一瞥,已然足够了。

福柯谨慎地把他笔下的中国限制在"我们的梦中"和"我们想象的系统中",这很像德里达所说的那些对于中文的早期描绘中建构出的"欧洲人的幻觉"。① 前面引用的第二段唤起了德里达对于书写和书本的影响颇广的分析,也许是更"现实的"分析。

在《论文字学》(De la grammatologie)中,德里达预言了"书本的终结和文字的开端":"不断指称着自然总体的这种书本观念与文字的意义大异其趣。它是对神学的百科全书式的保护,是防止逻各斯中心主义遭到文字的瓦解,……防止它受到一般差别的破坏。"②这样一种书本观念,都比不上但丁(Dante)在他的《神曲》最后所说的:"在那光的深处,我看到,分散在全宇宙的一切都结集在一起,被爱装订成一卷;各实体和各偶然性以及它们之间的相互关系,好像以如此不可思议的方式融合在一

---

① Derrida, *De la grammatologie*, p. 119.
② Derrida, *De la grammatologie*, pp. 15, 30. 中译本参见汪堂家译:《论文字学》,上海:上海译文出版社,1999年12月。第7页,第24页。

起,致使我在这里所说的仅仅是真理的一线微光而已。"①

索莱尔斯把中文书看作一种完全不同的形而上学存在的证明,这多少有点德勒兹的意思:它们对于思想的作用不是收敛而是发散和增殖。②中国的哲学书常常是一些片段和轶事的汇编,所有力图将其整理成一个系统化的整体的尝试,最终都无功而返。对于读者来说,对《论语》和《韩非子》作这样的描述无疑是很精确的:它是"一系列视点之总集,诸场域错综成文,其辞一贯如注;场域以下复有次级场域;议题的跳跃不期而至"。但是,依照发现对立范式的逻辑,我们可以看到对于索莱尔斯来说,中文书是如此特别,与我们的书如此地截然不同。通过欣赏中文书写中的分散状态,索莱尔斯把"书本的终结"和"文字的开始"结合在一起。他对于文字开始的看法,很多都与福柯对于中文书写的描绘相一致。文字的来源和外观的差异,书写者和书写过程的差别,在此渐渐模糊终至于不见。书写并非是摩擦或是雕刻(永恒的、单向度的),而是"在纸上不即不离地抒展编织",由一个"纤维"(毛笔)的领域脱身而出至于另外一个载体之上(纸张)。"表意符号就这样回扣那根柱子——是管道或是梁梯——然后在那里幻化而为结构复杂的铜管",在纸张上"穿梭回荡、画出一道道长廊"。这无疑是一个值得注意的调转,书本被还原为作者的声音。在此,书写作为相似事物之间的差异化过程而产生出来(如果我们把毛笔看作"纤维"的话,那甚至是同一物的不同部分之间的差异),这一过程不需,也不必期待一个终点,更没有对《生命之书》(Book of Life)中的名字的敞开和呼唤。

作为可能存在的另一个世界的图像,这些对于中国的建构反而有力的指向了解构。简单说来,中国就是解构;或者,中国就是经由解构倒转

---

① Dante Alighieri, *Paradiso*, xxxiii, 85 - 90; trans. Singleton, *The Divine Comedy* 3.1; 377. 中译本参见田德望译《神曲·天国篇》,北京:人民文学出版社,2001 年 5 月,第 225 页。
② 德勒兹对于中国及其周边游牧民族的兴趣已经在东亚学者那里得到了极大回报。参见 Dean and Massumi, *First and Last Emperors*; Connery, *The Empire of the Text*。

之下的世界之所是,或者揭示世界总是已然如此的样子。将远方令人吃惊的消息搬上舞台,那些作者们正在计算一个(或多或少透明的)丝毫也不神秘的结果。中文书写的独特性提示给我们一种新的关于逻辑关系、主体性、本体论、时间性、末世论的视角,在西方这些都与拼音文字有关。西方这种独特的处理问题方式并不是唯一的。历史也可能有一整套完全不同的假设和基本结构,我们所知的"文明的终结"也仅仅是我们所"熟知的文明"的终结。作者们无需成为研究中国的专家才能这么说,或倾听那些中国通的种种抱怨。虽然这可能是实情,但是,指出索莱尔斯、福柯等人并不懂中文、对中国也所知甚少,这对于方法问题而言并无太大意义。你无法通过研究对象的丰富与否来否定方法的可行性。方法是为了进行研究提供路径的,无论你研究的是什么。

然而,对于努力克服形而上学历史的计划来说,我们必须指出,它在中国从未发生过。即使指出了物质材料的意义,并且使得它看上去像如同法国新小说运动以来的文学革命一样充满魅力,反抗语音中心的观念论的斗争仍然只是为了应对文化本身的需要在欧洲发生的。索莱尔斯自认为正是在这一努力的鼓励之下开始他的工作。中国在这里主要作为一种在书本和语音的文明已经悄然逝去后的理想生活的例子存在。①每一个对对象抱有同情心的阅读都必须意识到它面对的读者和所在的时间的特殊性。用解构的那些概念来谈论中国,其实是在极其醒目且充满刺激的拓展中失掉了这些概念的意义,根本无法实现这些概念本身的使命。它们仅仅对于解构自身的目的来说才是具有阐释力的、类比的和充满隐喻的,而不是面对一个真实的中国。②

张隆溪近来希望在关照"中国的现实"的基础之上,重新谦卑地思考

---

① 索莱尔斯的一个合作者三十年后反思说:"形而上学逐渐落幕的问题,以及对于占据着我们心灵的哲学的关注,和这一视角带来的对于索莱尔斯和 *Tel Quel* 杂志对'文化革命'和更广泛意义上的道家式中国的兴趣,终有一日会被大家理解。"(Pleynet, *Le plus court chemin*, p. 120.)

② 关于类比和隐喻,参见前文 pp. 31 - 32。

那些关乎中国的"西方理论"。① 无论如何,这里仍然有足够的空间用来展示这些论断之间的变化。如果我们把这些文字(也包括那些他们的同代人撰写的那些著作)看作是关于中国的,它们看上去实在很像是以一个虚弱的帝国为基础的自觉归纳的产物。② 即使他们为了能实现其批判性的目的不得不装作如此,它们也根本不是关于中国的。这些表述中投入的精力和紧迫感足以说明它们与中国无关了:中国在这里只不过是那些读者们已经在西方世界了然于胸的东西的对照而已。③ 站在这一独特的"西方"视角上,并且受到它们自身和有限意识形态规定的限制,中文书写中的横组合的水平关系、空间状态以及那种无差别性看上去是如此真实。"哲学家们总是通过各种方式解释世界,而关键在于改变它。"④ 马克思希望通过将黑格尔的思想上下颠倒并且以此为基石实现他的转化。而索莱尔斯和福柯则希望做一番 90 度的调转,让世界历史站在他们那边。当世界历史的意义不再由上而下地不断循环,而是开始新的由右至左的改变时,"我们"将会成为"他们"。一种"中国"的理论将会塑造西方的"现实"。

有待提出的方法问题必须与新的"选择"有关。那么,这里所谓的选择指的是什么呢?东方的书写方式中蕴含的"中国性"源自某种对比的视角。我们仅通过择取与我们习以为常的行为方式相对立的很少细节就建立起这样一个视角。如果对照但丁和福柯对于书本下的定义,中国书一定是反书本的,也许连他们的作者都是反作者的。这种看法对于欧洲人关于书本概念的讨论也许已经足够了。但是,它并没有告诉我们任

---

① Zhang Longxi, *Mighty Opposites*, pp. 179 - 182.
② 关于这一问题的经典表述是 Gayatri Chakravorty Spivak 对于德里达将逻辑中心主义仅仅归之于西方的质疑:"这几乎是种族中心主义的倒退……德里达从未严肃地研究并且解构中国。"("Introduction," *Of Grammatology*, p. lxxxii.)
③ 正如我在前文中所说的,我只能像在这里一样,将"西方"理解成在对立情境下划定界限的概念。同样地,当我说"我们"时,我指的只是那些用跟我一样的语言尝试理解中国现实的人们;我并不是说存在着一个内在一致的、相似的、有组织的共同体。
④ Marx, "Concerning Feuerbach," in idem, *Early Writings*, p. 423.

何与中国相关的东西:仅仅是因为一本书由格言构成,并且结构松散,没有一个严肃的正统观念贯穿始终,就说中国人从来没有像一本真正有力的书或者教义呈现的那样拥有对思想和实践的经历,无疑是错误的。这么说意味着任何试图超越那种由与我们不同的观点看待中国的方式,试图了解中国真实状况的想法都是毫无意义的。

精神空间的对比分析者们仍然坚持着索绪尔(Ferdinand de Saussure)的看法,"语言机构整个是在同一性和差异性上面打转的,后者只是前者的相对面。"词语不是被当作是"物自身"(Ding an Sich)而被积极定义的,就如同小狗在追逐汽车,当我们追上一辆时却不知道该怎么处理。词语是被消极定义的:"它们的最确切的特征是:它们不是别的东西。""一个符号所包含的观念或声音物质不如围绕着它的符号所包含的那么重要。可以证明这一点的是:不必触动意义或声音,一个词的价值可以只因为另一个相邻的词发生了变化而改变。"①在索绪尔看来,使得相邻符号间的关系具有决定性力量的原因在于,它们都共存于同一个语言空间中,并且像水流中的泡泡一样互相争夺存在空间,它们的关系必然是系统化的。

当我们的比较研究把那些像"中国"、"西方"这样的宏大对象看作是"对立的、相关的、消极的实体"时,一旦我们试图严肃地把那些相关的差异系统化,按照索绪尔对于词语意义的严格表述,我们的语言已经远远走在我们前面了。"所以我们在这些例子里所看到的,都不是预先规定了的观念,而是由系统发出的价值。""单位的特征与单位本身相合"②是语言学的公理,对于中国研究却未必适用,至少在后者能够被规范成一套封闭的语言学系统之前是如此。汉语垂直书写的方式

---

① Saussure, *Cours*, pp. 151,162,166. 中译本参见高明凯译:《普通语言学教程》,北京:商务印书馆,1999 年 11 月。第 153、163、167 页。
② 同上,pp. 164,162,168。中译本参见第 165、163、168 页。关于索绪尔之后语音实质问题以及与此相关的音素是否等同于其独特性集合的问题的历史,参见 S. Anderson, *Phonology in the Twentieth Century*。

被看作是这种封闭系统的表征。福柯和索莱尔斯试图通过这种垂直的方式来指出某些差异。但是,垂直和水平之间的这种差异是非常有限的;它诉诸一个相同点,一个 x 轴和 y 轴分歧开始的起点。只要垂直和水平方向上存在着差别,我们就不会混淆空间中的上下关系。这两者其实存在于同一个标准(维度或方向)之中。总而言之,中文书写未必一定是垂直的或是无时间性的;它们之所以会被如此定义只不过是因为我们认为西方的书写方式是水平的和时间性的。① 他者在这里被归结为对立的命题——它只是一种说辞或喻象,而不是逻辑的成因或是存在的范畴。

当一段基于比喻或是比喻的修辞法(因为其中可能有各种各样的对立面)而来的文字,把自己当作是忠实的描绘和参照,我们就会遇到保罗·德曼(Paul de Man)的读者们被训练去处理的那种比喻形式。② 在对立面的身影中,我们要辨认出语言自己的声音。当语言发声的时候,无论它有多缓慢或是含混不清,我们都被带到了当下。雅各布森(Jakobson)曾经指出,语意不清可以毫无意义,但是绝不是随机的。③ 意识到中国观察者与中国之间的关系和中国与其自身的关系常常被混淆在一起,正是解构开始的绝佳时机。解构可以因循他们的自我认同和他们之间不同观点的分歧背后各种自我认同之间的差异,进而指出

---

① 我认为不断重复这一观点是必要的,能够指出这一诡辩出现得是如何频繁。差异性感知(像常识一样)无所不在。马可·波罗(Marco Polo)在他关于中国的游记中,从未提及表意文字。对于很多人来说,这成为他从未到过中国的证据:一个在中国度过了 20 年光景的西方人怎么可能不注意到这一点。但是,如果他目不识丁,不认识意大利文(这并不影响他在中国的活动和贸易),那中文就没有任何理由会引起他的注意,无论他是否学习使用过中文。对于他来说,中文和意大利文没有任何实质性差异。
② 参见 de Man, *Allegories of Reading*。关于"文本"的定义("形象领域中的语法上的矛盾冲突")参见 pp. 268-270。还需注意"解构的阅读可以指出那些由替代而来的未经指出的身份认同,但是即使在自身的话语中,它也无法阻止其再现,还原那些已经发生的畸变"。
③ 在论及俄语的一个例子时,雅各布森说,在语意不清中,"语音的使用可以很容易发现严格的挑选和再现"。它们与言说者的语言之间有着确定的关系,并且从中承载着"普遍存在的陌生的约束"。语句可以缺乏意义,但是它们追求秩序则是一目了然的。Jakobson and Waugh, *The Sound Shape of Language*, pp. 211-215.

表述和用来表述的语言之间是如何互不相容,并且把语言和参照看作希望。

虽然这可能有点老生常谈,但是"中国志"(sinography)①的修辞学解读一定会问的一个问题是:这个文本中的中国形象会不会是基于欧洲自身的出发点建构出来的?我想,没人能彻底地否认这一点:尝试建立和凸显一个所谓的原始感知的范畴不仅没用,而且也不诚实。但是,如果我们希望真正研究中国的那些努力能建立起某种关系,在索绪尔意义上的精神空间内打开一个对象之宝藏,那么,那些最为关注细节,能够脱离那种充满诱惑的对立性思维,尽可能摆脱同义反复的束缚的人才是最富有创造性的。

通过采用另一种视角,现在给出的这些例子试着拆散西方古典哲学和它们的偶像,以及那些它们建构起来的、必须回溯到同一个起源的差异(这些所谓的差异性指的不是一个根本的他者,而是在对比式的自我认同中的两个方面而已)。我能从中得到的方法论教益是,解构不是列作者名单,不是一个信念系统,或者一套主题。就像我们在德里达和索莱尔斯在处理书本的这一意象时所看到的,解构也许能够表达某些现实主题和图景。但是,为了解构能够顺利进行下去,这些表象都必须被忽略不计。众所周知,将军总是准备打最后一仗。这也是方法的意义;一旦我们知道如何去打这一仗,战争就结束了。但是,看上去最有可能的是,对于德里达和德曼方法的质疑将表明,在初步的解构无能为力之处,他们没有任何共同点。危险在于如何定义解构:它是一种方法,还是仅仅是包括了几个屈指可数的主题和虚张声

---

① 我使用的是 David Porter 的概念(2000 年 5 月的谈话)。中国志(sinography),"关于中国的书写",不是汉学(sinology),后者预设了某种专门的知识,而中国志的文本即便是在其朴素中仍然可以有所言说。更进一步,中国志相对于汉学就如同历史编纂学与历史学之间的关系,在判断基础上进行的文本的思考。

势的标签的一种独特的写作类型。①

我引用的这些文字使用的语言写于 1966 年至 1969 年之间,证实了法国思想世界中的一个特殊时期,*Tel Quel* 杂志正如日中天。那时,德里达和拉康(也包括巴特、福柯、克里斯蒂娃,索莱尔斯等很多人)发出的质疑成为某种资源而被结集起来,为人文学科展开了一个全新的时代。那时,我们还预见不到后来这些重要人物之间将会出现分歧。② 那个时期以及这些明星思想家们的结盟终不会长久。但是,他们那些将东方塑造成文字学和人文主义的终结之间的概念性桥梁的文字,提出了结构和解构的问题,并使得这些问题成为我们某些微弱的共识。当然,也许并非如此。重新阅读这些段落,将会让我们重新开启这些问题。

中文书写为克里斯蒂娃(Julia Kristeva)提供了一种探究另一个依照不同原则组织起来的世界的媒介。她谈到了那些早期的传教士和翻译们面临的困难,他们用亚里士多德式的或是笛卡尔式的语言,只能困难重重地表达他们的中国视角。

> "理性"内在于"物质"的问题,就此而言,只有在"理性"与"物质"的相互依赖之中才有"理性"与"物质"……而"理性"与"物质"的

---

① 为了避免采取纯粹的历史观点,本着解构的精神,我不得不使得对解构定义的方法足够含混和抽象,以便能够批判那些在德里达的作品开拓的空间中出现的各种观念。

我的"解构"意味着什么呢? 开始就给出太多特点会限制我们的研究(比较对话竟能常常发现很多关键的问题)。我对于解构的粗浅定义是当我们跳脱文字的内容来看其中的用辞时,或是在说服的目的之外看说服的方法时究竟发生了什么。这个定义虽然没那么精致,但是却不依赖于某些复杂的基础。这仅是一种程序性的定义。各式各样的结果都来自我们对于"艰难的一寸"(Wallace Stevens)的选择和利用,但是,那种通过解构预期的结果,那些它将会实现的东西对它下的定义实在是太乐观和理想化了(它总是能实现这些东西吗,它一定会实现这些东西吗?)。

② 这一联盟的一个美好遗迹是 Hollier 编辑的文集:*Panorama des sciences humaines*。关于 1968 年之后他们之间各种分道扬镳的方式,参见 Forest,*Histoire de "Tel Quel"*, pp. 387 - 413。(索莱尔斯和德里达的分裂,1972);Foucault, "Mon corps, ce papier, ce feu" and "Reponse à Derrida", in idem, *Dits et écrits*, 2:245 - 268, 281 - 295(福柯和德里达的分裂,1972);Derrida, "Le Facteur de la Vérité," in idem, *La Carte postale*, pp. 441 - 524(德里达和拉康的分裂,1975)。

分化是无法直接表象的,唯有通过对立面的组合(加与减、天与地)而不是等级化来予以实现。在中国思想中,还没有孤立的象征性规则,没有自在的、超越性的法则……

中国文化的另一个基本特征在于,中文书写体系记录的是一种语调语言。这个体系无疑是最初震诧异邦人视听的事物,并深深抓住了他们的注意力。语言学家知道汉语的功能像其他语言一样,能够清晰地传递信息。通过使之适应普遍理性,现代生成语法理论家们成功地部分规范了汉语的语法规则。这里,我们暂且抛开古汉语以及不同的诗歌体裁,它们有着数不清的省略和浓缩,因而扰乱了信息的传递。就它的日常语言而言(白话),首先要注意到的就是,音调起到了区分意义的作用。这也发生在所有的声调语言中,并支持了一些心理语言学家的发现,比如,声调和语调的不同是儿童在听觉世界能够把握和复制的最首要因素。对于那些声调不具备功能性的语言,语调通常会被儿童忽视;然而那些被声调语言包围的儿童们则不会。因此,中国的儿童比其他语种的儿童更早参与社会交流的编码过程(大约5、6个月),这是由于他们能够较早地辨认汉语的基本轮廓——就是那些声调,儿童借助它们来感知和清晰地发出那些音位,以"进入编码过程"。加之,儿童在这一阶段对母亲身体的依赖性很强,因此,作为成熟语言的潜在活跃层,母亲的心理—身体印记形成而非阻塞了音调表达和交流。另一方面,语法体系将是第二层更加"社会化"的习得,因为它确保了与母亲之外的众人之间构成意义的信息传递(不仅仅是音调冲动)。那么,借助音调,汉语自身能否保留前恋母情结的、前句法的和前象征(符号和句法相伴相生)的记录?——尽管很明显,音调系统只有在句法中才能完全实现(就像在法语中,音位学系统只有借助语法才能成熟)。

书面语中存在同样的问题。就其起源来说,汉语至少部分是象形文字,后来变得越来越抽象化、表意化和程式化,其文字却始终保持着可视性(字形相似于它要表达的物体对象)、以形示意性(对于书写中文而言,更多的是要唤起对动作的记忆而不是对意义的记忆)的特征。这些可视的和以形示意的成分,能够唤起比逻辑和句法的抽象意义层面更为原始的心理层面。这种文字作为中国人的无意识宝库的标志,是否永远不会被去势?……作为基础,汉语的逻辑(视觉上的表达、姿势的标记、象征体系的意义安排、逻辑和确定的句法)预先假定了,我们今天称之为前俄狄浦斯阶段说话和写作的个体,它依赖于母系的、社会—自然的连续体,依赖于事物秩序和象征秩序之间的模糊区分,依赖于无意识冲动的支配,这些都极为重要。表意文字利用而不是排斥这个阶段的特征,来指向自然的、政治的和象征性权力的终结。专制权力没有忘记,它曾经亏欠母亲和母系家族的东西(尽管时隔不久)。这是假设,还是幻相?无论如何,这种思路提供了一种解释,来解释这些伟大的书写文明如何在一神教的出现和打击下消失。继埃及、巴比伦和玛雅之后,只有中国(及身后的日本、东南亚)还继续"书写着"。①

如同费诺罗萨在《作为诗歌手段的中国文字》中的想法一样,克里斯蒂娃同样把中文看作是力量的传递:由自然至书本或是丝绸,而后到达读者那里。"名字的功能,符号的功能在中文中都不是孤立存在的:它们是内在的,并且因为书写的严格动作和一笔一划而变得醒目,它们同样表达在准确的空间关系之中,和简洁明快的文献之中,在那里它们并不是简单地被表达,而是直接将话语传递入人的身体、进入一个社会的、历史的和自然的空间之中。"②中文的言说和书写如同音乐一样,终止了象征性的线性话语,或者更准确地说,是淹没了它们。

---

① Kristeva, *Des Chinoises*, pp. 59 - 62. 中译本参见:赵靓译:《中国妇女》,上海:同济大学出版社,2010年3月,第52—54页。
② Kristeva, "Remarque sur le 'Mode de production asiatique,'" in idem, ed., *La Traversée des signes*, pp. 37 - 38.

对于克里斯蒂娃来说,中文逻辑的内在性和文字的具体性与西方那种紧张的、歇斯底里的、过度形而上学化的一神教和字母系统截然不同。后者都由拉康所谓的"父亲的法则"构成,都是通过对于前象征性的或是前俄狄浦斯式的符号学记录的拒斥确定其自身意义。它将它们定义成无意义的和非存在的。在中国,主要是因为家庭生活中的母系传统,权威作为古代力量的延续,为百姓"日用而不知"。中国传统中权威的力量如同某种心理学机制,是半觉察半诗意的,居于梦幻和翻译的边缘,将思想压缩为可以表达的内容,由此保存并且掩盖着它们。① 因此,历史的叙述看上去像是在做梦或是展开某种分析:

> 对于我们而言,解释说明唯一合理的逻辑形式是,寻找原因,做出推论,明确动机、表象及其本质;就这样来预测一个事件的结果;所有这些都来源于逻辑因果性这一形而上学的原则;然而,中国人的逻辑形式是结构主义和战略性的。而在这一事态背后,显现出一个巨大联盟,它们孕育着瓦解原初秩序的种子;显现出善恶之战;演示出人类的两面性;迫害、阴谋和突变……在我们追问这些创伤性时事是如何发生时,因果论、决定论的形而上学逻辑已经提前粉碎;然而,中国的言说主体,在没有丧失象征性话语水平的情况下,仍然把这些理性逻辑当作一个游戏、一场战争或一次联盟来加以描述。……如此推导出来的"美学"模式可能使我们不快,但它具有明确的象征性功能。通过直接排除"客观真理"的问题(这在肩负着权力关系的政治世界里是不可能的),选择性地根据它对当前的继续影响,把人们转移到了文学和古代的象征性状况中。正是在这种原型的象征性境遇中,它响应召唤去上演,然后在剧情中使冲突得以

---

① 参见 Freud, *Die Traumdeutung*, pp. 234 - 235。"梦中的内容对我们来说,好像是将梦的思想翻译成另外一种表达方式……梦中的内容是作为某种图像文字呈献给我们的,这些符号需要一个个用梦的思想的语言翻译出来。如果不把梦中的符号看作是它们指向的关系,而是尝试解读它们的图像性质,常常会误入歧途。"

解决,就像在萨德首次为夏郎东疯人院的临时演员们引介的一部可供发泄的剧本中,"发生"了一种"反传统精神病学"一样——隐蔽在创伤性时事之下的那些激情的、意识形态的和政治的悲剧才为我们所关注,才是我们想要"理解"的事物。①

形而上学的逻辑要求真理,而内在性逻辑则寻求疗法、行动以及对屏幕记忆的确认(通过表演)——或者如朱利安后来所用的词——"功效"(efficacy)。② 这种在精神分析和历史意义上的"古代"思维方式,将古代中国与现在的文化大革命联系起来,并且把它与西方对话者区别开来。③ 但是,由于那种对中国的关注正缘于此,这对于历史编纂又提出了一个的问题,古代中国的优势如何嵌入一种历史性的言说? 这又是否是另外一种纯粹的中国观察者们永远无法理解的关于中国的"事实"? 它们的心灵中、历史中,语言以及其他所有一切的传统中差异性的缺失将它们与"西方人"区隔开来。如果我们所理解的历史是为了探究原因并且指出其中的机制的话,那么中国的"结构主义式图表"永远不会记录历史。它们也许会偶然间发现某种类似于这种历史的表现,但是,完全是遵循另外一种动力学原理。于是,伴随着种种象征性、逻辑和一般法则,历史终结于"西方"。也许这是一个更令人担忧的结局。

差异性和他者的问题是成就 *Tel Quel* 中国风和原初动力的根本原因。和索莱尔斯一样,克里斯蒂娃也同样希望在中国那里寻找到历史的时间叙述的另外一种模式,一种不同于对于世界历史的目的论解释的模式,在那里,那些非西方的社会不再被看作是西方现代自由和理性的前

---

① Kristeva, *Des Chinoises*, pp. 62-63. 中译本参见第 55—56 页。
② Jullien, *La Propension des choses*. 关于屏蔽记忆,参见 Freud, "From the History of an Infantile Neurosis"。
③ Kristeva, *Des Chinoises*, p. 63. 这种思维模式的"分离"表现出叙事者在面对一群闲适的农民时感到的局促和疏离(我感觉像一只猴子或是一个外星人),克里斯蒂娃常常指责这种民族志式的坦白(pp. 13-14)。她自己关于中国的作品可以看作"跨越边界"的审慎讨论的例子,参见她的 *La Révolution du langage poétique*, pp. 542-543。

驱或者是某种终结。① 索莱尔斯的《论唯物主义》(Sur le matérialisme)围绕着黑格尔的叙述,把希腊罗马的原子论、十八九世纪的唯物主义、中国的物理主义和《矛盾论》结合在一套连续的话语体系之中:把由柏拉图至黑格尔的形而上学看作一套有限的理论,并且在一个更加广阔的、对立的环境中加以审视,在此它们成了"唯心主义理念论笼罩之下的、物质主义的和辩证法的悠久历史"。② 当象征漂浮(或游荡)于符号之上,当理性向无意识敞开大门,当资本主义将它的基础建立在对于那些终将起来反抗的劳动者的剥削之上,形而上学就此获得了它那完美的、系统化的形象。它的实现依赖如此多的条件,它却从未承认。"伴随着理念论的姿态一起带给我们的是对于唯物主义、性欲、历史和语言的多样性的所有这一切的拒斥"。③ 索莱尔斯为了挑战这一姿态,揭露了上述在这种理念论影响之下对于中国地图、书和书法的描述。他得出的结论是:"这就是我们所谓的中国的起源,那么我们自己呢?"中国"诞生"的无差别的空间,正是意料中的转化得以发生的地方。在那里,纸张和毛笔、图像和语词、符号和象征、母亲与孩子、原因和形式、当下和过去、自我和他者,这一切都混合在一起并且互相包含着。

在这个意义上,中国先于欧洲:

> 为什么伟大的无产阶级文化大革命发起了一种新的、多方面的、去中心化的历史进程概念,充满了各种矛盾的另一种全球化的暴力占据了各个不同层面?那些习惯了黑白分明的人们,大概永远无法理解这一状况。为什么文化大革命最终造成了历史观念的去宗教化,使得历史被看作是各种不同矛盾的结合在历史中具体的、现实的再现?④

---

① 对于黑格尔的历史必然性的拒斥,参见 Kristeva, La Traversée des signes, p. 23。
② Sollers, Sur le matérialisme, p. 93。
③ 同上,p. 40。
④ 同上,p. 36。

克里斯蒂娃通过描述中国和伊朗队之间的两场排球比赛向我们展示出无差异性和差异性之间的对比。伊朗人的身体充满了性别的标志：伊朗女排的队员们明显地强壮一些，她们的头发在风中飘扬，神情激动而兴奋。她们每次击球得分后都要相拥亲吻，喊声震颤空气。伊朗的男人们则更加大男子主义一点，更像是主人一样。中国女排姑娘们则更像内秀的小男孩，男人们也纤弱，如同少年一样。① 看上去，印欧传统意味着将两性的特征都推向极端，而中国的传统则好像是安于两者之间的中间状态，在那里，女性和男性的特征某种程度重叠在一起。中国特质在这里成为否定对立面的存在的状态，如果用马克思喜欢的话来说，中国女排的胜利决不是偶然的。

"文革"后期，对立面之间的冲突渐渐隐而不显，除了到处重复的口号和标语，看不到什么文字，表现在符号中的中国不再紧张，而是充满了和平，对立的各方都处于中立状态。中国变成了对立状态存在的反面：没有剧场、没有噪音、没有任何的故作姿态和歇斯底里。正是这些曾经让克里斯蒂娃欣喜若狂的特征，就要把罗兰·巴特逼疯了。

> 现在的中国看上去拒绝向访客展现什么。这倒不是它有意要隐瞒什么，情况比这更可怕，因为中国正通过各种反儒家的方式取消了概念、主题和名称的构成方式……它现在是诠释的尽头……
>
> 抛开中国古老的宫殿、各种海报、儿童芭蕾舞团的表演以及五一节大游行，中国现在一片苍白。乡村平淡乏味，看不到任何有历史感的东西，没有庙宇，也没有庄园……看不到任何我们想象的异国情调……
>
> 但是，这些显然充满政治符号的话语并没有阻止人的发明，甚至其中还有某种特殊的欢乐，就像正在进行的批林批孔运动，遍布中国大地，形式丰富多样，就连这运动的名字也是朗朗上口，人们发

---

① Kristeva, *Des Chinoises*, pp. 220 - 221, 中译本参见第 183 页。

明了各种游戏……这一切小的"发生"(happenings)都是由政治的文本单独造成的。①

克里斯蒂娃观察到1974年的中国正在进行的运动:

> 它似乎涉及一种权力尚无固定代理的社会:无人能把社会占为己有,妇女们同样如此。尽管她们是主人权力的必要支持者,也是在野势力用来确保它能被代表的力量(通过那些父亲和立法者)。因此,权力无人可以代理,无论男女,但是它会被所有人承认,会被接受以使自身运转。男人和女人们行使权力,是为了对它展开批评和调整。这就能解释为什么中国"法院"的位置被"人民代表大会"所取代。如果每个主体包括男人和女人,在与实践的永恒较量中,在与他人的对话中,都是为了自我才去承担法律诉求,不论出于何种举动也不论处于何种时刻,那么,法律诉求将在未来消失。这个乌托邦可能招致风化;它也可能只是一种重建一个有活力的民主社会的企图。也许这个未来有可能存在,然而身处当前,无人知道如何超越资产阶级法律的严格理性及其相关伦理。②

米歇尔·福柯同样寻找到一个机会,在如何使他们的实践更加具体化的方面,给毛主义者们上一课。因为,在那里他发现了对资产阶级的理念论的某种令人不快的妥协。

> 福柯:我们必须追问,这种大众司法的形式是否会采取法庭审判的形式。在我看来,法庭不一定是大众司法的自然表现形式,但是,它确实具有某种历史性的功能,从而在某种程度上控制、掌握或

---

① Barthes, "Alors, la Chine?"(Le Monde, May 24, 1974), in idem, *OEuvres complètes*, 3: 32-34. 原文中使用的就是英文的"happenings"。Kristeva 的小说 *Les Samourais* 描述了 *Tel Quel* 对于中国的关心(包括 Roland Barthes, Julia Kristeva, Marcelin Pleynet, Philippe Sollers, Fransois Wahl)。
② Kristeva, *Des Chinoises*, p. 228. 中译本参见189—190页。

者压抑着大众司法的模式,把它重新纳入制度的轨道之中,呈现出国家机器的特点。……在广大群众和他们的敌人之间,建立起某种中立的例子,只用来帮助我们区分对或错、有罪还是无罪或者是正义还是非正义,而不是建立起针对大众司法的对立力量?

法庭的组织结构是如何构成的呢?一张桌子,面对的是原告,而在桌子背后的,则是作为第三方力量存在的法官们。他们所处的位置表明:1. 相对于原告和被告来说,他们是中立的;2. 他们并没有事先就作出任何判断,而是在原告和被告双方都做了足够的陈述之后,依照事情的真相以及正义的原则作出他们的判断;3. 他们的决定体现了他们背后的国家的权威……因此,这种在对立的双方之外有一个第三方的力量,并且他们是按照正义的原则作出决定的观念无疑是有效的,并且他们的决定必须被遵守。大众司法与我们所描述的这种想法相去甚远。在大众司法过程中,我们并没有三方面的力量,只有人民和他们的敌人。因此,当人民把某些人看作是他们的敌人时,当他们决定对敌人进行惩罚或是再教育时,他们并不需要借助于某些抽象普遍的正义原则,他们仅仅借助于他们自身的经验就够了。他们会想起自己所受到的伤害以及遭受屈辱和压迫的方式。最后,他们的决定并非是某种权威的决定,这意味着,他们并不需要借助于国家机器的力量来使得他们的决定合法化,要做的很简单,就是执行这些决定。①

福柯奉劝人民不必再尝试用本不属于他们的法律条文来解释他们的各种行为而是直接通过行动展示他们的行动,构成自己的法律。克里斯蒂娃则梦想着某种社会行动,"社会中每个人之间的行为和话语的永恒对抗"对其本身来说已经足够了,"本质上不需要法律的存在"。这在

---

① Foucault, "Sur la justice populaire: débat avec les maos"(1972), in diem, Dits et écrits, 2: 340-346. 福柯的对话者是无产阶级左派的代表 Benny Levy 和 André Glucksmann, 郭建的《文革思潮与后学》对此有所讨论。同时可以参见氏著: "Resisting Modernity"。

某种程度上并不是如同雄性雌性、天与地或是加或减这样的相互对立的两极间的融合。中国撤掉了法庭上的桌子,也就是说,它彻底去除掉了主体的行为或者话语通常情况下需要借助的诸如法律、真理或是某种超越的所指。它向我们展示了,如何在不需要法律的情形下生活,不需要任何符号。但是,取代了法律的是什么呢,是专制的王权,还是大写的人民? 或者,这种法律的缺席是东方人独特创造的产物?

这些之前曾信奉结构主义的叛逆学者之所以被人们记住,并不是因为他们试图把握历史进程(我这样说,也并不是要向90年代之后有关马克思主义的共识鞠躬致意)。他们的历史观更像是某种关于艺术的宣言,就像他们从精神分析学派那里所借用的东西一样;他们和东亚之间的关系,与弗洛伊德主义、马克思主义和女性主义的议题交织在一起,更像是些美学的表达方式。(这么说并不意味着我就此否认它们的价值,而是说艺术的语言可能更能贴近他们的视野和能力。)

罗兰·巴特(Roland Barthes)那本描写他的日本之旅的充满启发性的小书:《符号帝国》,一定会因为其中沾沾自喜的不负责任的态度惹火那些日本专家们,用一位批评者的话来说,就是它的"自我陶醉的日本风格"和"粗俗的时代错置"。①

> 如果我想凭想象虚构出一个民族,那么我可以为它起个杜撰的名字,宣称它是小说里的对象,创造出崭新的加拉巴恩(Garabagne)……我还可以——尽管我决不希图对现实本身进行描述或分析(这些都是西方话语篇章的主要表述情态)——把世界上某个地区(遥远的

---

① Reckert, *Beyond Chrysanthemums*, p. 235. 对本书英译本较早的评论中, Edmund White (*New York Times Review of Books*, Dec. 5, 1982, p. 34)对于它的"乌托邦"视角最富同情。Lisa Lowe(*Critical Terrains*, pp. 188)认为克里斯蒂娃和巴特延续了某种特殊的东方传统:"中国的建构变出了一个东方的他者,不是作为殖民的空间,而是一个在西方政治、意识形态和意指之外的被渴望的存在"。"他们不断地把东方指认成他者,""既是心理分析意义上的也是马克思所谓的资本主义商品拜物教意义上迷恋的对象。"关于东方在巴特的写作生涯中如何作为一种乌托邦的存在,参见 Célestin, *From Cannibals to Radicals*, pp. 134 - 174。

国度)出现的一组特征(这是语言学中运用的术语)抽出来,细心地根据这些特征来构成一个系统,我将把这个系统称为:日本。

在我看来,东方是无关紧要的,只不过提供出一套特征,这套特征的操作活动——它那种被创造出来的相互作用——让我沉酣于一种前所未闻的符号系统的意念之中。这种符号系统与我们自己的符号系统截然不同。①

这就是我想指出的"东方"研究中持续不断的错误的来源:用"我们的他者"来命名"他者",把他者仅仅看作是我们所不是的东西。如果直接这么来理解他者或是把这当作是我们的知识的结论,那么只能造成某种反响的同义反复(同出而异名),结论只能是我们自己形象的又一次消极意义上的再现。但是,罗兰·巴特对知识没什么兴趣。他对于日本的现实毫不关心(这种态度也许要比他书中的陈词滥调和大而无当的判断更能伤害那些日本专家的心)。② 他故意把对立的修辞法当作某种感觉机制,用来呈现某种"特征"(就像是音系学里面的差别特征,或是书法里面的笔划)。如果灌木里的动物要想生存下去,对动作的感知就要触发即刻的反应;对于符号学家来说,对立的感知自身就能自动地制造出实体、对立面、系统和语法。所有的造物离开了它的感觉器官都活不长。

因此,罗兰·巴特把读者带入了一个由这种感知能力所塑造的现实之中,把日本遇到的每样东西都跟法国相比较,在对照中加以解释。叉子被用来刺或是扎,而筷子则是用夹的。炸制的天妇罗是如此地蓬松、光洁、充满了空气的小孔,和法国人印象中厚实油腻的油炸物是如此不同;我们欣赏礼物本身,而日本人则更喜欢欣赏包装;西方的演员追求更为直接真实

---

① Barthes, *Empire of Signs*, p. 3; *L'Empire des signes*, p. 9, in idem, *Oeuvres complètes*, 2: 747. 中译本参见:《符号帝国》,第 3—4 页。
② 对比一下 Oscar Wilde 所说的"事实上,整个日本纯是一个创造发明,没有这样一个国家,也没有这样一群人……正如我曾经说过的,日本人是一种类型,一种艺术的精美想象"("Intentions", in Ellmann, *The Artist as Critic*, p. 315)。

地表达情感,日本的演员则更加在意完美地呈现固定的表演程式;还有弹子机,如同一位独臂的大侠在追赶金钱,在日本人那里,变得更加自我,而没那么粗俗,每个释放出去的小球都象征了不可逆转的过程。所有这些感知都唤起了某种对照感知(与我们平常的作为正相反)。这些特征组合在一起,构成了一个整体,都指向日本是一个符号性非常强烈的国家,充满了自足的符号。在那里,符号不再是意义、趋向或者是所指的工具,对于日本所有的描述都围绕着这一点展开。① 罗兰·巴特将这种符号的实践、这些符号自身的呈现、经由这些符号的呈现和为了它们的呈现一次次地命名为"书写"。几乎他的书中所有段落都可以看作是一个实例,事实上,这本书的一个主要功能就是构建出一个镜像的效果,各部分之间相互映射,所以,我用充满文化意味的插花艺术为例加以分析:

> 日本人的一种插花……它所创造出来的是空气的流通,这里,鲜花、叶子、花枝……只不过是墙壁、走廊、挡板……你可以把身子移到花枝中间的空隙处,移到它跟前,不是为了阅读它(阅读它的象征性),而是为了追踪写出这束花的那只手的痕迹;它是一件真实的书写品,因为它创造出一个体积,因为它为了不让我们的阅读成为对一种欣喜(不管它有多么崇高的象征性)所做的那种简单的解码活动,允许这种阅读去重复那种书写劳作的过程。②

这同样也是阅读罗兰·巴特应该采用的方法:别试着去解码它的信息,也别指望获得什么关于日本的知识(书里面也没有,作者自己也这么说),而是试着置身于空隙之中,观察作者的双手是如何优雅地呈现和结

---

① 参见 Barthes, *Oeuvres complètes*, 2: 1002 - 1003, 1013 - 1015, 1022 - 1025。波德莱尔(Baudelaire)对于"绝对喜剧"的描述("De l'essence du rire," *Oeuvres complètes*, 2: 525 - 543)是一个重要的先声。在他那里,绝对喜剧通过打破所有现实主义获得其崇高。波德莱尔所举的例子之一是英国的哑剧。

② Barthes, *L'Empire des signes*, p. 60. *Oeuvres complètes*, 2: 778. 中译本参见《符号帝国》,第69—70页。

束他的日本之旅的。除此之外，也许还会怀念这本书的尝试，怀念对当下持续不断的叙述。(这种观察式的现在时态的用法使得巴特的写作与克里斯蒂娃的截然不同，她总是将那些古代的面貌与她在现代中国的种种体验相比较。)在某些最危急的时刻，这种尝试必须对付一些极端的情况。这种时候，符号学看上去就好像没什么深度，并且永远不会对于正在谈论的对象有足够的描述：

> 全国学生联合会(当时正在反对美日联合防御协定和越战)的暴力……立刻成为一个符号：它什么也不表现(不表现仇恨、不表现愤慨，也不表现任何道德观念)，反而在一种转移的目标中(去包围和拿下一个市政厅，扫除一片铁丝网)毁掉了自己；……所有这一切，都结合在一起产生一种群众性的书写，而不是一伙人的书写(那些姿态做得很完善，人们彼此并不互相帮助)；最后，也就是这个符号的最大危险，有时候有人承认，战斗员唱诵的那些口号不应当道出行动的原因和理由……而只应当道出这种行动本身(全国学生联合会正准备为此而战斗)。因而再也不用通过语言来对这种行动加以掩盖、指引、辩护，说明其纯真无邪——那种外表的神圣高于战斗，就像一位戴着弗列吉亚帽的马赛女人——但是却配上纯声音的操演，这种操演只不过给暴力的总量多加一个姿态，给它"多一块肌肉"。①

换句话说，学生示威的方案和插花的所遵循的方式一样：姿态不是为了被解读而作出的，而是为了可以被追溯。它对于事件本身并没有作出一种"新闻性的"报道，即直白地表达动机或是争取读者的同情或反感，而是保持了一种令人惊讶的沉默。而这种沉默正是罗兰·巴特自己的"符号学的大无畏精神"。

这一系列的例子经由一条朝向东方的路径，把我们由书写理论又重

---

① Barthes, *L'Empire des signes*, pp. 139-143. *Oeuvres complètes*, 2: 818. 中译本参见《符号帝国》，第156—157页。

新带回到人文主义的终结。(一个与此类似的表述是科耶夫宣布在战后的日本发现了一个超越历史的社会。在那里,战争和战争的动机都被替换成了美学竞争和势力主义。)① 罗兰·巴特对于书写本身的书写并没有沾染人文主义的气息。诸如叉子和筷子、礼仪的鞠躬和心绪不宁的诚恳等等这些相互对照的例子,只是为了能够进行探究提及的种种事例、借口,而不是有待继续阐释的符号。整个计划概括起来,其实就是罗兰·巴特早期作品中对于大众文化的无情剖析,只不过采取了另外一种方式。正如让·提波蒂(Jean Thibaudeau)在访问他时所说的:"《符号帝国》中的某些篇章让我想起了你在《神话学》中所说的'现实主义',只不过,在 1957 年的时候那是讽刺,而现在则是一种乌托邦"。对此,罗兰·巴特回应说:

> 《符号帝国》中所呈现的场景是愉快的《神话学》:抛开某些个人因素不论,这可能是因为我刻意采取的旅行者身份——不是漫无目的的漫游,而是作为人种学家——能够让我忘掉那些日本的狭隘的资产阶级,那些对于社会行为的控制,生活的艺术以及对象的各种类型,等等这些:我能够从神话学的厌恶中抽身而出。我的一个主题就是忘掉法国狭隘的资产阶级(这会对我个人的部分产生极大的影响),列举出那些在法国的生活中享受的种种愉悦。②

这不是一个面对日本的新人或是不懂日文的问题。它关乎对待符号的道德,关乎一种已经被罗兰·巴特抛弃的新视角。在全国学生联合会的例子中,语言仅仅是为了强化斗争,不再向隐含在背后的原则寻求支持。这个例子对于罗兰·巴特的访问者来说意味着他对于历史和政治活动已经没有兴趣了。罗兰·巴特更进一步质疑了那种认为"彻底进入能指"必不可少的观点,他宣称:

---

① 参见第二版中增添的段落,Kojève, *Introduction à la lecture de Hegel*, pp. 436-437。
② Barthes, "Réponses," *Tel Quel* 47(1971); in idem, *Oeuvres complètes*, 2:1319. 关于罗兰·巴特的写作生涯的透视分析,可以参见 Knight, *Barthes and Utopia*。

> 如果说我在这一点上已经改变了的话,那也是换了一种方式,绝不是彻底放弃……我们需要把斗争继续向前推进,不仅要尽可能地打破那些固有的符号(能指在此,而所指在那),同时也要打破符号观念本身……我们需要尽力冲破那种认为西方话语是一个整体的观念,尽可能地回到它的根基和基本的形式上去……当前的欧美、文化和语言中都需要努力进行一场死而后已的斗争,与所指展开的历史性的斗争。①

罗兰·巴特把这项任务,特别是他的《符号帝国》,描绘成"解构"、"文字学"和"虚无主义"的。② 自此那就是另外一场对抗虚伪的斗争了。它同时包括精心挑选一个符号构成的领域,在那里,虚伪无处可藏。对于神话学的厌恶即来自他意识到虚伪的存在,并且被排除(或是根本没用)在一个强有力的符号世界之外。让我们设想一下两个宿敌见面,互相鞠躬的场景:如果是发生在罗兰·巴特想象中的日本,他们的行为并非表里不一的虚伪。因为,在日本,鞠躬并不一定意味着发自内心的友好关系。鞠躬是在普遍意义上的好行为。如果我们像罗兰·巴特在《神话学》里面指责法国的资产阶级虚伪地假装出悲伤的场景一样,指责日本人的虚伪的话,那就有些步入歧途了。因为一个只有纯粹场景的社会实在是没什么可以被指责为虚伪的。罗兰·巴特笔下的日本可以看作是布莱希特式(Brechtian)的"史诗剧"中的一幕:它不是寒酸的亚里士多德意义上的戏剧,而是一片根本不需要幻想的领域。③ 因此罗兰·巴特

---

① Barthes, "Sur S/Z et *L'Empire des Signes*," *Les Lettres françaises*, May, 20, 1970(与Raymond Bellour 的访谈), in idem, *Oeuvres complètes*, 2: 1015.
② Barthes, "Entretien"(与Stephen Heath 的访谈), in idem, *Oeuvres complètes*, 2: 1294.
③《符号帝国》充满了关于布莱希特的暗示。关于罗兰巴特的布莱希特时期对于符号学的改造,参见"Les Maladies du costume de théâtre"和"Les Tâches de la critique brechtienne", in diem, *Oeuvres complètes*, I: 1205 - 1211, 1227 - 1230. 多少有点与此相反的, De Man(*Romanticism and Contemporary Criticism*, p. 169)认为《神话学》揭示了已然存在的布莱希特意义上的资产阶级现实戏剧。

如此痴迷于日本的木偶戏和男扮女装的表演：

> 拿最近几个世纪的西方戏剧做例子,它的功用主要是表现被视为秘密的那些东西(感情、情境、冲突),同时还要把这种表现的那种人工痕迹加以掩藏……从文艺复兴时期以来的舞台为这种假象提供了场地。……在日本木偶戏里,这种戏剧的来源从它们那种空无性中表现出来。从舞台上被驱逐出去的是那种歇斯底里的表现,即戏剧本身;……日本木偶戏既不隐藏什么,也不渲染它那种表现手法;因此,它清除了演员表演中的一切神圣气味,并且摒弃了那种形而上的联系,而西方人总是要在身体与灵魂、原因与结果、动力与机制、经理人与演员、命运与人、上帝与创造物之间建立起这样一种联系:假如操纵者不是隐藏起来的,那么为什么你要——而且怎样去——把他弄成一位上帝呢?①

日本文化中最珍贵的是,他们"摆脱了意义的纠缠",他们的厉害之处在于通过"顿悟"的自明性打击外来的观察者。这里所谓的摆脱,就像是生活中我们摆脱掉了赋税和账单的感觉一样。一旦不必总是纠结于寻找行为背后的意义,日本人就可以在一个单一的层面上展开它们的象征性行为(对于我们来说,则是在两个层面上:法律的形式层面和意义层面);这更类似于音乐的形式而不是语言,借用克里斯蒂娃的描述就是,"一种能够脱离了所指的符号系统,在其单独出现的过程中,仅仅是替换了差异的出现,由此摆脱了意识形态的束缚,整个过程得以戳破自我认同造成的障碍"。② 在符号的伊甸园中,通常所说的生活(例如做饭、打包东西或是交谈)与书写行为一样,都和音乐一般无二,都是一种绝对的表

---

① Barthes, *Empire of Signs*, pp. 61–62; in idem, *L'Empire des signes*, pp. 82–84; *Oeuvres complètes*, 2: 789–790. 中译本参见《符号帝国》,第92—93页。
② Kristeva, *La Révolution du langage poétique*, p.529. 其直接的主题是关于法兰西第三帝国叛逆的瓦格纳创作理论。

现,与纲领性的或是模仿性的表现(例如一出意在言外的戏剧)截然相反。① 一个自足的符号系统的秩序是否能够承受或是需要得到质疑(在人们普遍批判的意义上)仍是一个有待提出的问题。这个"背离并且对于西方意义来说是乌托邦的事例"很奇怪在所有的艺术作品中重新开启了后期浪漫派的美学传统。

如此奇特的联合(发生在日本,或者毋宁说打引号的"日本")必须被落实到某些非同寻常的历史性假设之上。

1935年,集导演、剧作家和演员于一身的梅兰芳带着他的"形式古老的新戏剧"京剧来到了莫斯科。他在莫斯科和列宁格勒表演了六个星期,并且和当地的戏剧界人士展开了讨论,其中包括斯坦尼斯拉夫斯基(Stanislavsky)、梅耶荷德(Meyerhold)、崔迪亚可夫(Tretiakov)、爱森斯坦(Eisenstein)以及由德国流亡来的布莱希特(Brecht)。②

布莱希特1936年撰写的文章《中国戏剧表演艺术中的陌生化效果》(*Verfremdungseffekte in der chinesischen Schauspielkunst*)记录了梅兰芳的表演给他留下的深刻印象。③

> 陌生化的艺术效果在中国戏曲中是通过下面方式达到的:首

---

① 关于这一概念的历史,可以参见 Dahlhaus, *The Idea of Absolute Music*。
② 在和张鹏春商量之下,梅兰芳缩短了他在莫斯科表演的戏剧,着重强调了其中的舞蹈和绚丽的视觉效果。张彭春是哥伦比亚大学的博士,时任南开大学英文教授,他同时也是梅兰芳美国和苏联之行的戏剧顾问和翻译。张随后成为联合国1948年《世界人权宣言》起草委员会的成员。关于他在这一文件讨论中所作的贡献,参见 Glendon, *A World Made New*。关于梅兰芳的莫斯科之行以及后续影响,参见:梅兰芳:《我的电影生活》,第46—56页。梅绍武:《我的父亲梅兰芳》,第126—59页。郑培凯:"梅兰芳对世界剧坛的文化冲击"和"梅兰芳在莫斯科"。梅兰芳的回忆录(《舞台生活四十年》)只记录到了1920年代,后续章节的草稿被红卫兵在1966年销毁了。Lars Kleberg1981年的剧作"The Sorcerer's Appretices"在想象中重建了莫斯科围绕着梅兰芳展开的讨论。不过,在《中华戏曲》7(1988年)刊载的这个剧的中文版还是被当作了历史性资料。关于这个剧,参见 Kleberg, Starfall, pp. 23 - 49。Kleberg 随后发现并且发表了讨论的真实记录,参见 Kleberg, "Zhiv'ye impul'sy iskusstva"。
③ Brecht, *Gesammelte Werke*, 7: 619 - 631;英译本参见 *Brecht on Theatre*, pp. 91 - 99。

先,中国戏曲演员的表演,除了围绕他的三堵墙之外,并不存在第四堵墙。他使人得到的印象,他的表演在被人观看。这种表演立即背离了欧洲舞台上的一种特定的幻觉。……中国戏曲演员总是选择一个最能向观众表现自己的位置,就像卖武艺人一般。另一个方法就是演员目视自己的动作……观众对演员是把他作为一个观察者来感受的,观众的观察和观看的立场就这样地被培养起来了。……演员表演着巨大热情的故事,但他的表演不流于狂热急躁。在表演人物内心深处激动的瞬间,演员的嘴唇咬着一绺发辫,颤动着。但这好像一种程式惯例,缺乏奔放的感情。很明显这是在通过另一个人来重述一个事件。当然,这是一种艺术化的描绘。……(失控的情绪就这样被优雅地表现出来)……演员在表演时处于冷静状态,……力求避免将自己的感情变为观众的感情。谁也没有受到他所表演的人物的强迫……

当梅兰芳表演一位少女之死的场面的时候,一位坐在我旁侧的观众对表演者的一个动作发出惊讶的叫声。接着就有几个坐在我们面前的观众愤怒地转过头来,向他作"嘘"以示抗议。他们的感觉就像真的正在面对一位少女的死去。他们这种态度对一场欧洲戏剧的演出也许是正常的,但对中国戏曲演出却是非常可笑的。①

中国的演员"从开始起他就控制自己不要和被表现的人物完全融合在一起"。② 布莱希特破除"移情"戏剧的动力来自他希望能将批判代入舞台表演之中,希望能够打断表演,迫使观众自己给出对于事件的解释。在梅兰芳的表演中,他得以印证自己前二十年所作的工作。这也是梅兰

---

① Brecht, *Brecht on Theatre*, pp. 91 - 95; *Gesammelte Werke*, pp. 620 - 626.
② Brecht, *Brecht on Theatre*, p. 94; *Gesammelte Werke*, p. 623. 比较一下巴特所说的:"正如布莱希特观察到的,(东方的戏剧)充满了引用,压缩的书写和一些编码的碎片";"如果不是引用,我们的面孔又是什么呢?";"在他面部表达中,演员不是假装成为一个女人,不是复制她,仅仅是意指她"(*L'Empire des signes*, pp. 75, 121, 122, *Oeuvres complètes*, 2: 786,808, 809; *Empire of Signs*, pp. 53,90,89)。

芳作为一种社会批判戏剧的活跃元素留给今天的西方戏剧表演实践的宝贵遗产(如果不仅是他的名字的话)。这能够帮助我们打破那种虚假意识,让我们不再以为西方的文化是如同自然一样永恒。这一方式因此也同样关系到文学和社会研究中的"建构性"主题(像最普遍的实践的那样)。梅兰芳比起那些与他同时代的固守自然的人更加未雨绸缪,他是那种在紧要关头能握紧方向盘的人。一场充满了对于技巧的自我意识的戏剧,一场没有欺骗的戏剧中,没有人会被强迫,被强加上某种情感。

布莱希特对于梅兰芳的表演的评论很自然地强调了他对于资产阶级社会批判和校正的力量。这里指的当然是西方社会。但是,这里要讲的不只是东西方在技术或者态度上的某种交流。随着时间的变迁,历史学的那些概念有时会让人有些尴尬。这里所谓的东方就指向好几个意思:以中国和日本为代表的文化的东方,在1945年以后就变成了泛指在苏联影响下的政治上的东方。同样,西方也是一个含义不断变化的概念:我们试图把地缘政治意义上的西方国家等同于文化意义上的西方(如同大学手册上所标识的那样,由柏拉图到北大西洋公约组织),但是,面对多种多样的非西方因素,我们根本无法把它们都整合在一个文化概念之下。① 也许是预见到了1945年之后概念的变迁,被西方放逐的布莱希特,在1935年身处东方,观看一位来自远东的传统艺术家的表演。而苏联(东方的)观众对于梅兰芳的表演的热情接受,展现出某种与布莱希特不同的意味。这些东方人首先意识到的是:

> 舞台上那种特有的原初的韵律,独特的音乐结构以及演员的语言和动作之间的协调互动。整个表演中没有一个与表达无关的动作和演唱。梅兰芳的手是如此引人注目:十根手指如同舞台上的十个演员,现身于戏剧之外。也许我们无法理解京剧独特的音乐,无法欣赏那些雅致的服装,或是对戏剧的主题有点摸不着头脑,但是,

---

① 几乎无法。参见 *Wittfogel*, *Oriental Despotism*。

> 所有人都会被这双手所吸引,它没有一刻停留,十指翩翩起舞,如此意味深长,如此美好,就好像是传统的微型画中用来装饰的那些云、绿叶和青草。(Tretiakov)①

> 梅兰芳的舞台上,所有的动作都像是舞蹈,所有的舞蹈都是一种语言,而这些语言就像是一首咏叹调(这里的咏叹调指的是在音乐和咏唱的角度是如此地复杂)。在这里,我们可以看出他的戏剧有机的完整性……我们所谓的表现需要的那些传统要素,仅仅是有机合法性的必要形式和整个表现的内在结构中的偶然发现而已。(Tairov)②

爱森斯坦同样对中国戏剧强调通过传统方式来表达简洁而又丰富的含义方面大为赞赏:

> 我们都可以看到他是如何展现一系列的艺术表现方式,如何用一种符号学的方式展现那些恰如其分的动作,无论是在设想还是最终的完成角度,我们都可以了解这是一场多么完美的确定的表达。他在这出戏中展现出对于特殊的礼仪传统的完整回应。

> 我们都知道书中关于现实主义的定义。我们也知道多样性必须通过单独的存在表现出来,普遍性唯有通过特殊性才能表现出来,而现实主义也必须建立在这种相互渗透之上。

> 从这个角度来看梅兰芳的艺术,很容易会发现一些奇妙的特点:在他的戏剧中,所有的对立因素都被加以限制。当部分的再现成为表演者自身的个性时,这种戏剧中的普遍化就成为符号的和象征性的。在这个意义上,艺术家的独特个体为我们创造出明显的象征。换句话说,这好像是对立部分之间的界限离得越来越远……我们苏维埃的艺术目前几乎已经被削减得只剩下其中再现的部分。

---

① Sergei Tretiakov, "A Great Mastery," *Pravda*, March 23, 1935.
② Andrei Tairov, comments in Kleberg, "Zhiv'ye impul'sy iskusstva," p.135.

这无疑是对于形象的巨大损害。我们曾经见证了这一形象文化的消失,那种充满诗意的形式的文化,不仅仅在我们的戏剧中消失不见,同时也在我们的电影中找寻不到。我们可以指出,在默片时代,单纯的象征结构不仅仅是对于人的自然表现,而是扮演着某些重要的角色。①

梅兰芳给苏联人留下了几种不同的印象。把它们总结起来是建构主义者的事,如果我们在俄罗斯人的意义上使用这个词的话。俄国人对于梅兰芳的赞赏与布莱希特或是罗兰·巴特都不同,没有围绕着"假象或非假象"的问题展开,而是建立在他独特的艺术语言之上,那种充满内在合理性的在每个细节中都可以看到的复杂的技巧———一种绝对的、有机的舞台表演。莫斯科对于梅兰芳的演出表现出巨大的热情,在他短暂的逗留期间,《真理报》发表了十二篇文章讨论他的艺术,各种狂热的研讨会、大师班和读者来信纷至沓来。在班努(Georges Banu)看来,他那令人无法抗拒的成功重新引起了人们对于形式主义的兴趣。② 1935年,"社会现实主义"这一概念已经破土而出,但是直至第二年,它才被作为教条强制贯彻,开始清洗和关押那些仍然执迷不悟的"形式主义者们"。(崔第亚可夫[Tretiakov]被看作是宣传戏剧的奠基人之一,在1939年被逮捕并且执行枪决。梅耶荷德[Meyerhold]在经历了几年劳动营的折磨之后,死于1940年,社会主义现实主义虽然没有干掉爱森斯坦,但是依然对他产生了极大的压制)。③ 至少到1960年代之前,对梅兰芳的讨论是形式主义和建构主义最后一次露面。梅兰芳戏剧中的"非模仿"传统,以及韵律和音乐的有机的完整性(这两个词都需要在文学和更广

---

① Sergei Eisenstein, comments in Kleberg, "Zhiv'ye impul'sy iskusstva," pp. 136 – 137. 诉诸"现实主义"(即社会现实主义)是至关重要的,因为爱森斯坦的评论的目的在于拒斥当时流行的日丹诺夫式的对于现实主义情节和表现的指导。
② 参见 Banu, "Mei Lan-fang."
③ 同上,p. 146;郑培凯:"梅兰芳对世界剧坛的文化冲击",pp. 42 – 43. 请注意爱森斯坦评论中充满辛酸的提及的时间"我们的时代,默片时代"——1920年代。

义的层面上加以理解)都成为支持艺术家风格的自主性以及艺术的符号性特点的现成例子。这两个常常是相互冲突的浪漫主义原则在这里不同寻常地结合在同一个戏剧之中。这些用来挑战政治引导下的"现实主义"的首要地位。(梅兰芳在莫斯科的成功同样也减轻了中国左翼作家对于他的批评。例如田汉在1934年发表文章,质疑梅兰芳的风格是否是封建残余。梅兰芳随即邀请田汉帮他挑选将要在苏联演出的剧目。)①

在西方人的口中,梅兰芳被称作"中国艺术家",他被看作是几个不同意义上的典型人物。布莱希特借用他作为某种例子,对不合逻辑的社会舆论发出某种质疑;爱森斯坦则看重他与那种脱离"表现"的原初经典的想象中的诗意;对于巴特来说,他代表了大众的维度——所有的日本人都是某种程度上的演员,他们扮演着熟悉的角色,生活在"快乐的神话之中"。每种解释都有自己的目的,也都有不同的理由,但是,他们都不约而同地把梅兰芳那种将自然主义降低到最低限度的表演看作是某种"音乐"。在所有这些机制和由个人出发的阐释之下,有一个共同的核心:艺术本身的充分性。人们固然可以对梅兰芳所代表的东方艺术"无动于衷",但这只是因为他完完全全成了东方的代名词。

使得罗兰·巴特的"东方演员"成为典型的是他的纯意义性的表演,一种摆脱了背后那些相互对抗的对立概念的演出(这些概念例如:自然、西方的意义模式、先天的性感、灵魂的末世论)。一旦我们将罗兰·巴特的类型学的人物看作是梅兰芳在1935年的表演,就能够将他联结各种相对的意义网络看作是对于先前表演的排序,是同一个典型在两种不同的语义学世界中的循环(大致来说,是1930年代俄罗斯的前卫艺术和战后法国前卫艺术这两个截然不同的世界)。用两种语境来描绘东方演员所可能身处的无数情境当然是远远不够的。但是,问题的关键不在于

---

① 参见郑培凯:"梅兰芳对世界剧坛的文化冲击",pp. 33 – 35。

此,而在于我们不再继续只用一种方式看待这个问题:经由这种方式,罗兰·巴特笔下的东方不再是一个静止的对立面,而是被看作是于运动过程中的某个阶段揭示其自身。

结构不会到大街上示威(Les structures ne descendent pas dans la rue)。

——1968年5月的涂鸦

在后结构主义者的描绘中,人文主义有两种不同的终结方式,分别以中国和日本为代表:前者失去了所有的差别性,而后者则是所有构成差别的东西都消失不见,唯剩下差别。前者是考古学的(假想中的前俄狄浦斯语言,凭借母系因素,指向一个有对抗而无法律的社会),后者则是文字学的(日复一日地书写,不断地引用、增殖)。也难怪巴特如此不喜欢克里斯蒂娃眼中的中国。它走向了错误的结果。但是,对于这些观察者来说,东方所代表的意义相对来说还是固定的。它提供了一个机会,以观察西方的消解,或者说典型西方主体的消解,即那种代表着公民社会、人文主义、内省宗教等等一切正统性的想象人格。

大部分沾染了解构色彩的关于亚洲的文字都设想了一个未来:那就是西方的形而上学终结之后,世界将会变得更像东方。这是一个对亚洲产生兴趣的好理由(虽然有很多更好的)。这对于那些已经深深地被亚洲所吸引,那些住在或是正在研究亚洲的人来说,有些什么意义呢?我之所以不愿意用一套文学主题、一篇论文或是一个信仰系统来定义解构,就是因为我不想让它变得无趣。如果你认为解构的目的就是表明书写是在言语之前出现的或是主体是由语言建构起来的,或者是意义是通过政治权力来设定的;或者是人类语言的局限就是人类思想的局限,或者是其他所有后人文主义者们宣称的各种东西。那么,当你的目光转向中国的时候,你必将大吃一惊。因为,所有以上这些是中国人早就思考过的,当然他们思考的方式和你的可能不一样。在中国,悠久的历史原因使得那些读书人都倾向于重视书面语言（中国人常常称说出一个词为"读"或者是"念"出来，即使他们面前并没有书。）① 由于诸多类似或相关的原因，在传播观念、意义时，这种自上而下、由外及内、将管治权力凌驾于个体良知之上的模式，常常不会受到读书人的反抗，因为绝大多数书籍都以这样的方式呈现事物。（这不是什么"亚洲性"，而是一系列具体历史事件的结果：士大夫阶层的形成、各地方言与通用书面语并存、史官传统、追慕"功名"的通行观念下独重结果的教育体系。）好消息换一个地方，结果就无法预料，有时会成为坏事。某个推动探究的立场换一个地方也许会成为阻力。如果那个开启所有问题的终极问题是："事情是否必须是我们所想象的那样"，那么即使是为了提出这个问题也已经要我们停止在原有的起点上思考了。

葛瑞汉（Angus Graham）认为德里达的目的在于消除西方思想中不同层面的对立：在场/不在场；男性/女性以及善/恶等等。"德里达解释道，西方人从逻各斯中心论、绝对语音中心论的取向来取 A 舍 B，这种取向始于所指/能指的对立链条。……中国传统无论如何不是德里达意义上的逻各斯中心论，而是以活的语言和所指的完全在场为中心。"② 在葛瑞汉看来，中国思想中那些对立的方面永远是互补的，而非绝对对立的，最常提到的例子就是阴阳。二者相互依存，互不可少。试图解构这一思想的人将会发现在中国思想中几乎无处着手。在我看来，葛瑞汉这样的伟大学者也因为采用了某种片面的比较方法而步入歧途。中国思想中也存在着大量的对立，只是需要在对的地方找到它们。如果我们真的试

---

① 关于中国的"阅读"状况，参见第三章。那些探究象形文字构成的人将会很高兴地看到，"念"这个字由"今"和"心"两部分构成，这意味着，"念"＝"思想当下"。一种关于当下的形而上学形式。

② Graham, *Disputers of the Tao*, p. 227. 葛瑞汉在此似乎借鉴了 Wesling 的"Methodological Implications of the Philosophy of Jacques Derrida,"后者大量引用了德里达的访谈集：*Positions*。

图取消掉这些对立的话,多观察一下也许就会找到应从何处着手。

在很多想象中,二元对立的观念以及附着于其上的罪恶感对于西方人来说符合形而上学的终结这一观念。① 如果,自柏拉图以来的西方哲学史是对于"存在的遗忘"的历史,时至今日不是被技术的发展所取代就是被所谓回归"前苏格拉底"的"思"所代替,那么始终处在这一范畴之外的中国传统思想当然是所谓哲学的他者。至于它是先于还是后于哲学,要看你问谁了,但是无论如何它是跟哲学不一样的。② 但是,如果我们参照"西方形而上学"的特点以消极的方式给中国思想下定义,如果我们用它绝对不是的那种东西来定义中国思想,那么所谓的后形而上学或是非形而上学之间的区别就没什么意义。对于那些后现代主义者来说,因为对于中国的阅读起源于某个文字学上的假设,中国就越来越清晰地成为他们想象中自己未来的样子。在现时代的共存使得各种分有成为可能。因此,我们可以看到很多这样的题目:"庄子和尼采"、"孔子与杜威"、"孟子与海德格尔",以及很多围绕着相似性或是差异性设计出的题目,聪明人都喜欢谈论相似性。

在这一定义中,作为行动和过程的解构消失不见了。而正是这种阅读实践使得德里达和德·曼能将哲学视为一种受制于其物质材料和书写基础的典质品。文字学作为历史中解构的起点,将不再导向或是预设人文主义的终结。这一切的结果将指向坟墓。没有了解构的阅读,后现代主义的各种主题将会变成另外一套意识形态观点,或者更糟,它们与某种所谓的历史哲学融为一体。

尽管老子之前并不存在柏拉图主义,葛瑞汉仍然这样说:"也许老子

---

① "后形而上学"时代的历史在海德格尔(Heidegger)那里获益良多。参见:Heidegger, "Der Spruch des Anaximander," in idem, *Holzwege*, pp. 296 – 343。关于尼采,海德格尔和后现代之间的关系,参见 Vattimo, "Nihilism and the Post-Modern in Philosophy," in idem, *The End of Modernity*, pp. 164 – 181。
② 关于朱利安的比较研究,参见第 5 章。

的'道'是这样一种东西:即当我们不再被超越的'实体'这种鬼魂纠缠时,'道'是'踪迹'向我们呈现的方式和样子。"①中国思想不诉诸任何当下之外的存在。秉持着这一看法,郝大维和安乐哲宣称中国古典的争论"严格地说,那些论证是'无根据的'。全然没有本体论上的终极物。要么作为综合的辩证法的基石,要么作为不可再加以分析的被分析项"。中国思想中缺乏道德的绝对真理,没有一个明确的本体论,以及它的实用主义的倾向,现在都变成了它的强项。我们现在可以同情地了解,(中国文化中)"对于一个文化所必需的真理概念的普遍拒斥"②。一种关于真理的理论并不是必需的,甚至如果没有的话可能会更好。"在古典时代的中国,认知并不是认知*什么*——即这一种东西,它提供关于周围自然界条件的知识,而是要知晓*怎样*很好地对待关系……界定认知的一组词语,因而是纲要式的、规劝式的[而不是认识论意义上的]。"③真正意义上,重要的不是你知道什么,而是你认识谁。这些关系被确定在儒家的礼中,成为一个人物相互关联在一起的整体。人不是要扮演他的角色,而是他们就是他的角色。正是他们在关系中的角色在延续着他们,使他们成为人。(郝大维和安乐哲并没有提及例如孤儿这样的没有身处关系之中的人如何能够成为人。但是当代的坊间证据也许可以提供一些答案。)经历过罗兰·巴特笔下所描绘的日本的旅行者们也许会发现这一领域颇为熟悉。罗兰·巴特设想了两种文化的对立,即建立在"脸面"、公共的尊重,以及承担社会角色之上的耻感文化和建立在某些绝对的标准、某种由永恒而来的良知,以及道德决定的自主性基础上的罪感文化。

---

① Graham, *Disputers of the Tao*, p. 228.
② Hall and Ames, *Thinking from the Han*, pp. 114,134,204. 将中国思想描述成缺乏"本体"或"本体论",并且在艺术或沉思中实现"内在超越",而不是在另外一个精神世界中的"外在超越",这一说法源自唐君毅和牟宗三(参见唐君毅:《中西哲学思想之比较论集》,pp. 140-166,以及牟宗三:《中国哲学的特质》)。
③ Hall and Ames, *Thinking from the Han*, p. 150. 中译本:156页。

此处更接近于前者。① 郝大维和安乐哲坚持认为,中国文化中个体的意义来自一个"礼仪构成的社会"。② 他们将儒家共同体描绘成为一个探究道路的群体,而不是探究真理的群体。儒家把他所探寻的道路定义为人际间的,经由舆论和顺从所塑造的人的行为表现出来。

> 中国人所倾向的取得和谐,涉及一个人处于一整套关系之中,这种关系为所谓的道德伦理关系提供了一个美学基础。……人不被理解成独立于行动之外的行为者,而是进展中的事件,这种事件是由建构性的角色与关系来作出功能性的界定。……古典儒学的立场表明,由于自我实现从根本上说是一种社会任务,自私的考虑就受到拒绝,其原因是,这样的考虑阻碍人的成长与自我实现。③

总结起来就是,没有真理理论,有的只是社会的安排,与此同时因为自我只是在一个礼仪社会的相互交换中被创造出来的,因此也没有一个自我的理论。对于那些生活在西方国家的民众来说,通过"权利"的观念,真理和自我两个概念很明显是联系在一起的。我们很容易认为,一个正义的社会是由对于他者权利的承认,个体追求自由的能力不受到任

---

① 关于耻感文化和罪感文化之间的差异的影响最大的表述,可以参见:Benedict, *The Chrysanthemum and the Sword*, pp. 222 – 226。但是,关于"脸面"的人类学早已是谈论中文书写时的陈词滥调了,它被用来描述中国人的习惯是如何无法与更加完整和成熟的西方习惯相比。(关于外来的旅行者如何将中国礼仪轻蔑地描述成无意义的外在行为,可以参见 Zito, *Of Body and Brush*, pp. 51 – 57。)本尼迪克特文化相对主义的表述被 Dodds 在 *The Greek and the Irrational* 中用来分析古典文本。这本书的序言还出现在 Bernard Williams 的 *Shame and Necessity* 中,用来分析荷马和埃斯库罗斯带来的伦理问题。
② Hall and Ames, *Thinking from the Han*, pp. 271,279,281。另外一个主要分析礼的非语言性质的研究,参见 Pocock, "Ritual, Language, Power: An Essay on the Apparent Political Meanings of Ancient Chinese Philosophy" in idem, *Politics, Language and Time*, pp. 42 – 79。
③ Hall and Ames, *Democracy of the Dead*, pp. 194 – 196. 中译本参见:何刚强译,刘东校:《先贤的民主》,南京:江苏人民出版社,2010 年 7 月,第 116—118 页。

何限制以及人不应该成为他人控制的对象等因素交织而成的。① "中国人的社会不能被解说成是一个鲜明的、自主性个人的复杂体,在这里人们都能把握住自己的内心世界,而且人们的聚合从最重要的意义上来说,是靠法典来调节的。"②对于郝大维和安乐哲来说,在政治领域中,权力所扮演的角色,例如作为法律的基本范畴或是社会互动的环境等,通过礼被整合到儒家国家中:

> 礼并不是对外部的模式和标准的消极的顺从,它是"造"社会,这要求关注自我、要求一个人的判断和他对于自己在文化上的重要性的意识。……礼除了其所有的规范的社会形式之外,还有其开放的结构,它是个性化的,为了适应每一个参与者的独特性和品质而被重新加以规定。……各种实行礼的活动,其个性化的程度各不相同,而结果是,它们所确立的身份形成了层级系统。这些身份构成一种社会脉络,它通过各种顺应模式的协调而产生意义。……这样,由此而来的结论是,个性如果被理解为自由民主意识中的自主性和独立性,那么它对于按照礼构造的社会来说,是无法容忍的,甚至看起来像是愚蠢和不道德的。③

> 以礼为基础的秩序力图保证容忍,因为它是和谐的基本因素,而秩序则是由它的各种成分之间的相互协调的差异加强的。④

这种描述中的乐观主义情绪是显而易见的。然而,其中的难题在于,这种"以礼为基础的秩序"在公元前5世纪、12世纪、18世纪或现在

---

① 这幅关于权力的图景中的关键点,特别是由"是"(国家无法强迫良知)到"应当"(因此它应当给良知以自由)的转化,来自斯宾诺莎;参见 *A Theologico-Political Treatise*, chap. 20, pp. 263–264。
② Hall and Ames, *Democracy of the Dead*, p. 234. 中译本参见《先贤的民主》,第145页。
③ Hall and Ames, *Thinking from the Han*, p. 271. 中译本参见:施忠连译:《汉哲学思维的文化探源》,南京:江苏人民出版社,1999年9月,第276—279页。
④ 同上,p. 281。中译本参见《汉哲学思维的文化探源》,第290页。

是否真实存在过？或者说，它在哪个时代都不曾存在而只是一种"理想类型"。中国近来（正如有些人所说的）正在遭受着由外部而来的权力话语的冲击。无论如何，这个中国都是20世纪后期相互依赖的中国语言和文化的集合，能够了解能从其中一个或整体中获得什么样的礼教以及这种礼教是否真正为那些需要它的人们带来了秩序或者保护。郝大维和安乐哲为现在时态的共产主义礼治的创造勾勒了一幅草图，通过它我们也许可以看到现代人民共和国的一个面：

> 当代中国，即便是在社会主义旗号下，仍然是一个以仪规构建成的社会，它甚至在口头上都不赞同与理性或自然规律相联系的对客观原则的信仰。然而这并不是说，中国人处在一个外在的、机械的社会中。……当代中国人的社会秩序是由其历史传统中的圣贤榜样界定的。这个社会的成员本身作为人既不是上帝的赐予物，也不是通常意义上的遗传延续，而是仪规使然。①
>
> 在中国，政治上的指示是以概括性的、抽象的口号的形式出现的，而这些口号则是由政府机构和报刊公布的。当这些指示贯彻到社会中时，它对解释和应用办法的需要达到什么程度，是不清楚的。实际上，进行沟通和取得一致意见的机制，与完全自主的个体组成的社会相比，其抽象性要少得多。之所以如此，在很大程度上是由于中国人关于人的概念并不预先确立任何一种超越共同认可的秩序的道德秩序观念。这种观念使煽动性的要求和诉诸个人良心变得有理有据，并且有可能破坏意见的一致。②

说得不错。但是，只要我们思考一下那些可能会出错的事情，就会

---

① Hall and Ames, *Democracy of the Dead*, p. 234. 中译本参见《先贤的民主》，第145—146页。
② Hall and Ames, *Thinking from the Han*, p. 279. 中译本参见《汉哲学思维的文化探源》，第287页。

发现郝大维和安乐哲的委婉说法透露着一丝哲学意味。所谓的"社会脉络,它通过各种顺应模式的协调而产生意义"究竟指的是什么呢?"相互协调的差异"指的又是什么?"超越共同认可的秩序"的不可能性又需要什么呢?"礼"毕竟是一个太宽泛的范畴,五朔节的舞蹈和人祭,都属于"礼"。如果礼仪的秩序事实上自身就具有合法性,并且"人是……进展中的事件,这种事件是由建构性的角色与关系来作出功能性的界定",那么说"以礼为基础的秩序力图保证容忍"当然不错,但却是远远不够的。一个自身具有合法性的秩序不一定会为那些反体系化的反对力量提供应对的手段。对于那些破坏了典范的人,礼同样会非常完美地拘捕或是处死他们,这一切同样会非常"和谐"。我在实现我的"建构性角色"方面的失败,也许会带来我的"进行中的事件"的终止。我大概很难在社会的脉络中寻找到一个理由来延缓自己的消亡。"创立自我的并不是扮演角色,而是扮演恰当的角色"①。如果角色的界限是它生活于其中的语言游戏中的"恰当"(felicity)的话,那么要求一个人能够足够有创造性,能够挑战角色的限制,在结构上是不可能的。②

---

① Hall and Ames, *Democracy of the Dead*, p. 198. 关于礼的古代文本比起后现代的社群主义者来说,更加直接。古人承认人性中原本存在的某些东西会使得他们不服从——人们仅仅由他们的社会关系构成是不够的,他们需要被控制。例如《礼记》中的"坊记"篇说:"子言之:'君子之道,辟则坊与,坊民之所不足者也。'大为之坊,民犹逾之。故君子礼以坊德,刑以坊淫,命以坊欲。"(《礼记》,"坊记"51/7b-8a。)所有社会机构(至少在"坊记"中)是为了巩固"坊",那种绝对的分离和阻隔。不管人们是否直接相关,这都会发生,既然贵族们的行为是为了展示,正如"坊记"中所说:"丧父三年,丧君三年,示民不疑也。……父母在,馈献不及车马,示民不敢专也。以此坊民,民犹忘其亲而贰其君。"(《礼记》,51/21b。)郝大维和安乐哲把那种没有根据的、自我产生的复杂关系理想化了,以至于遗忘了礼的实行对于物质的抵抗。而这正是"坊记"的主题。"坊记"指出仅仅礼对于人的教化是不够的:他们难道没有"建构性的角色和关系吗"? 对于这些可疑地建构起来的人民来说,君子必须不断展示他们的德性。他们是判断他的表演是否恰当的观众。偷懒的后现代主义可以忽略那些阻碍文本去按照它所说的去做的参考和实用上的障碍,然而这正是礼(作为一个范畴和持续的历史事件)最需要被追问的地方。

② 关于"恰当",我引用的是奥斯汀(John Austin)(*How to Do Things with Words*, pp. 6-7.)的说法。他认为,对于那些"表演性"的声明,不应该用对或错去衡量,而是应该用"恰当"(有效)或无效去衡量。快乐的神话学就是一种恰当的表述。

就像是罗兰·巴特笔下描绘的左翼学生运动,他们的口号宣称:"我们就是如此行事的我们",郝大维和安乐哲笔下没有超越的正义和弗列吉亚帽子的中国人,也正是如此行事的。他们的语言只指向自我,并没有也不需要任何更多的理解。

郝大维和安乐哲认为真理和自我逐渐地衰退了:这两个词对于后现代的西方人来说,已经没有多少吸引力了,而它们进入中国人的生活的时间还没有长到让人足够信任的程度。当然,不出所料,这些主题很快就在关于人权的讨论中变得越来越重要。对于郝和安来说,拥有内在个体权力的个人观念是历史上的西方的自我。那些在其史前时期没有同样设定的人,不应该被看作是拥有同样的内在个体权力的对象。事实上,郝和安认为"对于普遍性的隐形的或是明确的信仰,比如对于普遍的理性、科学或是人权等等,其实不过是传统西方民族中心主义的假面而已"①。为了能够生存并且保持文化的独特性,中国需要充分利用它的关于仪式或是礼的种种观念,并且竭力遏制关于权力的,以及不可剥夺的个人权力的观念。中国有其独特的对于"人"的定义,它是关于角色的而不是什么内在的属性。因此,如果同时将西方的观念引入,同时接受两种相互对立的对于人的定义,则会破坏中国文化整体的结构。我们这些外来的观察者必须认识到的一点是,中国的礼的共同体,在其自身的概念体系之中,运转得极其完美。如果我们一定要把我们的那些概念强加给它们,只能破坏原有的和谐。并且我们只能以某些根本站不住脚的原则的名义来做这件事。郝大维和安乐哲其实不太敢说出的话是,那些这个错误的牺牲品,就是他们没有认清自己身处的那个世界。②

---

① Hall and Ames, *Democracy of the Dead*, p. 7. 关于人权的文化假设,参见 Glendon, *A World Made New*, pp. 72-78:联合国教科文组织于1947年召集一批哲学家探求人权法案的普遍基础,并且得出结论说对于表达"共同信念"来说,并非一定需要一个"基础性共识"。正如雅克·马利坦(Jacques Maritain)幽默的表述:"我们都同意权力,但是条件是别问我们为什么。"
② 同上,pp. 52-56,212。

无论如何,真理的探究者和道路的探究者各自忙于不同的追求。然而,在郝大维和安乐哲看来,真理的探究者的追求是虚假的,而中国人最好永远别沾这个边。

让我们姑且将这两者的区别放在一边,而把他们都看作是"处理方式的探究者"(Deal-seeker)。你会在一些可笑的地方找到哲学的影子。著名的苏格拉底花费大量的时间和陌生人在市场上辩论。原则上说,做哲学的机会是不会受到环境的影响而改变的。我们也都知道一旦某件事变得非常专业化之后,会有多么僵化。下文是对于一个房间的描述,肯定不是某个什么研讨室。也许在这个房间里,真理和正义的本质都被决定了:

> "屋子"中间没有桌子。房间的每个边上都摆着一排沙发。……当地人在谈判进行的过程中,会吃水果,并且抽烟抽得很凶。他们还会相互交谈。如果他们分别代表不同的部门,每一组的人会聚集在他们自己的沙发和桌子那里。我们也许会觉得场面有一点失控,因为人实在太多,而且他们全都在肆无忌惮地交谈,没人在乎谈判在讨论什么……总有各种人随便进出,也不解释他们都是谁以及他们进来干嘛……
>
> 当合同的最终版本提交签字的时候,中国人会更改一些他们已经同意的条款,或者是增加一些条款。而这些通常都没有经过磋商,甚至他们根本不说明增加了什么……
>
> 在合同签署之后,中国人会要求召开一个"说明会"。在会上他们会要求一些合同中并没有写入的东西,或是常常要求一些他们已经放弃的东西来作为合同的保障。……中国人好像从来不会因为这些过分的要求而感到一丝尴尬。
>
> 在谈判的开始阶段,中国人都会坚持一些原则,并且宣称这些原则是不容商量的……但实际上,这些原则并没有超出整个谈判团队已经认同的原则,这些原则将会影响谈判的结构,从而使得在不

考虑另一方的需求之下,一方能够满足他们的需求。①

这段引文来自卡罗琳·布莱克曼(Carolyn Blackman)为那些商务人士撰写的一本小手册:《在中国谈判》(Negotiating China)。我们可以把布莱克曼所描绘的烟雾缭绕的会议室看作是一幕非古典哲学的场景(在这个意义上,同样也可以说没有古典物理学)。在那里,争论开始之前,并没有确定什么原则。我们根本不知道在谈些什么,或者我们自己是谁,以及我们是否希望达成某种共识。同样地,非古典哲学的领域要比古典哲学的领域更加广阔,后者也许是前者的一个子集。在某种意义上,这里所描绘的一幕场景也可以是关于书写和差异的,或者,进一步说是关于那些缺乏稳定性的书写和确定性的差异。就像古埃及的罗塞塔石碑上分别用埃及的象形文字、当时的通俗体文字和希腊文刻写了同样的内容一样,如果我们暂时抛开哲学上的严格要求,这种对照其实也可以指向一系列的相互对照关系:如解构和笛卡尔主义、中国哲学和西方哲学、后结构主义和后结构主义之前。这将会迫使我们重新反省主导着这些对比的对照本身的逻辑。(罗塞塔石碑不是一个文学上的杰作,而是给出了解释开始之地。)

布莱克曼的书还包括了一些有价值的小插图和一些建议。例如,她指出了和那些位高权重者共赴酒席的重要性。特别是那些有能力阻止谈判成功的人,如果让他们感觉不爽,结果是很麻烦的,即使他们和谈判没什么直接关系;她还警告她的读者们,他们生意上的合作伙伴或是主管此事的干部也许会提出一些要求。② 合同已经签署之后,更改其中的条款也没什么不合理的,因为你只需要考虑自己一方的利益。在双方之外,也没有一个公平的司法系统强制实现双方的承诺。这就是在礼仪的共同体内的生活。布莱克曼并不比郝和安更想挑战这些规则。但是,她予以详细解释的差别,并不在于一方信奉永恒真理、普世价值,而另一方

176

---

① Blackman, *Negotiating China*, pp. 51-52,69,71-72,78,58.
② Blackman, *Negotiating China*, p. 115.

(后现代或者儒家)不信;相反,差别在于:对于双方而言,在人与人之间起中介、调节作用的机制是不尽相同的。①

我们大概可以对这两种机制做一种实用主义的(非形而上学的)描述。事实上,如果我们希望摆脱郝大维和安乐哲所建立的礼仪社会和权利社会的错误对立,大概只能如此。权利,其实只不过是现代欧洲和美国的礼仪系统的一个奇怪的形式而已。如果我们从实用主义的角度看权利的实际效用,就能发现所言非虚了。权利塑造了各种各样的主体,以及他们之间的互动,最激动人心的是他们把权利的主体虚构成自然的和前政治的。(别忘了,卢梭是由"拒斥一切事实"开始展开他对于天赋人权的讨论的。)人们是否享有不可剥夺的权利,这些权利是什么,这并不是最实际的问题;实际的问题是,人们是否承认他人享有权利,而善待彼此。尽管权利的形而上学背景非常机巧,可当人们需要伸张其权益时,普遍的天赋人权观念,在实践中、论辩中,仍有其好处。② 你愿意自己拥有的自由只是一种假设,其界限是某种需要论证的例外;还是愿意将自由视为一种特权,需要它的时候随时随地去追求它。我这样说,并不是为了将权利的观念撇开不谈,我只是想说明:利用实用主义方法,亦可以出色地为权利观念正名,而无需诉诸权利起源之超越性的问题;并且,

---

① 关于郝大维和安乐哲如何看待法律,参见 Democracy of the Dead, pp. 216-220。比较一下这里的"相互信任的前提"和 Ajay Kapur(Puncturing Risk)描述的跨国界的问题,他是为那些关心中国经济近期前景的银行家们所写的。他发现:正如我们在亚洲所看到的那样,资本不足和合约执行之力促成了基于关系之上的金融中介的产生。在那里关系取代了合约。然而,这一体系阻止了价格符号的作用并且造成资源的不当分配。因此当来自正常投资者的充足资金遇到这一被扭曲的资源分配体系时,他们自然会理性地选择一些短期行为。正常投资者们既没有合约也没有可资利用的地方关系——他们希望能洁身自好并且能顺利地抽身而退。这意味着,逐步走向透明、建立起合约保障,以及基于市场的信息传播机制,比在烟雾弥漫的小房间内的讨论能更好地利用将要到来的下一波投资。(我非常感谢 Charles de Trenck 为我提供了这一研究。)银行家们有理由相信他们在做什么,至少这里没有谈论原则。

② 关于权利是人类天然的、内在固有的观念对于西方政体来说决不是普遍原则。共和早期,对于很多中国思想家来说,英国那种自由源自主权的宪法模式比起美国的自由理论,那种以"民治"为标识的无限自由的理论要好得多。参见 Price, "Constitutional Alternatives and Democracy"。

没有任何人能够垄断实用主义的解释。

> 不是法律,而是范本。(Non des Lois, mais des Modèles)
>
> ——葛兰言(Marcel Granet)

当文字学逐渐远离人们的视线,只剩下它影响所及的那些痕迹时,后人文主义的世界新秩序居然奇怪地再现了结构主义。一个好的结构主义者在解释神话或是礼仪的片段时,不会止步于把它们比作其他同类型的东西,而是观察它们和同一个文化领域中其他元素之间的句法关系。在同一个文化领域中,我们可以发现井然有序的关系,但是,跨出这个领域,则是无处寻找了。郝大维和安乐哲在那些理性的、典范的、全面的礼仪行为中看到了儒家的道路和后现代主义的恰当结局。这使我们想起了列维-斯特劳斯描绘的那些平衡的图表和规则化的转化。[①] 结构主义对于社会和解释学来说都是一场和谐的美梦。它是一个"幸福的神话学"。

因为历史的原因,它也是关于和谐的中国梦,将礼仪理想化的结果。如果我们说,列维·斯特劳斯是结构主义之父,那么解构主义的祖父就是葛兰言(Marcel Granet)。他撰写了很多令人印象深刻且完美的关于中华文明的著作。(*Tel Quel* 杂志对于中国思想的兴趣使得它不断地大量引用葛兰言的著作。)这些著作围绕着我们现在所谓的"关联性的宇宙论"展开,依据《礼记》《易经》,以及作为汉代仪规和自然哲学之集大成者董仲舒的著作,描绘了一幅中国的图景。(当然,他也从他熟知的涂尔干和莫斯关于分类系统的著作中获益良多)。他所描绘的那些宇宙论包括如下的因素:不同元素之间保持着周期性的互动(也包括那些相应部分之间的平行关系),对于支配和隐匿周期的调整,以及对于比例的某种

[①] 关于建立在严格的音系学对比基础之上的经典的结构方法论表述,参见 Levi-Strauss, *Anthropologie Structurale*。指责结构功能主义已经成为一种意识形态,它为任何一种能够发挥功能结构而欢呼的说法,参见 Spivak, *In Other Worlds*, p.134。

音乐化感受。这些宇宙论都试图用一个简洁的术语表来展示宇宙中的千变万化;这是由自足和对称带来的美感。由70多年后的今天看来,葛兰言的弱点在于,他把散布在几百甚至几千年历史中的种种资源都看作是中国文明伟大典范的组成部分。但是,如果我们换一个角度,由礼的角度来看,这可能就不是过失而是巨大的成功了。① 葛兰言汉学研究的目的就在于重建并且保持这一模式。仅就这一目的和方法来说,他完成得很出色。

1930年代后期葛兰言正从事于他一生事业中最具挑战性的工作,通过大量的细节来重建并且推论出换妻制度的整个模式。这本书就是他的《中国古代之婚姻范畴与亲族关系》(*Catégories matrimoniales et relations de proximité dans la Chine ancienne*)。这本书的目录也可以说明,为什么葛兰言是1930年代巴黎唯一一个愿意跟当时还是学生的列维-斯特劳斯讨论数学和亲族关系的人类学家。列维-斯特劳斯把他从葛兰言那里获得的教益写在他的前两本书里:《南比克瓦拉部落的家庭生活与社会生活》(*La Vie familiale et sociale des indiens Nambikwara*)和《亲属的基本结构》(*Les Structures élémentaires de la parenté*)②列维·斯特劳斯在很多年以后,说起葛兰言时说:"我发现了一种对于社会事件的客观反思,但是,在那时我有些厌倦地看到,为了说明一个复杂的体系,葛兰言放纵自己想象出一个也许更为复杂的解释方案……那时我已经是一个初步的结构主义者了,我在自己都尚未意识的情况下进行着结构主义的工作。"③如果不是遇到了雅各布森,某种意义上列维-斯特劳斯大概会成为另一个葛兰言:一个才华横溢的典范解读者,而且只有在这些范式在某种同时出现的意义体系的形式中才能分辨

---

① Rémi Mathieu, "Postface" to Granet, *La Civilisation chinoise*, pp. 532–540.
② 列维·斯特劳斯在他的《亲属的基本结构》(*Les Structures élémentaires de la parenté*)中阐明和归纳了婚姻和亲族关系的"中国系统",表达了他对于葛兰言的敬意。
③ Lévi-Strauss and Eribon, *De Près et de loin*, pp. 139–140, 63–64.

它们。雅各布森让列维-斯特劳斯明白了潜在的范式和音系学的结构,在这种结构中各个元素不可能同时是有意义的和引人注目的。也就是说,那种与主题化的、认知上的以及其他有意识的结构相对立的音系学结构观念。①

由《礼记》,经由葛兰言,直至列维-斯特劳斯一脉相承的谱系学为我们指出将中国看作后结构主义实现自身之地的想法中潜在的悖论。如果我是对的,那些认为自己是后结构主义者的礼仪社群主义者才是真正意义上的结构主义者,并且是在这个概念原初的、充满说服力的中国模式之下。如此一来,他们发现中国和西方这两种"极端分歧的文化"(就像我们常说的那样),在谈论社会的时候都说着同一种语言以及都没有所谓的超越层面就毫不奇怪了。这无关乎天道,也不是所谓的思想的普遍运动,甚至也不是什么"视域的融合"。这仅仅是对于以下这一事实的反思:那些礼仪的研究者是用一种原初的中国模式了解中国文化。当然,这并不是唯一的中国模式,它具有某些独特的偏见和旨趣(例如通过对于是否遵守礼仪,是否有一个集所有典范和价值于一身的君主存在,以及语言中的限制——能说的是那些具有正当性的东西,等等来定义中国特质)。这一模式随着中国国家形态的成熟而在由商代到汉代大约十个世纪的时间内慢慢形成。它通过对于文本遗产(这些遗产可以归到不那么严格而论的"儒家"名下)成功的重新诠释(有些是有意的,有些是相互冲突的)而获得发展。经过了一个漫长和扭曲的历史进程,这个模式逐渐变得对于希望放宽经济行为同时垄断符号交换行为的国家越来越有用。"儒家"绝不是像以后 2400 年间的儒者所说的那样,仅仅是一种

---

① 列维·斯特劳斯认为,语言学能在词汇的层面发现那些非必然的联系("L'analyse structurale en linguistique et en anthropologie"[1951], in *Anthropologie structurale*, pp. 44, 57)。"如同传统语言学一样,传统社会学的错误在于仅仅考虑概念,而不是它们之间的关系。"为了排除掉那些轶闻,关于经验主义人种学(类似于语音学)和音系学的方法典范中零的不可或缺的地位,参见 Lévi-Strauss, "Introduction a l'Oeuvre de Marcel Mauss," esp. pp. xxxiii, xlix – li。

哲学上的选择。

结构主义的众多化身把我们重新带回到解构。一个独立的系统能够容纳批判吗？还是说它的结构本身只能允许内部(恰当的)和外部(不恰当的)判断？德里达通过阅读结构主义语言学和人类学试图说明，不存在这种类型的独立体系。因为，尝试建立这种体系的先决条件会同时破坏体系本身和它的结论，因为这同时既是内在的也是外在的：它们利用结构本身提供的证据来破坏结构自身的边界。① 当后现代的那些关键词成为文化相对主义的辩词时，在我看来，整体主义的概念则重新宣示了它们的古老特权。如此一来，就像通常的情形一样，解构式阅读的任务就变成了去寻求那种把那些系统中某些部分排除出去的机会。正是这些系统的存在使得中国无论在认知意义上，还是其他什么意义上能够对我们"有用"。具体的应用还有待发现。这意味着建立起一个关于在场的形而上学的本地形式，是在中国研究领域中展开解构的方式。这无疑是一个启蒙式的主题。解构在这个意义上没有任何永恒不变的组成部分，仅仅是一个相对的概念。那些不断宣称解构已经在法国，在纽黑文，在传统中国或是其他什么地方出现的论调才是最需要被解构的东西。

最后，通过一个比较，我要嘲讽一下从想象性的解构资源中对地缘政治学的驱逐。在《坑洞与金字塔：黑格尔符号学导论》(*Le Puits et la pyramide : introduction à la sémiologie de Hegel*)中，德里达研究了黑格尔与不同文字之间的关系，并且发现他无法严肃地对待像埃及和中国的那种非字母式的文字。"字母书写自身并且也因其自身是最理性化的。"黑格尔如此说道。在他看来，这是因为某种目的论的原因。"对于黑格尔来说，历史总是绝对精神的历史，因此，历史被看作是逻各斯展开

---

① 参见 Derrida, *De la grammatologie*, pp. 54-55。

的过程,对于在场的存在—神学理论的安排。字母文字对于这些特点都不会构成阻碍。而且,更特别的是,因为字母文字相对于其他的文字系统来说,更有效地减少了自身内部的空间性,因此,它是最高级和最恰当的中介。"① 因此,埃及和中国书写,因其在语音之外又赋予了文字更多其他的内容,就成了绝对精神自我实现的障碍:它们用一些毫无用处的记忆细节扰乱了人类的精神,用一些毫不相关的图像影响着人的思维,诸如此类。并且,影响还不止于此。中文书写中的这些缺点还直接影响着中国的历史:在这一影响之下的中国人是"墨守成规的"(世界上最古老的帝国同时也是变化最为缓慢的),"外在的"(中国人不是由自己的思考来决定自己的生活,而是俯首帖耳地遵从那些君主的命令,他们为了让人民能够安于他们的控制,规定了各种简陋的礼教和惩罚措施),中国人同时也是"自然主义的"(既然中国人无法超越自然直接给予他们的形象进行思考,他们的表达无疑是有限的、极为简单和图像化的)。但是,沿着黑格尔的论述,德里达发现了诸多无法用对立面之间的辩证统一加以解释的矛盾。它们揭示出黑格尔对于文字的反感以及把他定义的象形文字代表的文明由绝对精神的发展历程中排除出去的决心。德里达反对黑格尔的主要观点。他试图澄清黑格尔论断中的小前提。这一前提就是,埃及人、中国人以及其他民族在"思"中的无力,只不过反映出黑格尔自身的某种缺陷,他无法接受思想将从它的文字那里获得其形式,特别是独立于语音的文字。这里提出的挑战是:"一个永远无法被扬弃的'否定'是什么?"(黑格尔认为,文字是思想由内在性变成外在性的必要的否定阶段,文字能被接受仅在于这种否定是可以被读者扬弃而重新进入读者内部世界的)。对于德里达来说,一种不再听命于绝对精神的否定是:

　　一个机器,也许是个发挥功能的机器。一种纯粹由它的功能而

---

① Derrida, "Le Puits et la pyramide," in idem, *Marges*, p. III.

241

不是以它最终的用处，它的意义、影响或是作品来定义的机器……黑格尔对于这一功能性机器的解释带着整个哲学史的背景。但是，他仍然无法思考这一机器。……这种功能是无法思考的，作为一种无思的对象，思无法通过建构它的自身的对立面的方式，建构一个它自身的他者，来弥补这一缺陷。哲学本身也只能把这一状况看作是没有功能的，作品的缺席，进而忽视这一机器中究竟是何者在运转。通过它自身。由外部而来的。①

对于那些注意到德里达对于黑格尔的解读中的远东次情节的读者来说，中国和埃及在文中的位置就相当于他所说的那种机器的位置，那种仅仅通过它的功能，并且通过"其自身，由外部而来"的存在。在这里，它们是对于黑格尔试图用单一的世界历史叙事来理解所有事物的野心发出的责难。东方必定是无法被简单地同化的。它们身处其外的位置意味着绝对精神的历史永远是未完成的。对于这一历史来说，它们是一个他者，一个新的进入方式，就好像索莱尔、克里斯蒂娃和巴特笔下的东方一样。

保罗·德曼（Paul de Man）通过分析黑格尔论述语言的某些段落，对于这种冲突得出了另外一种结论。黑格尔只说思考发生在思考的主体——那个"我"中。但是，"语言只能表达那些普遍的东西，故我无法说出那些单是我的意见的东西。"因为，从语源学上讲，意见（Meinung）一词包含着作为能指的"我的"（mein），在这个意义上，德曼认为语言本身的普遍性和自我的单一性之间是自相矛盾的：

> 这句话（我无法说出那些单只是我的意见的东西）实际上是说，"我不能言说我（本身）"——在黑格尔的概念中，这是一个令人非常不安的说法，因为在他看来，思想之可能性依赖于言说"我"的可能性……这意味着，在整个体系的开端，在我们最初考虑到逻辑的时

---

① Derrida, "Le Puits et la pyramide," in idem, *Marges*, p. 126.

候,一个令人无法逃避的逻辑将会威胁到接下来的整个结构……思考本身看上去在开始的时候就寸步难行了。唯一可能的方式是知识把这种情况看作是不可能的……它自己被遗忘。①

德曼说,我说出"我"的这种不可能性必须被遗忘;在这个问题上,黑格尔比他更胜一筹。黑格尔指出有思考能力的人(那些能思的人)能够经由他提出的这一问题进行思考,是关于思考的可能性。德曼说,"思考是预料性的,它已经设定了它自身在未来存在的可能性,在某种夸张的预期中,使得思考成为可能的过程本身将会实现这一设定。"②矛盾并不妨碍思考,而是使它成为可能,至少说,使它成为必然。依德曼的立场,黑格尔系统的成熟在于,它超前于(或者说,预防着)原初矛盾的成真——这样说应该不算夸张。主体性在描述自身时的无力(用德曼的话来说,他用这种寓言来表达黑格尔的《美学》被低估的时刻)成了"整个体系的有缺陷的基石"。③ 意义(*das Gemeinte*)并未发生(虽然它意欲发生);真正发生的是语法,是受规则限制的诸能指。

对于德曼来说,我无法说出"我"的矛盾全然不是"外在的"。正是这一矛盾成就了黑格尔的整个体系,而不是一个可以被轻易忽视的挑战而已。相对于那些将"西方"看作是通过某种可行而不自知的方式已经建构起来的自我(德里达关于"机器"的说法支持这一看法,它驳斥了西方自我宣称的能够代表普遍性的自我,那种人人都能够成为的自我的看法),德曼将西方看作是自我的替代品,一种"语法上的主体",一种在语法中预期并且通过语法而不是意义产生出的自我。"外部"是想象中非自我的部分所在之处,德里达把东方、机器以及书写置于外部,这使得他忽略掉了一个值得讨论的问题。对于德曼来说,他者或是机器并不是我们之外的什么,而是内在于我们自身。它使得我

---

① De Man, "Sign and Symbol in Hegle's Aesthetics," in idem, *Aesthetic Ideology*, pp. 97 - 99.
② 同上,p. 99.
③ 同上,pp. 104.

们对于自己的言说得以发生。它之所以如此,不是因为它能够如此,而是因为它必须如此。

如我们所见,西方将自身语法投射于东方,以及东西方之间诸多必然的对立——所有这一切在符号学的规则看来,都是必须的。然而它们无疑都不支持德曼的看法。当我们需要的只是过渡的时候,对于亚洲文化的反思却总是为我们提供一系列的对立(例如:无差别的和对抗性的、大众正义和法律的权威、礼仪和权利、礼仪的建构和自主的主体等等)。那些赞同亚洲文化独特性的人从来没有解释我们是如何必须成为权利的主体的。我们是否总是已然如此,还是必须经过训练?抑或这仅仅是一个梦想?它需要全社会的协调吗?这一经验是可重复的吗?他们无视于我们成为权利主体的过程,而讲述了一个西方及其对立面的神话。我们中没有人是主体——因为我无法真的言说"我"——但是,在恰当的条件下,我们可以有一刻"忘记这些知识"。

8 结论 艰难的一寸

汤之盘铭曰:"苟日新,日日新,又日新。"①

《礼记·大学》中提到的"盘",被认为属于商朝(1500 BC—1045 BC)的建立者汤。虽然《大学》的编纂者将其铭文"苟日新,日日新,又日新"解释为劝诫人民要不断"日新"其德,但是郭沫若(1892—1978)认为这几句话只不过是商代的青铜器上祭祀时给祖先的献辞。他认为"日新"原本应该读作"日辛"。其中,"辛"是天干之一,并且常常被用作商代先帝的庙号……因此,这一段话应该是代表着对于三位不同祖先的献辞,他们分别是"兄日辛"、"且(祖)日辛"和"父日辛"。②

我们自以为在作日新工夫,实则不过是给祖先献祭。尼古拉斯·斯洛尼斯基(Nicholas Slonimsky)在他的《音乐咒骂词典》(Lexicon of Musical Invective)中发现了与此相似的误解:从音乐批评出现开始,新的音乐总想不同于前,但在听众耳中,却总是一回事儿。自海顿(Haydn)以至于施托克豪森(Stockhausen),诸如"咆哮的猫"、"精神病"、"胃痛"、"爆

---

① Legge, trans., "The Great Learning"(1861), in *The Chinese Classics*, I: 361. 理雅各注:"汤之盘铭由传统传递下来,至少我们没有发现其他提到这句话的地方。这段话对于古人来说颇为熟知,直到今天也是一样。这一道德箴言和教训铭刻在中国人的各种用具之上。"
② Shaughnessy, *Sources of Western Zhou History*, p. 7.

炸"、"中文讲述的数学课"和"牙医椅子上的时光"等等,类似的修辞及比喻反反复复地出现在那些粗劣的音乐评论中。什么会引起刺激无法预料,但是它可能带来的反应则是可以预测的。

中国研究的领域中,不断出现的新情况和新主题,唤起的却同样是一种规律得近乎单调的回应。问题部分在于中国研究(即使是中国为中心和限于中国的题目)也只是在研究那些跨越界限的接触而已(也因此界限成为接触的主要问题),而这些界限的定义是有问题的。如同其他任何语言和国家一样,中国并不是一个自给自足的意义世界,而只是整个世界中的一部分。而"传统中国"将自身视为整个世界,这很像当历史学家们谈到"历史"的时候,并没有办法把历史全部包括在内,或者是科学家们提及"科学"的时候,也并非通晓所有相关的科学领域一样。这个领域的名称成了某种分类标准——有时是一种规范性观念。谈论中国意味着不断触及这些边界,承认或是拒绝承认这一边界的存在,有时也在重塑边界。

欧洲过去三四百年的历史明显且不可避免地影响了人们触及中国边界的方式,不管他们是由内部还是外部感受到这种限制。奇怪的是,在这段历史过程中,那些无法被忽视的变化好像并没有改变人们感受边界(或是超越它的领域)的方式。具体的细节在变化,但是整体的框架好像依然如故。西方和中国之间的界限常常作为一种叙述的标识而存在:无论是利玛窦还是葛瑞汉,进入中国都意味着进入到一个全新的本体论意义上的空间。"对于中国来说,自然世界和政治生活都是如此地井然有序,这使得它看上去好像跟世界的其他部分截然不同,它好像构成了一个绝对的小宇宙,独立于世界之中。"[①]这个空间往往是由缺乏性来定义的:这是一个如此匮乏的世界(当然不是指这是一片不毛之地,而是人烟稠密),这里没有形而上学、灵魂、逻辑、自由、法律、符号、语法,等等都

---

① Kricher, *China illustrata*, p. 164.

没有。(至于这究竟是好事还是坏事,则取决于不同的叙述者。)跨越西方和中国之间的界限,也就如同给那些诸如人文主义的终结、主体性的消失、历史的终结、诠释的终结、性别差异的终结等等相互关联在一起(不完全一样)的危机提供了一次彩排的机会。对于那些踏上中国之旅途的人们来说,中国是牵涉到一系列复杂划分的独特空间。当然,这些分类往往以时间性的而非空间性的概念呈现出来。(对于20世纪初的现代主义者来说,中国尚未步入与西方一样的起点。而后现代主义者的结论则是,人文主义的终结意味着取消这一起点。)

　　这些界限意味着中国往往是作为本质化了的西方的反例,才进入到我们的话语之中的。那些宏伟而沉重的负担和那些危险的幻想,都终于中国这片蜃景,这一切只可能有一个源头——西方。("西方"被我们等同于"现代性",这样,本质主义重新来过,陷入循环。)果真如此的话,则"中国遗产"对现代西方世界的形塑作用,毫不亚于十字军东征过程中所遭遇的阿拉伯世界,亦不亚于战后的苏维埃阵营,以及苏联解体后正不断影响着西方的第三世界。当然,中国不是唯一的非西方世界;西方有各式各样的对应物;西方也不是唯一的一个需要经由他者,才能够自我定义的被冠之以"我们"的存在。[1] 但是,就这种比较中展现出的焦虑的程度以及将西方和中国联系起来时引起的那种不对称感来说,"中国"和"西方"的对比都是极为独特的。[2] 在这一基础上的对话和接触常常是防御性的,并且这有充分的(语义上的)理由:无论"我们"的概念是否是他者特性的严格投射,或者是一个在新的情境下翻新的传统标准,这一情形总是会把我们引向那种夸张的、顽固的两极对立的逻辑。我们可以称

---

[1] 关于清朝和随后的政府如何建立自我认同,特别是在疆域方面如何建立的,参见 Wong, *China Transformed*, pp. 166 - 177; Rawski, "Reenvisioning the Qing"; Millward, *Beyond the Pass*。
[2] 在中国,"中国"和"世界"的自动对立现在产生了某种辩证的结果,好像暗示中国不是"世界"的一部分。("中国与世界"这一主题产生出各种变体,出现在书和杂志的标题中:古代中国与世界,17世纪的中国与世界,经济中国与世界,等等。)

之为"差异主义"(differentialism),一种有多个参与者的本质主义。

可以看出这种不对称的对立逻辑不会在某个点上止步不前:例如,如果谈到中国缺乏法律,那么接下来就会谈那是因为它们缺乏自由、精神,真正的宗教,以及还没有实现公民社会,诸如此类。其中每个点的意义好像都不止于自身,而是有助于画出一条线索。在此,一条线索严格说来确实有助于还原当代知识分子政治:每一个新的段落加入这条线索,每一种新的"中国特质"增加到原有基础之上,都会进一步证实存在着一个能够解释所有特征,并且使得所有内部各部分之间的差异都可以忽略不计的"中国特质"。(我们可以在杨廷筠想象中的欧洲那里看到与此类似的过程,在他看来,欧洲如同钻石一样紧密地围绕在它的宗教、政治和理性的统一体周围)。虽然我承认,这些概念如同"不幸的事情总是接踵而来"("not single spies, but whole battalions"[译注:语出《哈姆雷特》第四幕第五场]),并且处理它们的方式也不可能是互不相干的,而是相互牵连的整体。但是我仍然认为,如果我们想深入研究中国的话,那么描画这一条线索的固定习惯就应该重新被我们审视,而不是当作现成的答案。相关性并不意味着因果性。一个人对于某种"知识"轮廓的感受中充满着各种叠床架屋的重叠以及各种考验。那些如同意识形态一样紧密的、圆融的、不证自明的想法必须面对一个个具体的质疑,并且被重新翻译到一些不那么习以为常的语言中。比如我们习惯的那些说法:权力/礼仪,法律/权力;语法/模仿;字母文字/象形文字;悲剧神话/喜剧神话,西方/世界的其他部分;中国/世界——除了继续维护那些传说中的区分之外,我们究竟能对它们做点什么呢?交流和翻译的逻辑先于一切对差异的表述,可我们怎样才能了解这一逻辑?我们如何能够像理解"西方"一样,更好地理解"中国",将它看作一个多中心的充满内部活力的存在?

本书中,我试着用一种严格的态度重新检验那些习以为常的说法。简单的拒绝是不够的:流行的两极化方式应该引导我们努力重构那些对立得以产生的历史原因,并且寻找出它们共同的心照不宣的基础。①(这个基础被定义得越是特殊就越好:举两个广受赞誉的例子,"人的本质"和"经济理性",这两个概念是如此宽泛以至于排除掉了任何有用的对于差异的描述。)基于此,我们才有可能重新描绘这些差异并且说明其历史:历史未必一定是两极化的,它们仅仅是在某些点上才不得不开始分化。去寻找两极之外的第三方是很重要的,在此基础之上,试着在一个更为宽广的框架内取消两极对立,去追寻它们产生的历史或是指出它们之间的这种对称有多少人为建构的因素。因为长久以来关于如何认识中国的训练使得我们对于这些可能性视而不见。例如我们可以发现,两种对立的形容其实源自同一实体(比如,虽然巴特把欧洲和日本分别看作是坏戏剧和好戏剧的代表,但是,实际上,它们都来自某种道听途说的关于梅兰芳的记忆);我们可以去寻找那些让所谓差异变得更为显著的历史机遇(使得"新保守派"取代了亨廷顿由文化角度对于东西方冲突的描述的事件),去发现那些塑造着二元对立的第三方的存在(比如,在早期比较语言学家对于汉语的分类中,梵文一直是一个隐秘但实际上发挥主导作用的因素);我们也可以去对那些把差异当作真实的观察者(洋泾浜的翻译者们,而不是那些操母语或是高明的译者)作一番具体研究。

对立往往是错误的,可一旦我们将其视为划定知识范畴的历史事件,它们又会有所助益。权力为何会成为礼仪的对立面?何时又是在何种条件之下表意和语音变成了相互对立的两个部分?对于上述这些讲法,要解析其意义而非简单地重述之,通常情况下这要求我们用相互理

---

① 在此我不是说,文学或哲学的阅读必须像我们当前所做的那样,服从"历史"的权威。历史学家并不认同这些以及我们谈论这些事情的方式。我是想说,如果一个现存的论点是通过某种无时间性的措辞获得其表面的合理性的,那么我们应该探究其中的那些概念在时间中的变迁。为了改变那些构成大部分关于文化的寓言的传统描述,一个值得努力的方式是确定那些中文文本产生的准确时间、它们之间的分割和相互关系。通常这些文本被看作一个有条理的、同时性的整体(这是它们被当作无时间性的"经典"的结果)。参见 Brooks and Brooks,*The Original Analects*。

解代替对立,并寻找出那些使两极对立得以成为可能的理解(或误解)基础所在。

比较的或平行的叙事方式是两极思维的基础,对此,我们需保持警醒,并予以细致分析。那些看上去像是对于差异作出解释的东西往往只是将这些差异重申了一遍而已。(新的普遍人权观念可以被解释为是基督教永恒灵魂的观念的结果,而后者又会被追溯到柏拉图关于永恒形式的概念,而接下来这又会被归结为印欧语系语法的特性,由此不断延伸:所有这些"解释"只不过是同一论断在不同时空中的变形而已,好让我们意识不到这不过是一种同义反复。)这种差异性的链条不断趋向令人沮丧的同一性;为了打破这一链条,我们必须在这种差异方式之外找出一条新路。我认为,应当牢记索绪尔对符号系统的描绘:一张无层级差别的、基于无限差异的大网,其中每一节点(或具体能指)都能提供一个入口。每一词语都是在诸多亲缘概念的簇拥中形成的,而这些亲缘概念是什么?清晰地读出一个词语,这一过程中又有哪些问题得到了回答?词语的价值的变化又如何影响着与它相邻的词语?

排斥中间项,这是对立式语言最久远的功能之一。然而,中间项恰恰是行动的开始。譬如,为德语开辟一片天地,使之毗邻梵语而尽可能地远离汉语的行动;商贸交通也是一种行动,它不为帝王文人所注意,而逃脱了后者将自身历史编写为全人类历史的企图;利玛窦斡旋于各文化、政治同盟体之中,而在中国"不禁私镌"的受益者与反对者两种角色之间摇摆不定,这亦是行动;立法保护财产权和契约,而对法律中人的身份(person)问题含糊其辞,这亦是行动;在若干中间项中(既指读者与文本的中间项,更指众多读者与文本之中的中间项)而展开的解释,最是一种无所不在的行动。有些情形下,中间项超越其自身。例如,解释《礼记》的最终根据,是作为一种解释模式的……《礼记》本身。每一中间项都为两极的存在开拓了空间,它以二元对立为规则(语法,对立于语义;引介科学,同时与权力关系密切的儒教基督教,对立于迷信;法制,对立于政党老大突发奇想,等等),建立新的游戏。如果相互对立的目的在于取消选择本身(总是非此即彼,而置那些无法归之于此或彼的无数情形于不顾),很明显,最直接的回应就应该是重新恢复选择性。当然并不是所有的中间项都必定是好的;这里只是想反对那些简单的修辞结果和有害的惯性思维。

仅仅指责这种似是而非的两极化倾向是不够的,就好像某一精神结构不可能既假(或者说"伪")又真。就像我们在本书中所讨论的,集体界限确实存在;它成了有血有肉的社会性实体,有如墙垣一般,难以逾越。中国的万里长城在具体的存在形式上也许是可以讨论的,但是历史中的长城却是需要带着批判的态度去思考的。林蔚(Arthur Waldron)在他的新书里提到,从来就没有一个延绵不断、为了某个目的持续建构起来的长城;因此,没有一个客观的对象可以对应这个传统的描述[①]。在某个特定的意义上,某种程度上(我们必须尽可能严格地寻找这个尺度),像长城和孔子这样传说中的对象之所以能够存在是因为有人希望他们存在。我们应该把长城当作一个事件来研究,追溯其形成过程,探讨它在(牵涉到华北地理之中的)人们心中或行动中的分量,依照唯名论或规范论来看待它;我们不应该把长城局限于感官领域之中。

对立思维将客观观察与修辞表述融而为一,其力量即源于此。修辞使可能变成必然,将对立转化成选择;而修辞分析则通过消解那些貌似必然的事情重新赋予我们自由。"不一定是这样吧。"只有偏离了原有的轴心,我们才有望发现新的立场和关联,走老路是行不通的。为什么是这个轴心,而不是别的?为何外在的压力通过这样的方式而不是别的来推动尚未确定的翻译处境?这听上去很像是解构,并且也确实如此(我从中学习到解构的力量)。但是,这种方法的目的是让我能够重现历史

[①] Waldron, *The Great Wall of China*; Jensen, *Manufacturing Confucianism*. 这些著作不应被看作是为了指出"没有这种东西"的实证主义练习。

解构中的"实证"时刻(也每每是发现异域情调的时刻)。

我也喜欢做区分,并且承认,我按照自己的需要建构了区分:结构主义和后结构主义之间的差异,或者面对中文符号时"语义"视角和"句法"视角之间的差异,或者是线性的历史观和多元历史观之间的差异。建构区分,是为了推动工作向前进展。我拒绝对立思维,不是因为对立本身是坏的,而是因为其结论令人不满。本书写得有些随性,对此,我或可作这样的辩白:每一章的写作实则都已写入了其自身的建构过程,因为我相信,一件签名真实、年代准确的造作品(artefact),是问心无愧的。(天文学家所说的"伪影"[artefact]是指由于成像手段而造成的成像扭曲,我遵从这一用法。)我最希望引发的阅读是:读者从我所建构的对立命题出发,而追索其逻辑源泉。

用这几点形式主义的建议来结束本书(探寻中间项、追溯起源、质疑前提),好像有点奇怪。可在我们的学科中,如此之多的论辩轻易地化为了形式主义描述,这本身就值得警醒。斯洛尼斯基对音乐会听众的欣赏能力做了长年的观察,结论与此类同。形式主义的要点在于,它在既定范围内观测变量,并以此概括事实或预测未来。历史上,在形式主义左右,总是伴随着某种寻求不可预测的先锋性实践,就像密码的破译者和设计者参与了同一桩买卖①。本书一开始曾请求读者关注集体思考的过程——这是一个由诸多假定和常识所构成的网络,它奠定了学科内交流的可能性。但是,我们不应该止步于此,那样的话,就仿佛遵从着这样一种道德:一代人有一代人的心性,无论怎样努力,都无法逃脱。一旦我们能够弄清"世界"的运动是怎么回事(也就是说,对于中国研究,要把它放在一个很长的时间和空间中加以描述),那么就有可能在同一本著作中描绘诸多个体思想家的变化。甚至,我们或可以跳出布朗运动的大背景,弄清每一粒子的运动踪迹。

---

① 参见 Jakoboson, *My Futurist Years*。

8 结论 艰难的一寸

◆

　　普罗克洛斯(Proclus)把欧几里得的《几何原本》描述成一本"疏泄利便、强身健体之书"。① 这可与我们习惯上(至少是 17 世纪以来)用来形容欧几里得的语言不大一样:说起几何学,我们总会循规蹈矩地想到基本原理、确定性以及清晰而明确的概念。千百年来,我们是否丢失了什么,以至于一部批判之作,被我们当成了逻辑建构的原本? 或者,二者(基础原理的哲学以及治病救人的哲学)的区分本就是虚幻? 虽然没有欧几里得典雅而质朴的文风,我仍希望能为那些清晰而诱人的成心之见提供一点解药。最后,谨此说明:本书舛谬之处,一概由我负责。

---

① Lachterman,*The Ethics of Geometry*,p. 123. 关于耶稣会士将欧几里得翻译成中文时遇到的各种矛盾,参见 Hart,"Translating the Untranslatable"。

索 引

Agrippa, Cornelius, of Nettesheim 内特斯海姆的阿格里帕, 49

Allegory 比喻, 32, 50, 152, 181. See also Analogy; Metaphor; Pun 另参见类比、隐喻、双关

Allen, Joseph Roe 约瑟夫·艾伦, 59

Alliance 结盟, as model for cultural contact, 31

Alphabetic writing 字母文字, 37, 43, 44, 55 – 56

Ames, Roger 安乐哲, 109, 171 – 176

Amnesty International 大赦国际, 131

Analects (Lunyu)《论语》, 149

Analogy 类比, 2, 28, 150

Anderson, Benedict 本尼迪克特·安德森, 71, 208 – 9n34

Animal Tracks 鸟兽之迹, 67, 68,

Anthropology 人类学, 94 – 95

Anti-Enlightenment themes in postmodernist thinking 后现代思考中的反启蒙主题, 121 – 123

Antithesis 对立 110 – 111, 151 – 152, 158, 182, 186, 187, 188 – 189

Arabic language 阿拉伯文, 208 – 9n34

Arendt, Hannah 汉娜·阿伦特, 219n31

Aristotle 亚里士多德, 46 – 47, 67, 100, 108, 213n65

Aryanism 雅利安主义, 89 – 90, 219n31

Aryan proto-language 原始印欧语, 40, 205n22

Authority and control 权威和控制, 10, 17 – 19, 29, 33, 179

Axial age approach to history 历史的轴心时代进路，98

Bacon, Francis 弗朗西斯·培根，46-49，50，52
Ban Chao 班超，115
Barthes, Roland 罗兰·巴特，135，146，153，158，168，169，243n38, on Japan 日本，160-164，171，186
Baudelaire, Charles 夏尔·波德莱尔，243n41
Beck, Cave, 卡夫·贝克 43，56-57
Belgrade, Chinese embassy in 中国驻贝尔格莱德大使馆，140-142，236n65
Benjamin, Walter 瓦尔特·本雅明，78
Bible, translations of《圣经》翻译，78，79
Binary oppositions 二元对立，125，126，170.
　　See also Polarity in China studies 另参见中国研究中的两极化
Blackman, Carolyn 卡罗琳·布莱克曼，175-176
Book of Changes（Yi jing）《易经》，39，67，102，177，204n15，214-215n80，215n81，224n39
Bopp, Franz 弗兰茨·葆朴，78，89
Borges, Jorge Luis 豪尔赫·路易斯·博尔赫斯，239n3
Boundaries 界限，184，188
Bouvet, Joachim 白晋，46，205n22
Brecht, Berthold 贝尔托·布莱希特，163，164-165，166，168
Bubonic plague 黑死病，229n80
Buddhism 佛教，22，26，27-28，107，109
Bunraku puppet theater 木偶戏，163-164
Bush, George H. W. 乔治·布什 226n49
Bynner, Witter 威特·宾纳，63，64

Cai Zong-qi 蔡宗齐，204n11
Capitalism 资本主义，98，141，143，238n74
Censorate (Ming dynasty) 御史台，29，195n5
Censorship, European 欧洲审查制度，17，20-21；
　　Chinese 中国审查制度，18，19，28，33，196nn9-10
Central Intelligence Agency 中央情报局，236n65
Champollion, Jean-François 商博良，45，46，48
Characters Real 象形符号，46，48，50，209-210n41. See also Ideography 另参见表意文字

Chatterjee, Partha 帕沙·查特吉, 139, 235n61

Chen Duxiu 陈独秀, 124, 137, 225–226n48

Chen Kaige 陈凯歌, 137

Chen Yinque 陈寅恪, 233n35

"China's response to the West," "中国对西方的回应" 103, 132

China studies 中国研究, 1–2, 10–11, 185

Chinese characters 中国文字, 35–42, 204n15.

    See also Characters Real; Chinese writing system; Ideography; Pictograms 另参见象形符号, 中文书写系统, 表意文字, 象形文字

Chinese language 汉语, 56, 75–87, 88, 154

Chinese philosophy 中国哲学, 21–23, 109, 110–111, 119, 122, 184

Chinese poetry, modern 中国现代诗歌, 123–127

Chinese poetry, traditional 中国传统诗歌, 39, 58–61, 60–61, 213n68

Chinese theater 中国戏曲, 164–165, 166–167

Chinese writing system 中文书写系统, 36–37, 147–148, 149–150, 153–154, 155, 180.

    See also Chinese characters 另参见中国文字

Chomsky, Noam 诺阿·乔姆斯基, 56, 128, 129, 205n25

Chow, Rey 周蕾, 138, 235n58

Civil rights, contrasted with human rights 公民权利 vs. 人权, 237–238n71

Cohen, Paul, 柯文 225n45

Colonial modernity 殖民现代性, 102–103, 136–137

Communitarianism 社群主义, 131, 144–145

Comparisons, significance of 比较的意义, 15, 111, 113

Condillac, Etienne Bonnot de 埃蒂耶纳·博诺·德·孔狄亚克, 88

Confucian classics as canon 儒家经典, 21, 22, 28

Confucianism 儒家, 109, 171–172, 177, 179

Context of knowing 认识的语境, 2, 6, 7, 113, 186

Conversion, 30; and translation 皈依与翻译, 30–31, 33

Corpus Hermeticum《赫尔墨斯文集》, 49

Correspondence theory of perception 感觉的符合理论, 213n65

Cotemporality 共时性, 97–98, 103, 106, 108, 114, 117, 223n27

Counter-Reformation 反宗教改革, 21

Countertransference 反移情, 9, 10–11, 189

Court de Gebelin, Antoine 杰伯林, 208n32

Creation, purported absence of in Chinese poetry 在中国诗歌中所谓的创世的缺

失，213n64

Croce, Benedetto 贝内德托·克罗齐，194n7

Cultural bilingualism 文化上的双语主义，2，13

Cultural China, three zones of 文化中国的三个部分，12

"Cultural democracy,""文化民主" 121，133，137，139，234n56

Cultural globalism 文化全球主义，29，30，131－132

Cultural nationalism 文化民族主义，121，132，141

Cultural pluralism 文化多元主义，see also Pluralism 另参见多元主义

Culturalrelativism 文化相对主义，7，61，107，179；and absolutism 文化绝对主义，61

Cultural Revolution 文化大革命，121，125，144，156，157，158，247－248n83

Culture 文化，16，104－106，122，138－140，143；definitions of 文化的定义，92，106，220n5

Cumings, Bruce 康明思，113

Da Dai li ji《大戴礼记》，39

D'Almbert, Jean le Rond 让·勒朗·达朗贝尔，43，46

Dalgarno, George 乔治·达尔加诺，43

Dante Alighieri 但丁，149，151

Daode jing《道德经》，171

Daoism (Taoism) 道家，22，27，106

Davidson, Donald 唐纳德·戴维森，193n3

Davie, Donald 唐纳德·戴维，40

Daxue (Great Learning)《大学》，183，249n1

Deconstruction 解构，126，163，179，239n2，241n22；as method 作为方法的解构，146－153，169，170

De Francis, John 约翰·德·弗朗西斯，203－204n11

Deleuze, Gilles 吉尔·德勒兹，240n9

De Man, Paul 保罗·德曼，152，153，170，181－182

Democracy 民主，141，142，143－145

Derrida, Jacques 雅克·德里达，38，48，125，146－148，151，153，170，179－181，202n1，240n13

Descartes, René 勒内·笛卡尔，56

Devereux, George 乔治·德弗罗，9－10，223n34

Dewey, John 约翰·杜威，136

Diderot, Denis 德尼斯·狄德罗，43，46

Difference 差异，3，10，15，91，112-113，153，175；among cultures 不同文化的差异，58-59，92；between opposites 在相反事物中的差异，70，74，151，156，186；and non-difference 差异与无差异，156，158，168-169，See also Otherness 另参见他者性

Dong Zhongshu 董仲舒，177

Donglin Academy 东林党，24，26，28-29，33，197n21

Duan Yucai 段玉裁，67

Duara, Prasenjit 杜赞奇，139

Dulle, John Foster 约翰·福斯特·杜勒斯，237n67

Du Ponceau, Peter 杜彭书，208n32

Duret, Claude 克劳德·杜埃，48-49，50，52，55

Durkheim, Emile 埃米尔·涂尔干，177

Du Yaquan 杜亚泉，225-226n48，233n35

Eco, Umberto 恩伯托·艾柯，48

Economics and trade 经济和贸易，96，116，143，179，218-219n30，222-223n23，223n29，238n74

Egyptian writing 古埃及文字，45-46，48，49，180

Eisenstein, Sergei 谢尔盖·爱森斯坦，42，164，166-167，168

Eliot, T. S. 艾略特，125

Emerson, Ralph Waldo 拉尔夫·沃尔多·爱默生，41，63，65，205n28

Encyclopédie《百科全书》，43，46

End of history 历史的终结，99，184

End of humanism 人文主义的终结，146-147，162，168-177，184. See also Grammatology; Houxue; Postmodernism 另参见文字学、后学、后现代主义

End of metaphysics 形而上学的终结，108-109，137，150，153，158，174，184

End of the book 书本的终结，148-149，150

Epistemology 认识论，1，119，122，229-230n4. See also Konwledge 另参见知识

Ethnocentrism 民族中心主义，94，174，219n31，220-221n12，228，232，233

Etiemble 艾田浦，201n39

Etymology 词源学，42-43，48-49

Euclid 欧几里得，189

Examination system 科举考试系统，21-22，23，26，28

Excluded middle 被排除的中间部分，114-117，187-188

Exteriority 外在的，180

Extraterritotiality 治外法权，235n58

Fabian, Johannes 约翰内斯·费边, 94, 95-96, 97-98, 114, 226n49

Fairbank, John King 费正清, 96

Fenollosa, Ernest 厄内斯特·费诺罗萨, 38-42, 50-52, 55, 58, 61-63, 65, 74, 155

Ferrari, Giuseppe 朱塞佩·费拉里, 98-102, 113

Five Colors 五色, 68, 69, 70

Five Elements theory 五行理论, 103

Flags 旗语, 208-209n34

Flower arrangement 插花, 161

Formalism 形式主义, 167

Foucault, Michel 米歇尔·福柯, 129, 147-153 passim, 159

French Revolution 法国大革命, 88

Freud, Sigmund 齐格蒙·弗洛伊德, 7-8, 125, 155-156, 182, 194n8, 242n26, 242n28

Friendship(in Ming dynasty) 明朝的友谊(友), 24-25, 198n24

Fuller, Michael 迈克尔·傅勒, 59

Fu Xi 伏羲, 50

Gao Xingjian 高行健, 230n13

Gernet, Jacuqes 谢和耐, 30-31

Global communication 全球交流, 16, 33-34

Global culture 全球文化, see also Cultural globalism 另参见文化全球主义

Globalism 全球化, 15, 29, 32

Glossolalia 语意不清, 152, 241n20

Gobineau, Arthur de 阿图尔·德·戈宾诺, 90

Goddess of Democracy statue 自由女神, 138, 234n57

Goethe, Johann Wolfgang von 约翰·沃尔夫冈·冯·歌德, 78

Gongsun Long 公孙龙, 109

Graham, Angus 葛瑞汉, 108-109, 170, 171, 184

Grammatology 文字学: Fenollosa as example of, according to Derrida 在德里达的著作中费诺罗萨作为文字学的例子, 38; in Barthes 巴特著作中的文字学, 163; and the end of humanism 文字学与人文主义的终结, 146-147, 168, 170, 177

Granet, Marcel 葛兰言, 72-74, 177-178

Great Leap Forward 大跃进, 96, 121

"Great Learning" (Daxue) 《大学》, 183, 249n1

Great Wall of China 中国长城，188

Guoxue (national studies) 国学，132，233n35

Habermas, Jürgen 尤尔根·哈贝马斯，238n72

Hall, David 郝大维，109，171-176

Han Feizi《韩非子》，149

Han Shan 寒山，63

Hebrew language 希伯来语，212n58

Hegel, Georg Wilhelm Friedrich 格奥尔格·威廉·弗里德里希·黑格尔，85，92-93; on writing 黑格尔论写作，39，56，179-181; Philosophy of History 历史哲学，94-95，98，102，150，180

Heidegger, Martin 马丁·海德格尔，124，125，245n66

Herder, Johann Gottfried 约翰·高特弗里德·赫尔德，78，88

Hermes Trismegistus 大赫尔墨斯，49

History; cyclical 循环历史观，99-100，102，103; linear 线性历史观，103; theory of 历史理论，131-133

Hjelmslev, Louis 路易·叶姆斯列夫，37，203n7

Hobbes, Thomas 托马斯·霍布斯，30

Hong Kong 香港，235n58

Horapollo 赫拉波罗，45

Hou Han shu《后汉书》，214n58

Houjiegou zhuyi (poststructuralism) 后结构主义，118

Houxiandai zhuy (postmodernism) 后现代主义，118

Houxue (post-learning) "后学"，118，120，131-133，136，143-145

Houzhimin zhuyi (postcolonialism) 后殖民主义，118

Hu Shi 胡适，124，130

Hulme, T. E.，休姆 63，65

Human 人，concept of 人的概念，137，174

Humanism in China 中国的人道主义，234n52

Human rights 人权，132，135，137-138，144，174，237n69; as Western concept 作为西方概念的人权，130-131，141，142，172，248n87. See also civil rights 另参见公民权

Humboldt, Wilhelm von 威廉·冯·洪堡，78，83-84，205n25

Hume, David 大卫·休谟，63

"Hundred Flowers" campaign（1956—1957）"百花齐放"（1956—1957），139，144，236n63

Huntington, Samuel 萨缪尔·亨廷顿, 128, 131, 141, 186, 231n21, 232n23, 237n67

Hybrid culture 杂糅文化, 30, 102, 135, 137, 224-225n43. See also "Cultural democracy", Pluralism 另参见"文化民主", 多元主义

Hypocrisy 虚伪, 129, 142, 163

Ideography 表意文字, 40, 42-45, 48, 55, 57, 66, 154-155, 180; phonetic writing as 作为表意文字的语音文字, 208-209n34

Ideology 意识形态, 70

Imagist poetry 意象派诗, 64-65, 214n77

Immanence(in Chinese thought) (中国思想中的)内在性, 155-156, 178

Indo-Aryanism 印度雅利安主义, 89-90. See also Aryanism 另参见雅利安主义

Inflectional language 屈折语, 85

Information networks 信息网络, 17, 19, 34

Interactions as a field of study 作为研究领域的互动, 3, 7, 75-76, 91

Intersection of Orient and Occident 东西方交汇, 97, 104. See also cotemporality; Mediation; Middle, excluded 另参见共时性, 中介, 被排除的中间部分

Isolating languages 孤立语, 80, 82-83

Jakobson, Roman 罗曼·雅各布森, 152, 178

Japan 日本, 160-164, 171

Japanese syntax 日文句法, 41-42

Jaspers, Karl 卡尔·雅斯贝尔斯, 98

Jespersen, Otto 奥托·叶斯柏森, 87

Jesuit missionaries 耶稣会传教士, 8-9, 16-17, 33, 198n23, 201n40. See also Ricci, Matteo 另参见利玛窦

Jiao Hong 焦竑, 198n26

Jowett, Benjamin 本杰明·乔伊特, 77

Jullien, Fransois 朱利安, 109-114, 156

Jurisdiction, global 全球管辖权, 16, 28, 29, 31, 32

Kabbalah 喀巴拉神秘主义, 49

Kangxi emperor 康熙皇帝, 33

Kant, Immanuel 伊曼纽尔·康德, 102

Kaogong ji (Record of Artificers)《考工记》, 67-68, 73, 214n80. See also Zhou li (Rituals of Zhou) 另参见《周礼》

Kennan, George F., 乔治·凯南 237n67

Kiang Kang-hu(Jiang Kanghu) 江亢虎, 64

Kircher, Athanasius 珂雪, 43, 49–50, 211n52

Kleberg, Lars 拉尔斯·克莱伯格, 244n53

Knowledge 知识, 5, 7, 22, 109, 119, 160, 171. See also Epistemology 另参见知识论

Kojëve, Alexandre 亚历山大·科耶夫, 162, 227n66

Kristeva, Julia 茱莉亚·克里斯蒂娃, 153–160, 164, 169, 243n38

Lacan, Jacques 雅克·拉康, 124, 125, 153

Laozi 老子, 28, 171

Laplace, Pierre-Simon 皮埃尔-西蒙·拉普拉斯, 227n66

Lattimore, Owen 欧文·拉铁摩尔, 96

Legal system, Chinese 中国司法体系, 158–160, 187, 248n86

Legge, James 理雅各, 77–78

Leibniz, G. W. 莱布尼兹, 97

Levinas, Emmanuel 伊曼纽尔·列维纳斯, 93, 111

Lévi-Strauss, Claude 克劳德·列维-斯特劳斯, 146, 177, 178

Li (ritual) 礼, see Ritual order 另参见礼仪秩序

Li Zhi(zhuowu) 李贽(卓吾), 25, 28, 33, 196n10, 199n28

Liang Shuming 梁漱溟, 233n35

Liezi 列子, 28

Li ji《礼记》, see Records of Ritual

Lin Yü-sheng 林毓生, 231n16

Lin Yutang 林语堂, 106

Liu Kang 刘康, 131–132

Liu Xie 刘勰, 37, 52, 55, 62, 66, 69, 70, 72, 214n80

Lixue (school of objective reason) 理学, 22

Locke, John 约翰·洛克, 88

Lodwick, Francis 弗朗西斯·洛德威克, 43

Logogram 语素文字, 42–43

Lowe, Lisa 丽莎·罗威, 243n38

Lu Xun 鲁迅, 137

Luce, Henry 亨利·卢斯, 106, 224n42

Luhmann, Niklas 尼克拉斯·卢曼, 15–16

Ma Jianzhong 马建忠, 216–217n1

索　引

Maritain, Jacques 雅克·马利坦, 247n82
Marx, Karl 卡尔·马克思, 97–98, 102, 150–151
Mathematics 数学, 43, 57
Mauss, Marcel 马塞尔·莫斯, 177
May Fourth movement（1919）五四运动, 124–125, 126, 133, 136, 137, 139, 231n19, 235n61
Media and religion 媒介与宗教, 19, 32–34
Mediation 中介, 2–4, 5, 47–48, 97, 176, 180, 187, 248n86. See also Middle, excluded 另参见被排除的中间部分
Mei Lanfang 梅兰芳, 164–168, 186
Mencius 孟子, 77, 79–80, 229n4
Meritocracy 精英统治, 23. See also Examination system; Scholar-official class 另参见科举考试系统, 士大夫阶层
Metaphor 隐喻, 60, 186, See also Allegory 另参见比喻
Metaphysics 形而上学, 111, 113, 155, 156–157, 169, 170
Meyerhold, Vsevolod 弗塞沃洛德·梅耶荷德, 164, 167
Middle, excluded, 114–117, 187–188 被排除的中间部分
Mimesis 模仿, 58, 59
Ming dynasty 明朝, 17–34, 101
Modernism and postmodernism 现代主义和后现代主义, 119
Mo Di 墨翟, 109, 229n4
Modernity 现代性, 119–120, 122, 133, 136, 224–225n43. See also May Fourth movement 另参见五四运动
Momigliano, Arnaldo 阿诺德·莫米利亚诺, 92
Monarchy in China 中国的君主政体, 27, 29, 68–69, 73. See also Authority and control 另参见权威和控制
Monosyllabism 单音节性, 48, 76–77, 84
Montesquieu 孟德斯鸠, 2, 201n39
Moral philosophy in Ming period 明代道德哲学, 22, 196n11
Mou Zongsan 牟宗三, 245n69
Müller, Max 马克斯·缪勒, 87
Multiculturalism 文化多元主义, 15, 25. See also Pluralism 另参见多元主义
Music 音乐, 70, 183–184, 215n86

Nakamura Hajime 中村元, 107–108, 111
Nationalism 民族主义, 71, 124, 132, 133

263

Nature 自然：and culture 自然与文化，58-59，60，68-73 passim，215n81；and writing 自然与写作，40，41，50，52，60，72；in Chinese thought 中国思想中的自然，65，104，110

Negation 否定，107，151-152

"New Democracy," "新民主主义" 234n56

New Life movement 新生活运动，106

"New Period," "新时期" 132

Nietzsche, Friedrich 弗里德里希·尼采，40-41，65，205-206n28

Northrop, F. S. C. 诺思罗普，104-107，108

Olympic Games 奥林匹克运动会，122，123

Oppositions 对立，108-114，170. See also Binary oppositions；Difference；Otherness；Polarity in China studies 另参见二元对立，差异，他者性，中国研究中的两极化

Orientalism 东方学/东方主义，3，6，133-134，139-140，166，169，219-220n2，231n31

Otherness 他者，他者性，差异性，8-9，92-94，111，133-137，144，151-152，160，182，227n66. See also Difference 另参见差异

Owen, Stephen 宇文所安，58-59，61，65，70

Papal authority 教皇的权威，29，201n40

Parable of the Good Samaritan 好撒玛利亚人的寓言，92

Parable of the Sower "播种者"的比喻，32

Paulhan, Jean 让·波朗，230n14

Peck, James 詹姆斯·派克，113

Philosophy, contrastive 对比的哲学，111-112. See also Chinese philosophy 另参见中国哲学

Phonetic writing 语音文字，46，208n33-34. See also Alphabetic writing 另参见字母文字

Phonology 音系学，112，114，164，178

Pictograms 象形文字，39-44，56-57

Pidgin translation 洋泾浜翻译，6-7，78-80，186

Plato 柏拉图，56，108，170，207-208n30

Pluralism 多元主义，97，106，133，137，139，144. See also "Cultural democracy" 另参见文化民主

Polarity in China studies 中国研究中的两极化，126，185，186

Polo, Marco 马可·波罗, 240-241n18

Postmodernism, Chinese 中国后现代主义, 108-110, 118-145. See also Houxue 另参见后学

Postmodernism, Western 西方后现代主义, 129, 138, 170

"Post-New Period," "后新时期"132

Poststructuralism 后结构主义, 146-153, 178

Pound, Ezra 埃兹拉·庞德: and Fenollosa 庞德与费诺罗萨, 38, 58, 205n21, 210n45; translations 翻译, 62, 63, 65

Pragmatism 实用主义, 171, 176-177, 229-230n4

Primitive, concept of 原始的概念, 41, 44, 80, 94

Printing technology 印刷术, 17-18, 20, 28, 33, 187

Psychoanalysis 心理分析, 8, 126, 160

Pu Songling 蒲松龄, 61

Pun 双关语, 32

Punctuation as ideogram 作为表意符号的标点, 44, 61, 145

Qianlong emperor 乾隆皇帝, 33

Qing government 清政府, 235n58, 249n9

Quine 蒯因, W. V., 4-5

Racism 种族主义, 90, 219n31

Reading (in China) 念, 169, 207-208n30

Reciprocity of knowledge 知识的互惠性, 1, 4, 9

Records of Ritual (Li ji)《礼记》, 70, 177, 178, 183, 187, 215n86, 246-247n80

Reformation, Protestant 宗教改革, 21, 101

Reforms of 1898 维新运动, 102

Religion and media 宗教和媒介, 32-34

Rhetoric 修辞学, 71-72, 188

Rhythm 韵律, 71-74

Ricci, Matteo 利玛窦, 18, 24-26, 30-31, 45-46, 128, 184, 195n8, 197n20, 202n2

Richards, I. A., 瑞恰慈 229n4

Rights (in Western thought) 权利, 172, 174, 176. See also civil rights; Human rights 另参见公民权, 人权

Rites controversy 礼仪之争, 200n34, 201n44

Ritual communitarianism 礼仪社群主义者, 178-179

Ritual order 礼仪秩序, 171, 246n71, 247n83
Rituals of Zhou (Zhou li)《周礼》, 67–68, 215n82
Roman Catholicism 罗马天主教, 24, 27, 28, 29, 101
Rorty 罗蒂, Richard, 202n45
Rossi, Paolo 保罗·罗西, 48
Rousseau, Jean-Jacques 让-雅克·卢梭, 78–79, 88, 176, 212n55
Russell, Bertrand 伯特兰·罗素, 136

Said, Edward 爱德华·萨义德, 6, 9, 127–130, 134–138, 219–220n2
Sanskrit 梵语, 83, 84, 87–88, 186
Saussure 索绪尔, Ferdinand de 费迪南·德·索绪尔, 124, 125, 151–152, 187, 205n25, 228n70
Schlegel, August Wilhelm von 奥古斯特·威廉·冯·施莱格尔, 83
Schlegel, Friedrich von 弗里德里希·冯·施莱格尔, 77, 83, 87–88, 90
Schleicher, August 奥古斯特·施莱德, 77, 80, 84–85
Scholar-official class 士大夫阶层, 21, 23, 26, 139, 169
Self-concepts 自我概念, 2, 7, 94, 109, 112
Shao Yong 邵雍, 224n39
Shenzong emperor 神宗皇帝, 23
Shi poetry 诗, 60, 213n68
Shi (propensity, disposition) 势, 110–111
Shuowen jiezi (Xu Shen)《说文解字》, 39, 66–67
Sign and symbol 符号, 50, 60, 66, 69
Sinography 中国学, 152, 241n21
Sinology 汉学, 10, 11
Slaughter 斯洛特, Mary, 48
Slonimsky, Nicholas 尼古拉斯·斯洛尼斯基, 183–184, 189
Smith, Adam 亚当·斯密, 96, 222–223n23. See also Economics and trade
Snow, Edgar 埃德加·斯诺, 121
Snyder, Gary 嘉里·斯奈德, 64–65, 214n78
Social Darwinism 社会达尔文主义, 225–226n48
Socialist realism 社会现实主义, 167
Society of Jesus 耶稣会, see Jesuit missionaries; Ricci, Matteo 另参见耶稣会传教士
Socrates 苏格拉底, 174
Sollers, Philippe 菲利普·索莱尔斯, 147, 149–150, 152, 153, 156–157
Song Qiang 宋强, 230n8

Soong family 宋氏家族，106

Spinoza, Benedict de 本尼迪克特·德·斯宾诺莎，246n74

Sproat, Richard 史伯乐，208n33

Stanislavsky, Konstantin 康斯坦丁·斯坦尼斯拉夫斯基，164

State control of doctrine 国家对学说的控制，see Authority and control 参见权威和控制

Stevens, Wallace 华莱士·史蒂文斯，41

Structuralism 结构主义，176-179，228n74

Subjectivity 主体性，2-4，6，7，9，10-11，111-112，181

Symbol 符号，see Sign and symbol

Syntax 句法，37，40，205n25. See also Word order 另参见词序

Syntax and semantics 句法和语义学，55-58，66-71

Taiping rebels 太平天国运动，101

Tairov, Andrei, 亚历山大·塔伊罗夫 166

Tang Junyi 唐君毅，226n53，245n69

Tang Xiaobing 唐小兵，142-143

Taoism 道家，see Daoism

Teggart, Frederick 弗雷德里克·梯加特，114-117

Tel Quel《如是》杂志，153，156-157，177，239n4，240n10

Tian Han 田汉，167-168

Time 时间，91-117

Tolstoy, lev 列夫·托尔斯泰，136

Trade networks 贸易网络，116，122，187，218-219n30，223n29

Transference 移情，8-10，194n8. See also Countertransference; Freud; Interactions as a field of study 另参见反移情，弗洛伊德，作为研究领域的互动

Translation 翻译，5-11，61-65; as interaction 作为互动的翻译，4，8，97; models of 翻译的模型，3，31-32，201-202n45. See also Pidgin translation 另参见洋泾浜翻译

Treatise for Removing Doubts (Dai yi pian)《代疑篇》，18-20，21

Tretiakov, Sergei 谢尔盖·崔迪亚可夫，164，167

Trithemius, Johannes 约翰内斯·特里特米乌斯，210n45

Tu Weiming 杜维明，12

Typology of cultures 文化类型学，95，108; of language 语言类型学，82-83; of philosophies 哲学类型学，111

267

Unconscious, cultural 文化无意识, 8, 127; in Chinese language 中文中的文化无意识, 125

Universal Declaration of Human Rights《世界人权宣言》, 247n82

Universalhumanism 普遍人道主义, 142

Universalism 普遍主义, 132, 137. See also Pluralism 另参见多元主义

Universal language projects 普遍语言计划, 47–49, 56–57

University: as state agency 作为国家机构的大学, 19–20, 28

Vernacular: in modern Chinese poetry 中国现代诗歌中的白话, 124, 127, 133

"Verticality" of Chinese writing 中文书写中的"垂直性", 147–148, 152

Vigenere, Blaise de 布莱斯·德·维吉尼亚, 212n58

Voltaire, F. M. A. de 伏尔泰, 102

Waldron, Arthur 林蔚, 188

Wang Anshi 王安石, 100, 101

Wang Bi 王弼, 214n80

Wang Fuzhi 王夫之, 111

Wang Gen 王艮, 22–23

Wang Guowei 王国维, 233n35

Wang Ji 王畿, 22

Wang Ning 王宁, 231n21

Wang Wei 王维, 62–65, 213n78

Wang Yangming 王阳明, 22

Wang Yizhou 王逸舟, 140–141, 237n67

Warburton, William 威廉·沃伯顿, 46

Watson, Burton 华兹生, 64, 65

Weber, Max 马克斯·韦伯, 96

Wei Da 威达, 130–131

Wei Zhongxian 魏忠贤, 197n21

Weinberger, Eliot 艾利奥特·温伯格, 64–65

Wen 文, 36–37, 52, 58, 62, 66–70, 214n80

Wenhua (culture) 文化, 138–139, 220n5

Wenxin diaolong (Liu Xie)《文心雕龙》, 36–37

Western studies in China 中国的西方研究, 132

Whitney, William Dwight 威廉·德怀特·惠特尼, 76–82, 87, 89–90

Whorf, Benjamin 本杰明·沃尔夫, 81

Wiener, Norbert 诺伯特·维纳，9
Wilde, Oscar 奥斯卡·王尔德，243n40
Wilkins, John 约翰·威尔金斯，43
Williams, Bernard 伯纳德·威廉姆斯，108，109，246n71
Williams, S. Wells 卫三畏，103，224n42
Wittegenstein, Ludwig 路德维希·维特根斯坦，63
Word order 词序，87. See also Syntax 另参见句法
World-systems approach to history 历史的世界体系进路，98
World Trade Organization (WTO) 世界贸易组织，122，123，238n74
Writing 书写/文字，35－74，72，161，175. See also Alphabetic writing; Grammatology; Ideography; Phonetic writing; Pictograms 另参见字母文字，文字学，表意文字，语音文字，象形文字
Wuxing comsmology 五行宇宙论，72－73

Xenophobia 恐洋，123
Xinxue (school of the mind) 心学，22，24－25
Xiongnu 匈奴，115
Xu Ben 徐贲，132，134
Xu Jilin 许纪霖，121－123
Xu Shen 许慎，39，66，204n15

Yang Lian 杨涟，201n36
Yang Tingyun 杨廷筠，18－20，23－32 passim，185
Yeh, Michelle 奚密，230n13
Yi jing《易经》, see Book of Chianges (Yi jing)
Yin and Yang 阴阳，72－73，170
Yinhe incident 银河号事件，122，230n9
Yip, Wai-lim 叶维廉，62－63，65
Yourcenar 尤瑟纳尔，Marguerite，61
Yu, Pauline 余宝琳，59，65

Zhang Junli 张君劢，233n35（译者注：应为 Zhang Junmai）
Zhang Kuan 张宽，127－130，132
Zhang Longxi 张隆溪，150
Zhang Pengchun 张鹏春，244n53
Zhang Taiyan 章太炎，233n35

269

Zhang Wenda 张问达，196n10，199nn28-29
Zhang Yimou 张艺谋，137
Zhang Yiwu 张颐武，133-139 passim，143-144
Zhao Yiheng 赵毅衡，126-127，132，133，134
Zheng Min 郑敏，123-127，132-133
Zhou li (Rituals of Zhou)《周礼》，67-68，215n82
Zhu Xi 朱熹，101，200-201n35
Zhuangzi《庄子》，61，63，109，111
Ziran (nature) 自然，203n4
Zuo Zhuan《左传》，69，220-221n12

译后记

苏源熙(Haun Saussy)教授的这部著作对于翻译来说，无疑是一项极为艰难的任务。最为直接的是书中涉及的领域之广以及运用的理论资源之丰富。为了能够重新回到跨文化事件发生的当下，以便摆脱长期以来习焉不察的各种思维定式，苏源熙教授在书中重构了一个个精彩的历史时刻。因此，书中讨论的事件，跨越了中国历史上几个不同的重要时期，讨论的范围由明末以至现代、当代中国。涉及的领域则包括了早期传教史、文学、艺术、语言学等各个方面。与此同时，各种分析理论在他笔下，既是剖析历史、直面问题的利器，同时自身也常常作为被分析检讨的对象。这些都展现出了作者广博的学识和视野，同时也使得翻译工作变得非常困难。

以上的困难是最直接呈现出来的，更大的困难则在于本书讨论的主题。本书可以看作是作者试图不断打破现有讨论跨文化问题的框架，在夹缝中寻求真相的过程。用作者的话来说，这是一种最广泛意义上的"翻译"。几乎所有现有的对于所谓的"东西方"文化的讨论都被作者重新检视和分析，并且追索其产生的现实和理论背景。这使得我们在那些无比"同情"、"认同"中国的学者那里，看到了与"贬低"中国的学者所遵循的同样逻辑。这一切都决定了书中的讨论是一个不断超越现有语言、概念、逻辑的更加深刻细微的过程。然而,译者也就不得不面对如何将这些深入细微的讨论用恰当的汉语表达出来的问题。因此,常常在具体语词的选择、语气的表达上颇为踌躇。面对作者艰涩的语言,我力图在信守原意的基础上让译文流畅一些,但有些时候也很难实现,不得不保留一些冗长的句子。

本书在翻译过程中,曾经就一些疑难之处,求教于北京航空航天大学翻译系钱多秀教授,得到了极大的帮助;中国人民大学哲学院的刘玮副教授阅读了其中部分章节,并且提出了许多重要意见;北京大学哲学系张东林博士在本书第六章的翻译过程中为我提供了帮助;还有很多朋友在本书的翻译过程中提供了各种帮助,在此对他们表示深深的谢意。翻译过程的艰难和拖沓给本书的负责人王保顶先生带来了很多麻烦,在此感谢他付出的辛勤劳动,同时感谢他和本套丛书主编刘东教授的耐心。

限于自身的能力和学识,译文中一定存在着各种疏忽和错误,这些当然由我个人负责,欢迎专家和读者批评指正。

盛 珂

2016 年 1 月 1 日

凤凰文库·海外中国研究系列书目

《帝国的隐喻:中国民间宗教》 [英]王斯福 著 赵旭东 译
《王弼〈老子注〉研究》 [德]瓦格纳 著 杨立华 译
《章学诚思想与生平研究》 [美]倪德卫 著 杨立华 译
《中国与达尔文》 [美]詹姆斯·里夫 著 钟永强 译
《千年末世之乱:1813年八卦教起义》 [美]韩书瑞 著 陈仲丹 译
《中华帝国后期的欲望与小说叙述》 黄卫总 著 张蕴爽 译
《私人领域的变形:唐宋诗词中的园林与玩好》 [美]王晓山 著 文韬 译
《六朝精神史研究》 [日]吉川忠夫 著 王启发 译
《中国社会史》 [法]谢和耐 著 黄建华 黄迅余 译
《大分流:欧洲、中国及现代世界经济的发展》 [美]彭慕兰 著 史建云 译
《近代中国的知识分子与文明》 [日]佐藤慎一 著 刘岳兵 译
《转变的中国:历史变迁与欧洲经验的局限》 [美]王国斌 著 李伯重 连玲玲 译
《中国近代思维的挫折》 [日]岛田虔次 著 甘万萍 译
《为权力祈祷》 [加]卜正民 著 张华 译
《洪业:清朝开国史》 [美]魏斐德 著 陈苏镇 薄小莹 译
《儒教与道教》 [德]马克斯·韦伯 著 洪天富 译
《革命与历史:中国马克思主义历史学的起源,1919—1937》 [美]德里克 著 翁贺凯 译
《中华帝国的法律》 [美]D.布朗 等著 朱勇 译
《文化、权力与国家》 [美]杜赞奇 著 王福明 译
《中国的亚洲内陆边疆》 [美]拉铁摩尔 著 唐晓峰 译
《古代中国的思想世界》 [美]史华兹 著 程钢 译 刘东 校
《中国近代经济史研究:明末海关财政与通商口岸市场圈》 [日]滨下武志 著 高淑娟 孙彬 译
《中国美学问题》 [美]苏源熙 著 卞东波 译 张强强 朱霞欢 校
《翻译的传说:构建中国新女性形象》 胡缨 著 龙瑜宬 彭珊珊 译
《〈诗经〉原意研究》 [日]家井真 著 陆越 译
《缠足:"金莲崇拜"盛极而衰的演变》 [美]高彦颐 著 苗延威 译
《从民族国家中拯救历史:民族主义话语与中国现代史研究》 [美]杜赞奇 著 王宪明 高继美 李海燕 李点 译
《传统中国日常生活中的协商:中古契约研究》 [美]韩森 著 鲁西奇 译
《欧几里得在中国:汉译〈几何原本〉的源流与影响》 [荷]安国风 著 纪志刚 郑诚 郑方磊 译
《毁灭的种子:战争与革命中的国民党中国(1937—1949)》 [美]易劳逸 著 王建朗 王贤知 贾维 译
《理解农民中国:社会科学哲学的案例研究》 [美]李丹 著 张天虹 张胜波 译
《18世纪的中国社会》 [美]韩书瑞 罗有枝 著 陈仲丹 译
《开放的帝国:1600年的中国历史》 [美]韩森 著 梁侃 邹劲风 译
《中国人的幸福观》 [德]鲍吾刚 著 严蓓雯 韩雪临 伍德祖 译
《明代乡村纠纷与秩序》 [日]中岛乐章 著 郭万平 高飞 译
《朱熹的思维世界》 [美]田浩 著
《礼物、关系学与国家:中国人际关系与主体建构》 杨美慧 著 赵旭东 孙珉 译 张跃宏 校
《美国的中国形象:1931—1949》 [美]克里斯托弗·杰斯普森 著 姜智芹 译

《清代内河水运史研究》 [日]松浦章 著　董科 译
《中国的经济革命:20世纪的乡村工业》 [日]顾琳 著　王玉茹 张玮 李进霞 译
《明清时代东亚海域的文化交流》 [日]松浦章 著　郑洁西 译
《皇帝和祖宗:华南的国家与宗族》 科大卫 著　卜永坚 译
《中国善书研究》 [日]酒井忠夫 著　刘岳兵 何英莺 孙雪梅 译
《大萧条时期的中国:市场、国家与世界经济》 [日]城山智子 著　孟凡礼 尚国敏 译
《虎、米、丝、泥:帝制晚期华南的环境与经济》 [美]马立博 著　王玉茹 译
《矢志不渝:明清时期的贞女现象》 [美]卢苇菁 著　秦立彦 译
《山东叛乱:1774年的王伦起义》 [美]韩书瑞 著　刘平 唐雁超 译
《一江黑水:中国未来的环境挑战》 [美]易明 著　姜智芹 译
《施剑翘复仇案:民国时期公众同情的兴起与影响》 [美]林郁沁 著　陈湘静 译
《工程国家:民国时期(1927—1937)的淮河治理及国家建设》 [美]戴维·艾伦·佩兹 著　姜智芹 译
《西学东渐与中国事情》 [日]增田涉 著　周启乾 译
《铁泪图:19世纪中国对于饥馑的文化反应》 [美]艾志端 著　曹曦 译
《危险的边疆:游牧帝国与中国》 [美]巴菲尔德 著　袁剑 译
《华北的暴力与恐慌:义和团运动前夕基督教传播和社会冲突》 [德]狄德满 著　崔华杰 译
《历史宝筏:过去、西方与中国的妇女问题》 [美]季家珍 著　杨可 译
《姐妹们与陌生人:上海棉纱厂女工,1919—1949》 [美]艾米莉·洪尼格 著　韩慈 译
《银线:19世纪的世界与中国》 林满红 著　詹庆华 林满红 译
《寻求中国民主》 [澳]冯兆基 著　刘悦斌 徐硙 译
《中国乡村的基督教:1860—1900江西省的冲突与适应》 [美]史维东 著　吴薇 译
《认知变异:反思人类心智的统一性与多样性》 [英]G.E.R.劳埃德 著　池志培 译
《假想的"满大人":同情、现代性与中国疼痛》 [美]韩瑞 著　袁剑 译
《男性特质论:中国的社会与性别》 [澳]雷金庆 著　[澳]刘婷 译
《中国的捐纳制度与社会》 伍跃 著
《文书行政的汉帝国》 [日]富谷至 著　刘恒武 孔李波 译
《城市里的陌生人:中国流动人口的空间、权力与社会网络的重构》 [美]张骊 著　袁长庚 译
《重读中国女性生命故事》 游鉴明 胡缨 季家珍 主编
《跨太平洋位移:20世纪美国文学中的民族志、翻译和文本间旅行》 黄运特 著　陈倩 译
《近代日本的中国认识》 [日]野村浩一 著　张学锋 译
《性别、政治与民主:近代中国的妇女参政》 [澳]李木兰 著　方小平 译
《狮龙共舞:一个英国人眼中的威海卫与中国文化》 [英]庄士敦 著　刘本森 译
《中国社会中的宗教与仪式》 [美]武雅士 著　彭泽安 邵铁峰 译　郭潇威 校
《大象的退却:一部中国环境史》 [英]伊懋可 著　梅雪芹 毛利霞 王玉山 译
《自贡商人:早期近代中国的企业家》 [美]曾小萍 著　董建中 译
《人物、角色与心灵:〈牡丹亭〉与〈桃花扇〉中的身份认同》 [美]吕立亭 著　白华山 译
《明代江南土地制度研究》 [日]森正夫 著　伍跃 张学锋 等译　范金民 夏维中 审校
《儒学与女性》 [美]罗莎莉 著　丁佳伟 曹秀娟 译
《权力关系:宋代中国的家族、地位与国家》 [美]柏文莉 著　刘云军 译
《行善的艺术:晚明中国的慈善事业》 [美]韩德林 著　吴士勇 王桐 史桢豪 译
《近代中国的渔业战争和环境变化》 [美]穆盛博 著　胡文亮 译
《工开万物:17世纪中国的知识与技术》 [德]薛凤 著　吴秀杰 白岚玲 译

《权力源自地位:北京大学、知识分子与中国政治文化,1898—1929》　[美]魏定熙 著　张蒙 译
《忠贞不贰?——辽代的越境之举》　[英]史怀梅 著　曹流 译
《两访中国茶乡》　[英]罗伯特·福琼 著　敖雪岗 译
《古代中国的动物与灵异》　[英]胡司德 著　蓝旭 译
《内藤湖南:政治与汉学(1866—1934)》　[美]傅佛果 著　陶德民 何英莺 译
《他者中的华人:中国近现代移民史》　[美]孔飞力 著　李明欢 译　黄鸣奋 校
《缔造选本:〈花间集〉的文化语境与诗学实践》　[美]田安 著　马强才 译
《扬州评话探讨》　[丹麦]易德波 著　米锋 易德波 译　李今芸 校译
《〈左传〉的书写与解读》　[美]李惠仪 著　文韬 许明德 译
《以竹为生:一个四川手工造纸村的20世纪社会史》　[德]艾约博 著　韩巍 译 吴秀杰 校
《佛教征服中国:佛教在中国中古早期的传播与适应》　[荷]许理和 著　李四龙 裴勇 等译
《技术、性别、历史:重新审视帝制中国的大转型》　[英]白馥兰 著　吴秀杰 白岚玲 译
《"地域社会"视野下的明清史研究:以江南和福建为中心》　[日]森正夫 著
《东方之旅:1579—1724耶稣会传教团在中国》　[美]柏理安 著　毛瑞方 译
《斯文:唐宋思想的转型》　[美]包弼德 著　刘宁 译
《中国小说戏曲史》　[日]狩野直喜 著　张真 译
《历史上的黑暗一页:英国外交文件与英美海军档案中的南京大屠杀》　[美]陆束屏 编著 翻译
《罗马与中国:比较视野下的古代世界帝国》　[奥]沃尔特·施德尔 主编　李平 译
《矛与盾的共存:明清时期江西社会研究》　[韩]吴金成 著　崔荣根 译　薛戈 校译